Marcel Degenbach

Harald Schweizer

Biblische Texte verstehen

Arbeitsbuch zur Hermeneutik und Methodik
der Bibelinterpretation

Verlag W. Kohlhammer
Stuttgart Berlin Köln Mainz

CIP-Kurztitelaufnahme der Deutschen Bibliothek

Schweizer, Harald:
Biblische Texte verstehen: Arbeitsbuch zur
Hermeneutik u. Methodik d. Bibelinterpretation /
Harald Schweizer. –
Stuttgart; Berlin; Köln; Mainz: Kohlhammer, 1986.
  ISBN 3-17-009392-4

Alle Rechte vorbehalten
© 1986 Verlag W. Kohlhammer GmbH
Stuttgart Berlin Köln Mainz
Verlagsort: Stuttgart
Umschlag: hace
Gesamtherstellung:
W. Kohlhammer Druckerei GmbH + Co. Stuttgart
Printed in Germany

Inhalt

Vorwort	8
Literatur zum Vorwort	9
Kapitel 1: Der Text als Widerstand. Plädoyer für eine sprachkritische Bibellektüre	10
1. Thesen	10
2. Kurze Beispielanalyse	15
3. Konsequenzen für die pastorale Praxis	19
4. Beispiel: Mt 25,1–12	21
Literatur zu Kapitel 1	23
Kapitel 2: Hermeneutik und Methodik	24
1. Die Grundopposition	24
2. Aspekte heutiger Hermeneutik	24
Literatur zu Kapitel 2	36
Kapitel 3: Exegetische Methoden. Kurzgefaßtes Gliederungs- und Kriterienschema.	37
1 *Konstituierung des Textes*	37
2 *Interpretation*	40
3 SYNTAX = *Ausdrucksinterpretation*	42
4 Theoretische Zwischenbemerkung: Grammatik und Logik	49
5 SEMANTIK = *Inhaltsinterpretation I*	52
5.1 Prädikation/Deixis (Tab. C)	53
5.2 Illokution/Sprechakte (Tab. A)	57
5.3 Codes/Wirklichkeitsebenen (Tab. B)	59
5.3.1 Epistemologie	59
5.3.2 Imagination	60
5.3.3 Initiative	61
5.3.4 Ermöglichung	62
5.3.5 Axiologie (= Wertungen)	62
5.3.6 Stadium/Aspekte	62
5.3.7 Hinweise zur Praxis	62
5.4 Adjunktionen (Tab. D)	65
5.5 Semantische Wortarten	67
5.6 Determination	68
5.7 Beispiel: Ps 48,13–15	68
6 PRAGMATIK = *Inhaltsinterpretation II*	78
6.1 Übersicht	78
6.2 Exegese und weitere Handlungswissenschaften	79
6.3 Pragmatische Textbeschreibung	80
6.4 Grundlagen der Kommunikation	81

7	*Pragmatik: Textgrammatik* (ars recte texendi)	82
7.1	Semantische Relationen zwischen ÄEen	82
7.2	Textkohärenz als Ausdruck der Sprachökonomie	87
7.3	Charakteristik der Akteure	88
8	*Pragmatik: Textlinguistik* (ars texendi)	89
8.1	Textlinguistische kritische Korrektur	89
8.1.1	Wortarten/pragmatisch	90
8.1.2	Determination/pragmatisch	91
8.1.3	Übertragener Sprachgebrauch	92
8.1.4	Beispiele	93
8.1.5	Textlinguistische Relationen zwischen ÄEen	96
8.1.6	Indirekte Sprechakte	97
8.2	Kommunikative Handlungsspiele (KHS)	98
8.3	Orts- und Zeitdeixis	99
8.4	Abstraktionen	100
8.4.1	Konstellation der Textaktanten	100
8.4.2	Gedankenfortschritt: Thema-Rhema	101
8.4.3	Zusammenspiel inhaltlicher Felder: Isotopien	106
8.4.4	Denkmodelle, Handlungs- und Empfindungsmuster	108
9	*Pragmatik: Textpragmatik* (ars recte texendo agendi)	110
9.1	Implikationen	110
9.2	Präsuppositionen	111
9.3	Textstruktur/Auswertung	113
9.4	Textproduzent – Textrezipient	114
9.5	Kommunikationssituation	115
Literatur zu Kapitel 3		116

Kapitel 4: „Kindersprache". Beschreibung und Interpretation des Textes Hos 1. ... 118

1	Hinführung	118
2	Konstituierung des Textes	119
2.1	Grobabgrenzung	120
2.2	Sprachliche Probleme in Hos 1	122
2.3	Gliederung in Äußerungseinheiten	122
2.4	Der Text Hos 1,2–9	123
2.5	Feinabgrenzung innerhalb von 1,2–9	124
2.6	Uneinheitlichkeit von Hos 1,1?	128
2.7	Rückblick und Ergebnis	130
3	Interpretation: Dreischritt zu Hos 1,2b–4e.6.8–9	132
3.1	SYNTAX	132
3.1.1	Bezüge textimmanent	132
3.1.2	Bezüge über den Text hinaus	134
3.1.3	Zusammenfassung	135
3.2	SEMANTIK	137
3.2.1	Wertigkeiten	137
3.2.2	Sprechakte (Illokution)	140
3.2.3	Codes (Modalitäten)	141
3.2.4	Beschreibende Elemente (Adjunktionen)	142
3.2.5	Prädikationen	144
3.3	PRAGMATIK	146
3.3.1	Zusammenhang der ÄEen	146
3.3.2	Indirekte Sprechakte	150

3.3.3	Namen der Kinder	151
3.3.4	Chronologie	153
3.3.5	Topologie	153
3.3.6	Rede- und Gesprächsformen	154
3.3.7	Zur Funktion des Gesamttextes: Werte, Präsuppositionen	157
3.3.8	Negationen	160
3.3.9	Isotopien	161
3.3.10	Konkretisierung der zeitgenössischen Bedingungen?	164
3.3.11	*Exkurs:* Zur Frage der Kultprostitution	165
3.3.11.1	Der literarische Befund im AT und in Ugarit	165
3.3.11.2	Interpretationsversuche	166
3.3.12	Die Frage nach dem literarischen und historischen Kontext	167
4	ABSCHLIESSENDE GESICHTSPUNKTE ZUR BEWERTUNG	168
4.1	Zur Methode	169
4.2	Inhaltliche Aspekte	169
4.3	*Exkurs:* Sexualaussagen und Theologie	172
Literatur zu Kapitel 4		174

Kapitel 5: Anhang – Hebräisch-deutsche Belege für die Kategorien der Semantik. 176

I)	Beispiele zur Beschreibung der AKTANTENSTRUKTUR (semantisch)	176
II)	Beispiele zur Beschreibung der PRÄDIKATIONEN (semantisch)	180
III)	Beispiele zur Beschreibung der CODES (semantisch)	182
IV)	Beispiele zur Beschreibung der SPRECHAKTE (semantisch)	184
V)	Beispiele zur Beschreibung von ADJUNKTIONEN (semantisch)	186

Autorenregister 189

Sachregister 191

Bibelstellen 196

Abkürzungen 198

Quellennachweis 199

VORWORT

Musiker pflegen - wenn sie an ein neues Stück herangehen - davon zu reden, daß sie es "erarbeiten", es "einstudieren". Von Virtuosen sind lange tägliche Übzeiten bekannt. Und wer es dann nur bei technischer Brillanz beläßt, bekommt von Kritikern gesagt, die interpretatorische Durchdringung fehle noch. Und selbst wenn diese gegeben war: oft verändert sie sich im Lauf der Jahre, weil das innere Ringen mit dem Werk weiterging - wie Plattenaufnahmen desselben Interpreten aus verschiedenen Jahren zeigen.

Was bei Musikern selbstverständlich ist - ich weiß nicht, ob es im Fall der biblischen Exegese mit gleicher Selbstverständlichkeit gilt. Mir scheint, daß in Theologenkreisen die "technische Basis" beim Umgang mit Texten (= methodisches Instrumentarium) sich allzuoft auf einige simple Rezepte[1] und/oder philosophisch-hermeneutische, aber methodenferne Weisheiten reduziert. Und mir scheint auch, daß beharrliches Ringen um die Interpretation - sieht man von Spezialisten ab - nicht allzu häufig ist. Gern wird im Fahrwasser einer Autorität (= Kommentar) "der" Sinn des Textes zur Kenntnis genommen - womit sich gleich zwei Defizite ergeben: erstens fallen viele Sinnaspekte weg (ein Text hat nie nur "den" Sinn);[2] zweitens entfällt das eigene reflektierte Ringen um die Interpretation.[3] Das i-Tüpfelchen wird geliefert, wenn dann noch die Klage nachfolgt, die praktische, wissenschaftliche Exegese sei "spirituell" wenig fruchtbar. Eine solche Klage wird man von denen, die sich um selbständiges, reflektiertes Interpretieren mühen, kaum hören.

Methode und Verstehen sind sicher zweierlei. Hier soll also nicht das eine auf das andere reduziert werden. Deshalb soll auch keine Methodengläubigkeit kultiviert werden. Aber Wahrheit, Verstehen und Methode klaffen auch nicht einfach auseinander. Ein Verstehen abseits aller Methode gibt es nicht. Es mag allerdings ein irgendwie geartetes Verstehen aufgrund unreflektierter Methodik, aufgrund unbewußter Voraussetzungen, unreflektierten Zugangs geben. In diesem Spannungsfeld wird hier Methodik als reflektierter und damit kontrollierbarer Zugang zu den Texten verstanden. Dieser "Zugang" ist nicht schon das Verstehen selbst. Der reflektierte Zugang soll aber das bessere, vertiefte Verstehen ermöglichen.[4]

---

1 So sind eine Reihe von Basisannahmen der "formgeschichtlichen Methode" in Auseinandersetzung mit heutiger Textwissenschaft zu korrigieren; vgl. SCHWEIZER (1984).
2 Vgl. ECO (1977) 157ff zum "Mythos von der Eindeutigkeit des Zeichens", bes. 164f, wo für den Akt des Deutens, Interpretierens ("Semiose") auch auf außerliterarische, sozio-kulturelle Kategorien verwiesen wird: die Sprache nicht nur des alten Textes, sondern auch des Interpreten in ständiger Interdependenz mit seiner kulturellen Situation.
3 JUNG (1967) 444: "Jener biblische Sündenfall läßt das Bewußtwerden als einen Fluch erscheinen... Man wünscht sich das Leben einfach, sicher und glatt, und darum sind Probleme tabu. Man will Sicherheiten und keine Zweifel, man will Resultate und keine Experimente, ohne dabei zu sehen, daß nur durch Zweifel Sicherheiten und nur durch Experimente Resultate entstehen können. So schafft auch künstliche Leugnung der Probleme keine Überzeugung, vielmehr bedarf es der weiteren und höheren Bewußtheit, um Sicherheit und Klarheit zu erzeugen". - Vgl. SCHWEIZER (1982).
4 Ich denke, daß P. HÄRTLING (1983) 35 diese Zusammenhänge in poetischer Sprache erfaßt: "ERNST MEISTER, IM TÜBINGER STIFT LESEND / Die Lupe vorm / Aug / hält der Ungeduld / nicht stand: / Jetzt springt / das Wort / durchs Glas / und blendet ihn: / er könnte, / so getroffen / schweigen, doch / er spricht, / um das Schweigen / zu hören: 'Zu sterben, / das ist Grammatik!' ".

Die vorliegende Darstellung will in Theorie wie Praxis die Diskussion in Hermeneutik und Methodik beleben. Die einzelnen Kapitel sind "Bausteine", d.h. trotz des Bemühens um Konsistenz, um systematischen Zusammenhang wird kein Anspruch auf **den** "Stein der Weisen" erhoben. Außerdem: die Theoriediskussion der früheren Arbeit wird hier nicht wiederholt.[5] Stattdessen ist die Nähe zur konkreten exegetischen Arbeit größer. Die Beispielanalysen stehen im Vordergrund. Daß es dabei nicht darum geht, von der Theorie her jemanden auf eine ganz bestimmte praktische Durchführung festzulegen, zeigen die Beiträge selber: gewisse Unausgeglichenheiten, die von unterschiedlicher Entstehungszeit und verschiedenem Zweck herrühren, wurden belassen. Das Buch will auch nicht die Forderung vermitteln, ein Text müsse immer nach sämtlichen skizzierten Methodenschritten untersucht werden. Stattdessen würde es mich freuen, wenn auch manche, die nicht primär wissenschaftlich arbeiten (in Schule und Pastoral) zu eigenständigen Beobachtungen an Texten ermutigt würden, was sich auch so äußern kann, daß mal dieser Aspekt, mal jener bei einem Text näher unter die Lupe genommen wird.

Die Wurzeln dieses Buches liegen schon in einer Hosea-Vorlesung in Mainz 1980/81; für die damalige Mithilfe danke ich Frau Johanna Belzer. In den Jahren seither entstanden die weiteren Beiträge - z.T., vor allem ab 1983 in Tübingen, von Spezialseminaren zur Josephsgeschichte profitierend. Um die Erfassung der Belege zur Semantik (Anhang) hat sich Frau Monica Gerlach sehr verdient gemacht. Der Beitrag "Der Text als Widerstand" war in einer ersten Fassung Teil einer Tagung der Katholischen Akademie in Freiburg. - Das z.T. komplizierte Schreiben besorgte Frau Elsbeth Schaupp. Herr Winfried Bader ordnete grafisch Kap.5; außerdem richtete er mit EDV-Hilfe die Register ein. Allen, die zur Entstehung des Buches beitrugen, gilt mein herzlicher Dank!

Tübingen, Februar 1986

Harald Schweizer

---

5   Vgl. SCHWEIZER (1981).

LITERATUR ZUM VORWORT

ECO, U.	Zeichen. Einführung in einen Begriff und seine Geschichte. es 895. Frankfurt 1977.
HÄRTLING, P.	Vorwarnung. Gedichte. Darmstadt 1983.
JUNG, C.G.	Die Lebenswende: Gesammelte Werke VIII. Zürich 1967. 443-460.
SCHWEIZER, H.	Metaphorische Grammatik. Wege zur Integration von Grammatik und Textinterpretation in der Exegese. ATS 15. St. Ottilien 1981.
SCHWEIZER, H.	Motive und Ziele sprachwissenschaftlicher Methodik: Biblische Notizen 18 (1982) 79-85.
SCHWEIZER, H.	Wovon reden die Exegeten? Zum Verständnis der Exegese als verstehender und deskriptiver Wissenschaft: ThQ 164 (1984) 161-185.

KAPITEL 1

Der Text als Widerstand.
Plädoyer für eine sprachkritische Bibellektüre.

"Mit toten Worten verkünden sie tote Werte; denn wenn das Wort nicht mehr richtig zutrifft, fühlt sich niemand mehr betroffen".[1] Der Satz von Lars Clausen kennzeichnet sicher die Befürchtung, die gegenwärtig zu Akademietagungen und Auseinandersetzungen auch auf journalistischer Ebene über die Bibelinterpretation führt,[2] die Befürchtung, das Wort der Schrift, oft vermittelt durch das Wort derer, die verkünden, sei dabei, seinen Geist, sein Leben auszuhauchen.

Und ein zweiter, hoffnungsvoller Aspekt: es scheinen mehrere Schlüssel bereitzuliegen, um dieses Wort neu aufzuschließen. Der Safe der Guten Nachricht kann doch noch geöffnet werden.

Zu einem guten Safe braucht man mehrere Schlüssel. Ich selber feile an dem der Sprachkritik.[3] Da es eigentlich ein Unfug ist, dieses ganze Projekt in **einem** Vortrag vorzustellen, habe ich als Einstieg die Thesenform gewählt. Anschließend soll zur Illustration ein Minibeispiel der Textanalyse folgen. Drittens möchte ich einige Konsequenzen für die pastorale Praxis nennen:

1. THESEN

1.1 Die Schelte der gängigen, historisch-kritischen Bibelauslegung hat Konjunktur. Ich habe mich daran ja auch beteiligt.[4] Gerade deshalb muß auf eine leicht zu übersehende Tatsache hingewiesen werden. **Es bleibt das primäre Ziel wissenschaftlicher Exegese, die zeitliche Kluft zu überbrücken: den Bibeltext bereitzustellen (Textkritik, Sprachen), aufzuarbeiten (Redaktion und Komposition einzelner literarischer Werke, das historisch-kulturell-religiöse Umfeld zu erarbeiten (Komparatistik, Archäologie). Diese "Vorfragen" absorbieren einen großen Teil der Arbeitsenergie.** Keiner, der mit der Exegese unzufrieden ist, sollte übersehen, daß in diesem Bereich mühsame, oft unattraktive und umfangreiche Arbeit geleistet wird - sie wird aufoktroyiert durch den Abstand der Zeiten, und durch den Wunsch, die Menschen - so weit möglich - kennenzulernen, die vor uns gelebt und geglaubt haben.[5]

---

1 Zitiert bei MAYER (1983) 289.
2 Vgl. im ersten Halbjahr 1985 die verschiedenen Beiträge in Publik-Forum; vgl. auch SCHROEDEL (1985).
3 Daher halte ich mich nicht für repräsentativ für "**die** Gruppe der historisch-kritischen Exegeten". Derartige Pauschalisierungen mögen dem Tiefenpsychologen und Dogmatiker E. DREWERMANN (1984) vorbehalten bleiben, der ständig "die Bibelexegese" en bloc angreift, dabei die auf die Historie fixierten Exegeten meint, aber z.B. übersieht, daß es seit 1 1/2 Jahrzehnten auch eine Richtung gibt, die - fernab historischer Wertungen - die literarische Deskription zu entwickeln sucht (aber dazu s.u.), von der ausgesprochen antihistorischen semiotischen Interpretation im französischen Raum ganz abgesehen.
4 Vgl. SCHWEIZER (1984b). - Da von diesem Beitrag in Kurzform eine eigene Positionsbeschreibung gefordert ist, mag eine größere Zahl von Selbstzitaten gestattet sein.
5 Keinerlei positive Würdigung findet dieser Arbeitsbereich bei DREWERMANN (1984): z.B. moderne Bibelübersetzungen, auf die er sich fraglos stützt, sind für ihn wohl gottgegeben; das auch von der Archetypen-Lehre gern verwendete altorientalische Bildmaterial wurde vom Wüstensand wohl freiwillig freigegeben? Philologie und Archäologie sind eindeutig negativ bei ihm besetzt, vgl. 382 u.ö.

1.2 Wenn wir von den "Vorfragen" zur eigentlichen "Interpretation" weitergehen, so stehen wir vor dem alten Problem, wie es möglich sei, daß der jahrtausendealte Text mich heute noch innerlich erreicht. **Seit Aufkommen der historischen Kritik vor 200 Jahren hatte man den Eindruck, daß zwar das historische Wissen wächst, zugleich hatte man aber das Gefühl der wachsenden Entfremdung, der inneren Distanz zur Welt des Textes.** Die Kluft, die eigentlich überbrückt werden sollte, wurde größer, bewußter. Dieses Problem läßt sich dann nicht durch Appelle an die Exegeten lösen, sie sollten mehr geistlich-spirituelle Interpretationen liefern. Hier meldet sich vielmehr die hermeneutische Frage: **Ist die Grundeinstellung des Interpreten zu sich selbst, zu den alten Texten, zu seinem Arbeitsinstrument zu ändern?**[6]

1.3 Ich habe aus tiefenpsychologischen Interpretationen biblischer Texte viel gelernt - teils zu den Texten, teils zur jeweiligen psychologischen Richtung, genauso aus soziologischen Untersuchungen. Und daß die feministische Betrachtungsweise heute ausgesprochen wichtig ist - um patriarchalisches Denken auch in der Theologie, in der Kirche zu überwinden - ist meine Überzeugung. Aber: **Angesichts der verschiedenen z.T. begierig aufgenommenen Interpretationsschlüssel plädiere ich vorrangig (nicht ausschließlich) dafür, den Text als literarische Größe ins Zentrum des Interesses zu stellen.**[7] Der banale Grund liegt darin, daß wir zunächst nichts anderes als den Text zur Verfügung haben. Alles andere, Autor, historische Situation usw. müssen erst erschlossen werden.

1.4 **"Den Text zum Sprechen kommen zu lassen, heißt zunächst eine Interpretation zu vermeiden, die auf etwas anderes verweist als auf den Text selbst" (GREIMAS).**[8] - Ich denke, daß dies eine Wahrheit ist, die genauso unter Menschen gilt: ein inneres Begegnen und Verstehen ist nur möglich, wenn man sich Zeit und - im Verständigungsprozeß - Arbeit widmet. Eine Textinterpretation, die eine innere Begegnung mit dem Text ermöglicht, muß also - ein anderes Stichwort von Greimas - "die wirksame Präsenz des Textes sichern", muß Wege finden, die die Textrezeption verlängern.[9] Das läßt sich auch per Gedicht sagen (Zur Erläute-

---

6 DREWERMANN (1984) belehrt "die Bibelexegese" (57), sie ist ja voller "hölzerne(r), staubige(r) Trockenheit" (31), "Symptom der geistigen Krankheit des Christentums" (60), ist überfremdet und unnatürlich. Der dieser Zunft angehörende Bibelexeget ist ohnehin ein Unmensch - so ist aus S.387f zu folgern: der wahre Interpret ist der umfassend in Religionsgeschichte, Ethnologie und Belletristik gebildete praktizierende Psychotherapeut, der - als Fazit - seine eigene Menschlichkeit lebt. - Nach solcher furiosen und aufgeblähten Attacke ist man als Exeget tatsächlich (vorübergehend) kleinlaut und entschuldigt sich am besten für seine Existenz.

7 DREWERMANN (1984) hat darin sicher Recht, daß er die historisch-kritische Fixierung auf die äußere, historische Wirklichkeit für interpretatorisch fruchtlos hält, weil damit die ganze psychische Welt ausgeschlossen bleibt, vgl. 31. 37. 59f. 94 u.ö. - Nebenbei ist allerdings zu fragen, bei welchem Exegeten D. denn diese exklusive Beschränkung auf die Historie erlebt hat. Spielt hier ein Phantombild herein? - D. verhakt sich dann aber ganz in diesem Gegensatz und kann nichts zum Stellenwert des Textes qua literarischer, grammatisch analysierbarer Struktur sagen. D.h. der Text interessiert nur noch als Lieferant tiefenpsychologischer Symbole und Modelle, nicht aber - eine Stufe "höher", d.h. der geschichtlichen Wirklichkeit näher - als Bestandteil des Kommunikationsmodells, als Ausdruck der Kommunikation (und damit auch Psyche) konkreter Menschen.

8 Zitiert bei SCHWEIZER (1984b) 169.

9 Vgl. SCHWEIZER (1982) 84f. - DREWERMANNs (1984) Textverständnis ist in der argumentativen Auseinandersetzung äußerst unzulänglich: er orientiert sich an den Gattungsbegriffen von

rung: der Autor ist Zisterzienser; er spielt auf das tägliche Chorgebet der Mönche an):

> Mahlzeit[10]
> Ich kaue täglich
> an siebenundzwanzig Psalmen
> Sie schmecken nach nichts.
>
> Schuld ist, so scheint es,
> die Zunge;
> sie unterscheidet noch nicht
> zwischen Floskel und
> Aufschrei.
>
> Beim Wiederkäuen der
> Worte und Bilder
> von David und seiner Stadt
> - Und wenn ich dabei geduldig bin -
> rührt sich der Heilige Geist.
> Er stößt in mir auf,
> schmeckt bitter im Mund
> und klettert über die Zunge
> ins Ohr meiner
> Brüder.

1.5 Hier nun sind - holzschnittartig überzeichnet - Abgrenzungen notwendig:
Ein literarisches, zur inneren Begegnung mit dem Text notwendiges "Wiederkäuen" liegt nicht vor, wenn ich in ihm nur spontan meine Assoziationen spiegele,[11]

DIBELIUS von 1919 (vgl. 78ff). Der Haupteinwand ist nicht, daß die Klassifizierung fragwürdig ist, sondern daß die Textbeschreibungen im Gefolge dieser Gattungsbegriffe zu oberflächlich sind, und dies rührt von der **bewußt** fehlenden Trennung von Gattung und Einzeltext her. Für die Frage nach heutigem innerem Erleben sind Gattungsfragen ziemlich belanglos. Stattdessen ist eine genaue Wahrnehmung des Einzeltextes nötig. Vgl. den Verweis auf ECO: SCHWEIZER (1984b) 168. - Es ist aber kein Zufall, wenn der mit interkulturell omnipräsenten Archetypen arbeitende Psychologe sich auf seiten der Exegese an die formgeschichtliche Sicht von Dibelius anhängt. Auch diese Exegese ist - wie inzwischen hinlänglich bekannt - gerade **nicht** am schreibenden Individuum interessiert: diese Methodik ist ausgesprochen antiindividualistisch eingestellt, versteht sich als soziologisch (!), gerade nicht als ästhetisch, ist also an der Deskription literarischer Produkte desinteressiert, weil Schriftlichkeit (bei Gunkel wie schon bei Herder) nicht in das wirkliche (wabernde) Leben eines urtümlichen Volkes (=Kollektiv!) gehört. Also verdienen nicht die Texte sondern deren mündliche (und d.h. in aller Regel völlig hypothetische) Vorstadien das eigentliche Interesse des Exegeten. Vgl. GÜTTGEMANNS (1970) 43.60.73.77.156 u.ö.; SCHMITHALS (1980) 170ff. Eine solche, das schriftliche Werk bagatellisierende Exegese kommt natürlich einem Psychologen entgegen, der - ebenso antiindividualistisch - unmittelbaren Zugang zum Gefühlsleben von Völkern und Kulturen sucht. Stattdessen spürt der methodenbewußte Exeget, daß die **Sprache das** hermeneutische Grundproblem ist, - was vielerlei psychologische Implikationen hat, und er wünscht sich, daß der individuelle Text gründlich aus **seiner** Kommunikationssituation heraus interpretiert wird.

10 Stephan Reimund Senge: SENGE (1984) 18.
11 Im Gefolge von DILTHEY liege "die Aufgabe und Würde des Historikers... vor allem in der Fähigkeit, sich selbst in der Fremdheit einer anderen Kultur wiederzuentdecken", DREWERMANN (1984) 55. vgl. 385: "Der Text wird zur Brücke, zur Vermittlung des Lesers mit sich selbst". Daher komme es auf das sich Wiederholende, Typische, die anthropologischen Konstanten an, vgl. 53ff, 66f. - Inwiefern ist hier die Gefahr gebannt, daß ich mich im Text nur selbst bespiegele?

wird von der historischen Kritik nicht geleistet,[12] liegt nicht vor, wenn der Text zum Stichwortgeber degradiert wird, der mir Ausführungen über archetypische Symbole ermöglicht, ist verhindert, wenn ich meine inhaltlichen Vorurteile zu ideologisch gerade aktuellen Fragen bestätigt finden möchte.

Ich spreche den einzelnen "Schlüsseln" der Textinterpretation" - wie oben schon betont - damit nicht ab, daß sie wichtige Beiträge zum lebendigen Verstehen alter Texte leisten können. Außerdem gibt es manchen fließenden Übergang. Jedoch ist für mich der zentrale Punkt folgender:

Texte sind sprachlich komplizierte Gebilde ("Textilien"). Wer sich mit dem schnell wahrzunehmenden Farbmuster (=Inhaltliche Struktur) zufriedengibt, und nicht auch die Webart untersucht, der verbleibt beim Bedeutungsverstehen, er dringt nicht zum Sinnverstehen (Motivationsverstehen, Personenverstehen) dessen vor, der den Text schuf.[13]

Mit Eigennamen werden wir den biblischen Autor in aller Regel nie identifizieren können. Aber das ist auch nicht allzu wichtig. Wichtiger ist, daß die auf "**Sach**aussagen", "**Sach**kritik", die auf "**Inhalts**interpretation" fixierte Theologie begreift,[14] daß in jedem Text auch die schreibende Person ihre Individualität, nicht nur ihr Denken sondern auch ihr Fühlen hinterlassen hat. Dieser Person begegnen wir aber nur, wenn wir nicht allein auf die mitgeteilten Inhalte achten. Das könnten auch lediglich aufgedruckte Muster sein. Wichtig ist vielmehr, daß wir genaueren Einblick in die Art des Webens = Schreibens bekommen. Über aufwendiges "Wiederkäuen" = Analysieren des Textes kommen die Intentionen und Eigenarten des Autors in den Blick.[15] Mit ihm kommunizieren wir ja, wenn wir den Text lesen.[16] Daher sollten wir nicht bei den Inhalten des Textes stehenbleiben, sondern **in** ihm, - nicht: **hinter** ihm - auch den Autor entdecken.[17]

---

12 Vgl. SCHWEIZER (1984b) 162-168.
13 Vgl. SCHWEIZER (1984b) 171f.
14 Vgl. SCHWEIZER (1984a) 121f.
15 Für elementar wichtig halte ich das Projekt von KOPPE (1977), die traditionell "sachverhaltsbezogene" (=apophantische) Hermeneutik um den "bedürfnisbekundenden" (=endeetischen) Aspekt zu bereichern, so daß jede Textbeschreibung sich nicht mehr pseudo-objektiv gebärdet, sondern metasprachlich auch die subjektiven Anteile der Äußerung erfaßt. Vgl. seine Behandlung von Konnotation, Metapher, Allegorie, Mythos.
16 Völlig zurecht wendet sich MARXSEN (1985) gegen pauschalisierenden Sprachgebrauch wie: "Das Neue Testament bezeugt...", denn man zieht ja doch jeweils nur einzelne Textabschnitte heran, "die man sich je nach Bedarf selbst auswählt" (3); die realistischere Einstellung angesichts eines Textes: "Es handelt sich immer nur um die Meinung eines Verfassers in einer bestimmten Zeit und unter bestimmten Bedingungen" (6).
17 Textinterpretation ist nicht Objekterkenntnis sondern Kommunikation von Subjekten, vgl. SCHWEIZER (1982) 82f. - Hier zeigen sich zu DREWERMANN (1984) zwei Hauptdifferenzen: (1) Aufgrund des Kommunikationsmodells interessiert mich - soweit erhebbar - sehr wohl die Gestalt des Autors, ihre Intentionen und Lebensbedingungen. Bei D. scheint all dies zum irrelevanten "Staub und...Schutt" (384) zu gehören. Damit wird aber der Text zur mythischen, d.h. nicht-geschichtlichen Größe hochstilisiert (nicht nur die Archetypen). - (2) Mich interessiert der Autor **im** Text. D. vermutet **hinter** zeitbedingten religiösen Äußerungen das "Ewig-Gültige" (50). Alles geschichtlich Bedingte kann/muß also vernachlässigt werden. - Der Unterschied der Metapher (im/hinter) drückt eine massiv unterschiedliche Wertung aus: wenn das geschichtlich Bedingte zur quantité négligeable wird, sind wir wohl im Bereich idealistisch-enthusiastischer Spekulation. (Dazu paßt die mehrfach geäußerte Verachtung der Soziologie, vgl. 40ff. 50ff.).

1.6 'Allein, wie soll das geschehen?' - Hehre Ziele ohne Weg = Methode machen ratlos. - Auch hier bin ich negativ wie positiv zu vergröbernden Thesen gezwungen - auf die ich aber bei anderer Gelegenheit schon ausführlicher eingegangen bin.
Negativ: Die historisch-kritische Bibelauslegung hat kein Interpretationsinstrumentarium entwickelt, das der Größe "Text" angemessen ist. Sie fußt vielmehr fraglos auf der griechisch-römischen Grammatiktradition.[18]
Positiv: Seit ca. 20 Jahren wird der Ansatz zu einer Textgrammatik entwickelt (Germanistik, Anglistik, Romanistik). Die bislang schon gewonnenen Gesichtspunkte schärfen ungemein die Augen für das Phänomen "Text".[19]
An dieser Stelle möge allerdings jeder bei sich selber testen, welche anödenden Assoziationen bei ihm das Stichwort "Grammatik" auslöst. Es sind sicher die wenigsten, die freundlich auf die Grammatikbegriffe zurückblicken. Daher sei hier behauptet: Textgrammatik hat wenig mit der üblichen Schulgrammatik zu tun. Sie ist - z.B. wenn sie dem Schema Syntax-Semantik-Pragmatik folgt[20] - komplizierter, aber, da sie die Sprache umfassender beschreibt, weil die Begriffe besser definiert sind, und weil man nicht bei der Satzebene aufhört, sondern bewußt den Text als Beschreibungsgröße nimmt, ist die Sinnhaftigkeit der Interpretation einsichtiger. Die Beschreibung dauert länger. Ich setze mich damit aber auch länger dem Text aus. Der Text ist länger mein Gegenüber. Dieses Hin- und Herwenden der einzelnen Aspekte, dieses "Wiederkäuen", dieses Ringen verhindert schnelle und griffige Ergebnisse. Mit dem Text ist man nach diesem Verfahren nicht schnell "fertig". Vielmehr trägt es dazu bei, daß man zwar zu wohlbegründeten Einsichten kommt, aber nicht zu fertigen. Der Text - ich habe das oft erlebt - geht mit einem, meldet sich immer wieder in passenden Situationen.

Mein Plädoyer für eine sprachkritische Bibellektüre wirbt also dafür, daß man sich bewußt macht, wonach man bei Texten fragen kann. **Zur Hochschuldidaktik: Nicht primär inhaltliche Ergebnisse zu biblischen Texten sind z.B. von universitärer Exegese weiterzugeben, sondern der wissenschaftliche Apparat soll das eigenständige, bewußte Lesen fördern und einüben.** Methodenreflexion also zur Schärfung des eigenen Auges. - Anstatt es kompliziert auszudrücken, bediene ich mich eines Zitates von A. HOLL:

"Atembeschwerden lenken die Aufmerksamkeit auf das Atmen, das sonst völlig selbständig geschieht. Sprachbeschwerden könnten der Anlaß sein, die Sprache zu beachten. Im Fall Jesu jedenfalls lassen sich Sprachbeschwerden unschwer feststellen, nämlich im Hinblick auf die Verschrobenheit vieler theologischer Auslassungen oder die zeremoniöse Leere kirchenamtlicher Verlautbarungen. Sprachbeschwerden scheint auch der Normalverbraucher zu haben, wenn er von Jesus

---

18 Ein sprachwissenschaftliches Nachdenken, auch Experimentieren wird von Vertretern dieser Richtung gern als "Methodomanie" abgestempelt: vgl. LANG, Vorwort zu BOISMARD-LAMOUILLE (1980) 10.
19 Vgl. für ein Analysebeispiel: SCHWEIZER (1984a).
20 Vgl. SCHWEIZER (1981).

reden will; oft produziert er lediglich kindliche Formeln, eine Verarmung wird merklich.

Dennoch wird - nicht selten mit Erbitterung - an den diversen Formeln festgehalten, Bücher werden mit Auseinandersetzungen über bestimmte Satzformeln gefüllt. Ob Jesus Gottes Sohn war. Ob er übers Wasser gegangen ist. Ob er von den Toten auferstanden ist. Ob Josef sein leiblicher Vater war...

Erfreulich wäre es, wenn dadurch wenigstens manche davon entlastet würden, den realen Jesus mit jenen Sprach- und Denkgestalten zu verwechseln, die sich im Laufe der Zeit um ihn gebildet haben."[21]

1.7 Zum Schluß dieser Thesen will ich noch versuchen, das zentrale Motiv hinter all diesem Aufwand zu benennen. "Der Text als Widerstand" heißt ja der Haupttitel dieses Beitrags. **Ich bin überzeugt, daß z.B. jeder atl. oder ntl. Text so ein Widerstand ist: er stammt von einer ganz anderen Person, in ganz anderen Lebensumständen, vielleicht mit ganz anderer Lebenseinstellung, vielleicht gleichem, vielleicht anderem Glauben.** Jedenfalls interessiert mich diese Person, mich interessiert, wie sie ihr Leben gemeistert hat. Und deshalb interessiert mich der Text, den dieser Schreiber hinterlassen hat.

Und weil ich diese Person kennenlernen will - sie gehört ja auch zur Gemeinschaft der Glaubenden, die wir regelmäßig bekennen - wehre ich mich gegen flotte Interpretation mit raschen Ergebnissen, deshalb ertrage ich den mühsamen Terminologieaufwand.[22] **Es lohnt sich, sich länger am Widerstand eines Textes zu reiben. Man verändert sich nämlich selber dabei. Vielleicht ist das der eigentliche Lohn der Mühe.** Ganz wichtig ist dabei, daß diese eigene Veränderung auch in Auseinandersetzung mit inhaltlich anscheinend völlig abseitigen Texten - deren es in der Bibel ja genug gibt - möglich ist. Denn ich will ja nicht bestimmte Inhalte einfach schlucken, sondern verstehen, in welcher Situation ein Mensch dazu kam, so zu schreiben, wie er's tat. Da ist mir dann kritische Auseinandersetzung möglich, auch wenn - nur inhaltlich gesehen - der betreffende Text längst dem Schutt der Geschichte angehören müßte (vgl. exzessive Gerichtsandrohungen; Reinheitsgesetze usw.).

2. KURZE BEISPIELANALYSE

Ich hoffe, an einem sehr kleinen, narrativ gebotenen Beispiel zeigen zu können, wie ich mir Textinterpretation vorstelle.

In einem Seminar über "Weisheitsliteratur" nahmen wir uns vor, auf einem Kompaktwochenende die ägyptische "Lebenslehre des Amenemope" zu lesen, ein Text, an den

---

21 HOLL ([4]1981) 125f.
22 DREWERMANN (1984), der ja nicht an den historischen Bedingungen der Hervorbringung des Textes interessiert ist, spürt doch, daß bei seinem typologisch-symbolischen Ansatz Stereotypen drohen (vgl. 380. 387), und daß der Anspruch **alles mögliche** Belegmaterial beizuziehen im Grund entmutigt und erschreckt (vgl. 383f).

'Normal-Sterbliche' nicht herankommen. Genau deshalb habe ich ihn hier gewählt, weil dieser um 1000 v.Chr. entstandene Text auch außerhalb des Horizonts von Bibellesern liegt. Er müßte demnach ein besonders gutes Demonstrationsobjekt für die Frage sein, ob und wie denn sehr alte Texte auch heute noch aussagekräftig sind.

Zunächst zwei Textbeispiele:[23]

4,8   Laß dich nicht mit einer rauhen Botschaft
       ausschicken (4,9) und
       wünsche nicht, sie auszuführen.
4,10 2 Mache kein Geschrei gegen den, der dich angreift,
11   und antworte ihm nicht selbst.
4,12 3 Wer Böses tut, den wirft der Uferdamm ab,
13   sein Schlamm holt ihn.
14   Der Nordwind kommt herab, er beendet seine Stunde,
15   er vereinigt sich mit dem Unwetter.
16   Die Wolken sind hoch, die Krokodile sind böse,
17   du Heißer, wie ergeht es dir?
18   Er schreit, seine Stimme gelangt bis zum Himmel.

....

5,9   Drittes Kapitel.
5,10 1 Sorge nicht für Streit mit dem Heißmäuligen
11   und greife ihn nicht mit Worten an.
5,12 2a Zögere vor dem Feindlichen,
       beuge dich vor dem, der angreift,
13   schlafe vor dem Reden.
14 b Ein Sturm, der sich erhebt
       wie Feuer im Stroh
15   ist der Heiße in seiner Stunde.
16 c Zieh dich vor ihm zurück,
       beachte es nicht,
17   der Gott wird ihm zu antworten wissen.

Vielleicht ist Ihr erster Eindruck dem unseren von damals vergleichbar: Es handelt sich um Ratschläge, z.T. etwas merkwürdig in der Diktion. In diesem Stil verläuft der Text 30 Kapitel lang. Wie bei weisheitlichen Texten zu erwarten: ein Funke springt nicht über. Also ein überhaupt nicht aufregender Text.
Eine Untergruppe bekam die Aufgabe, die Negationen im Text herauszufinden und dabei zu überlegen, was denn überhaupt eine Negation sei.
Das Ergebnis war in mehrfacher Hinsicht verblüffend. Es wurde textgrammatisch bewußt, daß eine Negation nicht einfach ein logisches Minuszeichen vor einer Aussage

---

23 Aus GRUMACH (1972) 30. 38.

ist.[24] Es geht bei ihr nicht um den Sachverhalt, sondern um den Kommunikationspartner. Eine Negation ist ein re-aktiver Zug.[25] Eine Negation blockt den Partner der Kommunikation ab.[26] Also setzt die Negation einen "Gegen"text voraus, der u.U. im literarischen Kontext nicht genannt ist.[27] Bei der Beschreibung der Negation ist also immer auch positiv zu rekonstruieren, welche Meinung denn abgelehnt wird.[28]

Aufgrund dieses Nachdenkens wurden im Text so **acht** verschiedene Formen von Negationen gefunden.[29] Das ist ein sehr bemerkenswertes Ergebnis. Keine der herkömmlichen Grammatiken kann dabei mithalten.[30] Was Verteilung und Häufigkeit betrifft, so fiel auf, daß der ganze Text weitgehend aus Negationen besteht. "Lebenslehre" also durch Negationen.

In 4,8.9.11 ist das Verneinungswort "nicht" klare Negation, in 4,10 das Pronomen "kein". 4,12f sind dagegen Metaphern: die Erwartung an einen Uferdamm ist, daß er schützt. Diese Erwartung wird überraschend durch die richtende Personifizierung durchkreuzt. 4,14 ebenso: Nordwind und Unwetter addieren sich zu gewaltiger Macht, die die erwartete Lebensdauer abbricht, negiert. Der Verweis auf die (fernen) Wolken und die bösen Krokodile negiert die Annahme, der Übeltäter könne sich aus eigener Kraft retten. 4,17 verspottet zunächst den "Heißen", d.h. den unbeherrschten, emotionalen Menschen. Die Aussage darin: es geht ihm **nicht** gut. Sein Schreien um Hilfe mag gewaltig sein ("bis zum Himmel"), aber es nützt **nicht**.

Ähnlich im zweiten Abschnitt: Auf zwei Negationswörter ("nicht") folgt ein Modalverb ("zögern" = **nicht** initiativ sein), zwei Vollverben ("sich beugen", "schlafen" = **nicht** handeln). 14: das Wort "Sturm" läßt große Zerstörungsmacht erwarten (wie 4,14f); aber das wird negiert: der "Heiße" ist nur "Strohfeuer". Der Imperativ von "sich zurückziehen" ist ebenso Verbot, wie der zweite Satz "beachte es nicht".

---

24 "Man verfällt leider nur allzuleicht immer wieder der Versuchung, in der Negation eine Art von mathematischem oder logischem Minuszeichen zu sehen und nimmt so für sie eine Funktion als selbstverständlich an, die ihr gar nicht zukommt": SEILER zitiert bei WELTE (1978) 123.
25 Vgl. STIERLE (1975) 243.
26 Wer eine vertrackt-philosophisch-künstlerisch-humorvolle Behandlung der "Negation" und **zugleich** eine individuelle Werkbeschreibung nachvollziehen will, lese M.FOUCAULT, "Dies ist keine Pfeife" S.7-23.44f. zu zwei Zeichnungen von R.MAGRITTE. (Ob es dagegen im bedeutungsvollen Bereich der Archetypen auch Humor gibt?) Vgl. als Probe: "Dies ist keine Pfeife, sondern ein Satz, der sagt, daß das eine Pfeife ist - im Satz 'Dies ist keine Pfeife' ist dies keine Pfeife: diese Tafel, dieser geschriebene Satz, diese Zeichnung einer Pfeife, all dies ist keine Pfeife" (22).
27 Vgl. STIERLE (1975) 242.
28 Vgl. auch SCHWEIZER (1981) 310ff. - Diese Doppelzügigkeit unterscheidet die Negation von bloßer negativer Wertung, vgl. 196f1.
29 **Semantisch:** (1) Explizit durch Verneinungswort "nicht": 4,6 "Strecke **nicht** die Hand...". (2) Explizit durch Pronomen: 4,7 "und habe **keinen** Anteil...". (3) Durch Modalverb (Prädikatoperator): 4,4 "**Wüte dich**,... zu berauben". **Pragmatisch:** (4) Vollverb mit implizierter Negation: 5,12 "Schlafe vor dem Reden" = rede nicht gleich. (5) Bei Bildern für Zerstörung, Beendigung wird die Erwartung längerer Dauer durchkreuzt: 4,13 "sein Schlamm holt ihn", 7,16 "es verkürzt die Lebenszeit". (6) Paradoxon: 9,3 "Einen Augenblick dauert ihre Zeit..." = die Dauer ist nicht lang; 7,7f "Alle Schweigenden... sagen:...". (7) Metapher: 10,5 "er (=Reichtum) ist zum Himmel geflogen" = ist **nicht** mehr da. (8) Kontext: 10,19f dem Jubel auf die Uräusschlange wird adversativ das "Speien auf" die Apophisschlange entgegengestellt. N.B.: Die Uräusschlange (Kobra) schützt den König, macht ihn gefährlich gegenüber den Feinden, symbolisiert also die Königsherrschaft. Dagegen: "Apophis ist der Urfeind schlechthin", die Chaosmacht, die ständig den Sonnengott bekämpft, BRUNNER (1983) 232.
30 Gemessen an der obigen Beschreibung der kommunikativen Funktion der Negation ist es ausgesprochen falsch, wenn es bei BLASS-DEBRUNNER-REHKOPF § 426 heißt: "das objektive οὐ verneint die Realität und ist die Negation des Indikativs". Die Realität zu verneinen bringt nicht viel Sinn. Ich kann aber Erwartungen, Meinungen eines Gesprächs**partners** bezüglich der Realität verneinen. Die Hauptkritik richtet sich aber auf die irrige Meinung, man sei durch die Behandlung (weniger) Negationswörter dem Phänomen "Negation" gerecht geworden. Die Kritik gilt z.B. auch für: GESENIUS-KAUTZSCH § 152; BROCKELMANN II passim.

Schließlich ist in dieser Kommunikationssituation der Belehrung 5,17 nicht einfach eine für sich stehende theologische Aussage. Es geht ja darum, daß der Angeredete nichts unternimmt. Folglich ist auch der Verweis auf Gott eine Negation: "der Gott wird ihm zu antworten wissen", daher brauchst du, sollst du **nichts** sagen.

Rekonstruiert man im Gesamttext, **was** je negiert wird, so ergeben sich: Aktivität, Offenheit, Störung/Veränderung bestehender Ordnung, Kommunikation, "Eros" als Lebenslust. Das alles wird vom weisen Lehrer abgeblockt. Der sogenannte "Weise" bewertet also jene "lebendigen" Einstellungen nicht lediglich negativ. Das wäre eben eine Wertung aber noch keine Negation. Vielmehr unterstellt er beim Angeredeten jene Einstellungen[31] und versucht sie zu bekämpfen. Eine Negation ist also gewalttätiger als eine einfache Wertung.[32] Inhaltlich bedeutet das: der status quo ist einzuhalten, soziale Veränderung ist nicht vorgesehen, jegliche Lebensregung wird verdächtigt und verhindert.

Keiner von uns hatte Lust, inhaltlich diese "Lebenslehre" zu übernehmen. Aber der Text war spannend geworden. Aufgrund der zunächst textgrammatischen Beschreibung meldeten sich nun weiterführende Fragen; z.B. in Richtung Psychologie: Spricht dieser "Lebenslehrer" als lebender Leichnam? Warum hat er es nötig, so konsequent zu negieren? - Oder in Richtung Soziologie: Soziale Veränderung ist nicht vorgesehen. Man gewinnt den Eindruck einer absolut starren Ordnung. Die Frage tauchte auf, welche Funktion dabei die theologischen Aussagen haben. Sollen sie dieses starre Gesellschaftssystem stützen? - In diesem Stadium der Textanalyse war - um ein häßliches Wort zu nehmen - die "Verlebendigung" des alten Textes für die meisten kein Problem mehr, denn Betroffenheit hatte sich eingestellt[33] und zwar - um die Stichwörter zusammenfassend zu nennen - bei rein textimmanenter Lektüre, ohne auf Material aller Weltkulturen zusätzlich zurückzugreifen, Betroffenheit ohne daß der Text eine faszinierende Symbolik oder auch nur ansprechende theologische Aussagen geboten hätte. Das einzige Werkzeug war der reflexe Umgang mit dem Kommunikationsmittel "Sprache". Dadurch wurde Motivation und Intention des damaligen Schreibers bewußt. Das ermöglichte eine persönliche, kritische Auseinandersetzung mit dieser neu erkannten, fremdartigen Lebenseinstellung.

Mit diesen Hinweisen will ich die Behauptung illustrieren, daß eine sprachkritische Textlektüre selbst bei inhaltlich abseitigen Texten zu existentiellen Fragestellungen führt. Dann bin ich nicht mehr darauf angewiesen, lediglich mich positiv bestärkende Texte zur Interpretation heranzuziehen.

---

31 STIERLE (1975) 242: "das Negierte muß wahrscheinlicher sein als seine Negation".
32 WEINRICH (1975) 62 und LUHMANN (1975) 204ff weisen noch auf einen speziellen Effekt hin: eine Negation sorgt dafür, daß die Vielfalt des Lebens schematisch in eine Polarität gezwungen wird. **tertium non datur.** Sie kann dies nur, indem sie das Negierte unbestimmt läßt. Eine "Negation enthält stets eine **Generalisierungsleistung**", LUHMANN 205, und ist folglich "das am universellsten verwendbare Sprachsymbol" (204).
33 Speziell Negationen sind ohnehin versteckte "Appelle zur Solidarität", verleiten den Leser zur Identifikation mit dem Negierenden. Erst nachträglich kann sich ein Leser diese Mechanismen bewußt machen und sich distanzieren, vgl. STIERLE (1975) 243.249.

3. Konsequenzen für die pastorale Praxis

Lesen lernt man in der Grundschule, im ersten Schuljahr. Lesen - was die Identifizierung der Buchstaben betrifft. Erfahrungen z.B. in einem langjährigen Bibelgesprächskreis machten mir bewußt, daß es noch ein anderes Lesen gibt. Und das beherrschen - im Schnitt - nur wenige Erwachsene. Dieses zweite Lesen sollte im Unterricht, in der Erwachsenenbildung intensiv geübt werden. Ich meine das Gegenteil der vielfältig beliebten assoziativen Methode: "Was fällt Euch zu diesem Bild, diesem Text ein?" Das ist ein beliebter methodischer, auch gruppendynamisch wichtiger Impuls. Und in der Regel fällt den Teilnehmern viel ein. Das führt dann dazu, daß leicht und schnell jene Assoziationen zum Thema des weiteren Gesprächs werden. Stattdessen wollten wir hier doch das Lesen des Textes, des Bildes lernen!

Meiner Erfahrung nach ist es ein wichtiges und zunächst schwieriges Lernziel in einem ersten Zugang tatsächlich **den Text** zu lesen, d.h. genau zu beschreiben und wahrzunehmen, und nicht meine Assoziationen anläßlich des Textes! Es geht also darum, dem Text bewußt zuzugestehen, daß er viele Fragen, die er in mir wachruft, nicht beantwortet. Es geht zunächst darum, darauf zu verzichten, Unklarheiten und aufgeworfene Fragen aus **anderen** Texten zu beantworten. Wenn es Verstehensprobleme gibt, die vom Text aufgeworfen werden, so sind sie klar zu markieren und nicht zu glätten oder zu harmonisieren.

Um zu dieser Haltung zu kommen sind erfahrungsgemäß anfangs viele gegenseitige Kontrollen im Gespräch nötig. Und erst wenn der Text genau wahrgenommen wird und in **seiner** Intention beschrieben ist, können und sollen die Schleusen der Assoziation geöffnet werden, so daß die eigene Lebensgeschichte hinzukommt und in lebendigen Austausch mit den gewonnenen Ergebnissen tritt.[34]

Für´s praktische Vorgehen ergaben sich mir folgende Punkte:

3.1 Seelisches Trägheitsmoment: Ich habe mir angewöhnt, in der Weitergabe, Vermittlung, Erschließung von Texten immer vorauszusetzen, daß beim Hörer/Leser so eine Art seelisches Trägheitsmoment am Werk ist. Damit meine ich die große und sich schnell einstellende Versuchung, daß die Teilnehmer z.B. an einem Bibelgespräch **kognitiv** einige Informationen zum Text wünschen, möglichst von mir in Vortragsform geliefert.

---

34 "Wesentlich ist, daß sie (die Schüler, H.S.) hören und sehen lernen, um in der Sprache die Wirklichkeit in sachlicher und ruhiger Weise zu Wort kommen zu lassen", HALBFAS (1968) 93. Die allgemeinen sprachhermeneutischen Reflexionen von H. sind theoretisch wie auslegungspraktisch auf das Phänomen "Text" hin zu konkretisieren. Das gilt auch angesichts der großen Verdienste von H. für die Verwendung von Texten in der Pastoral. Aber zweifellos findet seine grundsätzliche Weichenstellung durch Einsichten heutiger Semiotik ihre Bestätigung. - Zu den sehr verschiedenen Funktionen, die biblische Texte im Unterricht in der Sicht der Religionspädagogik der letzten Jahrzehnte hatten, vgl. LANGER (1984) 260. Überwunden sei z.B. die Heranziehung "Biblischer Geschichte" zur unkritischen Veranschaulichung von Katechismussätzen, zur Illustrierung positiven oder negativen ethischen Handelns, überwunden sei auch die sehr historisch-kritisch geprägte Engführung, bei der synoptische Vergleiche, redaktionsgeschichtliche Analysen usw. mehr und mehr eigentlicher Inhalt des Unterrichts geworden sind. (Diese Schritte hatten nicht mehr die Funktion in der Ermittlung des Kerygmas) Heute dominiere das Korrelationsprinzip, d.h. die Bibel sei **"eingefügt in den Gesamtzusammenhang der Glaubensüberlieferung"**, also nicht mehr völlig isolierte Quelle der Glaubensinhalte. Im Rahmen dieses Korrelationsprinzips ist außerdem vorgesehen - im Gegensatz zur historisch-kritischen Orientierung -, daß die zur Sprache kommenden biblischen Texte auch **"'in Beziehung gebracht (werden) zum gelebten Glauben'** in der gegenwärtigen Kirche".

Dann weiß der Hörer einiges zusätzlich zum Text; und vor allem: er ist schnell fertig mit ihm. Er hat einen Informationszuwachs bekommen, ohne daß es notwendig war, sich selbst auf den Text einzulassen, ohne daß er zulassen mußte, daß der Text ihn, den Hörer, trifft und verändert. Eigenes Ringen war nicht notwendig.

3.2 **Die Textrezeption verlängern.** Die erste Folgerung aus Punkt 1. ist für mich: dem Text dadurch eine Chance geben, daß ich ihm Zeit einräume. Damit der Text in mir Wurzeln schlägt, damit es ein fruchtbares Lesen wird, muß ich mir für die Aufnahme des Textes Zeit nehmen, damit ich mit ihm vertraut werden kann. Das gilt sowohl für wissenschaftlichen wie für meditativen Umgang mit ihm. z.B. Exegetische Prozeduren, die sehr technisch aussehen: Übersetzungsarbeit, Strukturtabellen, Schemata usw. bewirken ja letztlich nichts anderes als eben dies: die Textrezeption wird länger. Der Untersuchende ist wochen- ja monatelang diesem einen Text ausgeliefert. Und zwar dem Textwortlaut selbst, nicht nur irgendwelchen Zusatzinformationen aus schlauen Büchern.

3.3 **Ziel exegetischer aber auch pastoraler Bibelarbeit: Aneignung des Textes.** Der Text soll zu mir gehören. Weniger als Besitz, statisch, sondern vielmehr so, daß ich mit dem Text lebe, daß ich ihn mir vertraut gemacht habe und daß ich folglich mit ihm im Austausch bleibe. Er kommt mir - von selbst - immer wieder in den Sinn. Gelegentlich zitiere ich ihn. Er ist so zu einem Bestandteil meines Lebens geworden. - Wenn ich das so beschreibe, dann ist meine Sprache nicht grundsätzlich verschieden vom Sprechen im Blick auf Freund oder Freundin. Diese Sprachverwandtschaft erscheint mir nicht zufällig.

Ich halte es für ein Gerücht, daß rationale, ja wissenschaftliche Bearbeitung eines Textes und emotionales Fußfassen sich ausschließen würden. In meiner Vorstellung kann beides zusammengehen.

3.4 **Erschweren und erleichtern der Textrezeption.** Schon mit der äußeren Form, mit der man z.B. Schülern einen Text präsentiert, kann man Lust- oder Unlustgefühle wecken. Vgl. zweimal die gleichen Sätze:

    Ich liebe dich.
    Liebst du mich?

Jetzt mit Enjambement:

    Ich liebe
    Dich. Liebst Du
    mich?

Im ersten Fall läuft die Aufnahme der beiden Sätze glatt und schnell ab. Im zweiten Fall zwingt die äußere Form zu einem Innehalten, Stocken, zu einem genaueren Anschauen der Sätze, zu einer Überlegung, worauf denn die Betonung liegt. Im ersten Fall ist die Textrezeption sehr leicht, folglich oberflächlich. Im zweiten Fall ist sie erschwert, damit langsamer und aufmerksamer, also intensiver. - Ich bin z.B. dazu übergegangen, in Bibelgesprächen den Text, der besprochen werden soll, auf ein DIN-A-4-Blatt zu schreiben und im Schreiben den Text nach bestimmten Strukturen auf dem Blatt zu verteilen. **Das setzt keine große Vorarbeit voraus.** Man liest lediglich den Text ein paar Mal durch und achtet z.B. darauf, wo die eigentliche Handlung steht, wo dagegen nur Situationsschilderung; liegen charakteristische Wiederholungen von Wörtern, Sätzen vor - sie lassen sich optisch hervorheben. Man kann direkte Rede von Handlungsschilderung abheben; man kann danach gehen, wer im Text die Gegner sind; man kann ein negatives Anfangsstadium von einem positiven Schlußstadium abheben; man kann positive und negative Wertungen gegenüberstellen. **(vgl. Beispiel)**

Ein so auf das Blatt verteilter Text ist einerseits eine Erschwerung der Wahrnehmung, weil der Text in seltsamen Blöcken begegnet. Und insofern kann damit die Aufmerksamkeit geweckt werden. Man ist beim Lesen zu größerer Anstrengung gezwungen. Andererseits ist es aber auch eine Erleichterung, weil schon über die Schreibung gewisse Strukturen des Textes deutlich werden. Also beides: Erschwerung und Erleichterung der Textbetrachtung. (N.B. diese Spannung machen sich regelmäßig gute Werbetexter bzw. -Grafiker zunutze: inhaltliche und/oder optische 'Stolpersteine' werden eingebaut, um eine allzu glatte Wahrnehmung zu verhindern). - Eine solche Schreibung kann sehr wohl spontan und unabgesichert geschehen. Es braucht nicht eine große Analyse voranzugehen. Gesprächsweise können ja bessere Gesichtspunkte zur Einteilung erarbeitet werden. Aber dann ist man immerhin bereits in einem Gespräch zum Text.

3.5 **Rollenverständnis.** Die **interne Textstruktur** - und nur durch sie spricht der Text - zu erkennen, damit also seine Akzente, seine Schwerpunkte, seinen Handlungsverlauf, seine Zielsetzung - **all dies zu erkennen ist jeder in einem Kreis, in einer Klasse fähig.** Denn jeder hat Augen im Kopf, kann reden, kombinieren, diskutieren, nachdenken. Ist es also mein Ziel, den Text zum Sprechen zu bringen, so kann ich dies auf **sehr demokratischem Weg** ermöglichen. Dieser Weg erscheint mir auch als der einzig angemessene. - Der zweite, der falsche Weg sähe so aus: Ich kann der irrigen Meinung sein, ein Text sei dazu da, durch **zahlreiche Zusatzinformationen** ergänzt zu werden. Hier ist nur der **Weg der Diktatur** möglich. Der eine, umfassend informierte Fachmann doziert, fast so wie in einer Vorlesung, die andern haben aufzunehmen und zu schweigen. Und der Text, um den es geht, tritt dabei hinter die vielen angelesenen, gescheiten Zusatzinformationen zurück, kommt also zu kurz.

Begreifen wir stattdessen den Text als Widerstand, an dem man sich reiben und verändern kann![35]

4. Beispiel: Mt 25,1-12

Die Schreibung des Gleichnisses von den Jungfrauen erklärt sich weitgehend von selbst: in einer linken Spalte ist alles aufgenommen, was die törichten, in der rechten alles, was die klugen Jungfrauen betrifft. Die mittlere Spalte ist dem Bräutigam vorbehalten. Hervorzuheben ist noch, daß V.5 bewußt eine Zäsur im Text markieren soll: Die Exposition ist ja auch abgeschlossen.

---

35 Vgl. das Plädoyer von MARXSEN (1985) 15 für einen neuen, lebendigeren Umgang mit biblischen Texten.

Mt 25,1-12

1 Dann wird es mit dem Himmelreich sein wie mit zehn Jungfrauen, die ihre Lampen nahmen und dem Bräutigam entgegengingen.

2 Fünf von ihnen waren töricht, und fünf waren klug.

3 Die törichten nahmen ihre Lampen mit, aber kein Öl.

4 Die klugen aber nahmen außer den Lampen noch Öl in Krügen mit.

5 Als nun der Bräutigam lange nicht kam, wurden sie alle müde und schliefen ein.

6 Mitten in der Nacht aber hörte man laute Rufe:

> Der Bräutigam kommt!
>
> Geht ihm entgegen!

7 Da standen die Jungfrauen alle auf und machten ihre Lampen zurecht.

8 Die törichten aber sagten zu den klugen: Gebt uns von eurem Öl, sonst gehen unsere Lampen aus.

9 Die klugen erwiderten ihnen: Dann reicht es weder für uns noch für euch; geht doch zu den Händlern und kauft, was ihr braucht.

10 Während sie noch unterwegs waren, um das Öl zu kaufen,

kam der Bräutigam;

die Jungfrauen, die bereit waren, gingen mit ihm in den Hochzeitssaal, und die Tür wurde zugeschlossen.

11 Später kamen auch die anderen Jungfrauen und riefen:

Herr, Herr, mach uns auf!

12 Er aber antwortete ihnen:

Amen, ich sage euch:

Ich kenne euch nicht.

LITERATUR ZU KAPITEL 1

BLASS, F. DEBRUNNER, A. REHKOPF, F.	Grammatik des neutestamentlichen Griechisch. Göttingen ^{15}1979.
BOISMARD, M.-E. LAMOUILLE, A.	Aus der Werkstatt der Evangelien. München 1980.
BROCKELMANN, C.	Grundriß der vergleichenden Grammatik der semitischen Sprachen. Bd.II: Syntax. Hildesheim 1966 (reprint von 1913).
BRUNNER, H.	Seth und Apophis - Gegengötter im ägyptischen Pantheon? Saeculum XXXIV (1983) 226-234.
DREWERMANN, E.	Tiefenpsychologie und Exegese. Bd.I: Die Wahrheit der Formen. Traum, Mythos, Märchen, Sage und Legende. Olten 1984.
FOUCAULT, M.	Dies ist keine Pfeife. Frankfurt 1983.
GESENIUS, W. KAUTZSCH, E.	Hebräische Grammatik. Hildesheim 1962. (reprint von ^{28}1909).
GRUMACH, I.	Untersuchungen zur Lebenslehre des Amenemope. MÄS 23. München 1972.
GÜTTGEMANNS, E.	Offene Fragen zur Formgeschichte des Evangeliums. Eine methodologische Skizze der Grundlagenproblematik der Form- und Redaktionsgeschichte. BevTh 54. München 1970.
HALBFAS, H.	Fundamentalkatechetik. Sprache und Erfahrung im Religionsunterricht. Stuttgart 1968.
HOLL, A.	Jesus in schlechter Gesellschaft. dtv 1019. München ^{4}1981.
KOPPE, F.	Sprache und Bedürfnis. Zur sprachphilosophischen Grundlage der Geisteswissenschaften. Stuttgart-Bad Cannstatt 1977.
LANGER, W.	Zur Funktion biblischer Texte im Unterricht: ThQ 164 (1984) 256-267.
LUHMANN, N.	Über die Funktion der Negation in sinnkonstituierenden Systemen: WEINRICH (1975) 202-218.
MAYER, A.	Der zensierte Jesus. Soziologie des Neuen Testaments. Olten 1983.
MARXSEN, W.	Orientierung am Neuen Testament? Pastoraltheologie 74 (1985) 2-16.
SCHMITHALS, W.	Kritik der Formkritik: ZThK 77 (1980) 149-185.
SCHROEDEL, J.	Remythologisierung der Bibel? Bemerkungen zu einer Situationsanalyse Eugen Drewermanns: HeKo 39 (1985) 275-279.
SCHWEIZER, H.	Metaphorische Grammatik. Wege zur Integration von Grammatik und Textinterpretation in der Exegese. ATS 15. St.Ottilien 1981.
SCHWEIZER, H.	Motive und Ziele sprachwissenschaftlicher Methodik: Biblische Notizen 18 (1982) 79-85.
SCHWEIZER, H.	Das seltsame Gespräch von Abraham und Jahwe (Gen 18,22-33): ThQ 164 (1984) 119-139: (1984a)
SCHWEIZER, H.	Wovon reden die Exegeten? Zum Verständnis der Exegese als verstehender und deskriptiver Wissenschaft: ThQ 164 (1984) 161-185: (1984b)
SENGE, S.R. (Hg.)	An meiner Fähre versammeln. Himmerod 1984.
STIERLE, K.	Der Gebrauch der Negation in fiktionalen Texten: WEINRICH (1975) 235-262.
WEINRICH, H.	Über Negation in der Syntax und Semantik: WEINRICH (1975) 39-63.
WEINRICH, H. (Hg.)	Positionen der Negativität. München 1975.
WELTE, W.	Negations-Linguistik. Ansätze zur Beschreibung und Erklärung von Aspekten der Negation im Englischen. München 1978.

KAPITEL 2

Hermeneutik und Methodik

1. DIE GRUNDOPPOSITION

Beeindruckt hat mich bei einem Überblick über die Schriftexegese[1] das Vertrauen LUTHERs. In seinem Kampf gegen die Autorität der übermächtigen alten Kirche vertraut er darauf, daß der einzelne Gläubige sich nur dem Wortlaut der Schrift auszusetzen brauche. Dann werde sich der Heilige Geist schon melden. In Konfrontation mit dem Wortsinn ergehe das Wort Gottes. Keine Autorität, nicht die Hierarchie, nicht die Fachgelehrten, habe dazwischenzufunken. Das eigenständige Lesen zählt.

Dieser Ansatz war so genial, daß selbst LUTHERs Gefolgsleute ihn bald pervertierten und nicht mehr verstanden. Neue Autoritäten bildeten sich. Orthodoxie, Statik, Ängstlichkeit dominierten. Auf einige Fragen, die sich später erst stellten, bekommen wir bei LUTHER natürlich noch keine Antwort; z.B. auf die nach dem Ort der wissenschaftlichen Textinterpretation. Aber den einen Impuls halte ich auch mit der heutigen Kommunikationswissenschaft für kompatibel: was zählt, ist das, was sich im eigenständigen Lesevorgang abspielt, in direkter Auseinandersetzung mit dem Text.

Faßt man - schematisch - die übrigen Positionen zusammen, so ergab sich immer wieder der Widerstreit zwischen Glaube und Vernunft, zwischen unwissenschaftlicher Orthodoxie und rationaler Behandlung von Textproblemen. Die ersteren schienen einen Bezug zum Leben zu haben - allerdings oft bei Preisgabe des Verstandes; die anderen produzierten z.T. komplizierte Hypothesen, Argumente und Theorien, bei denen ein Bezug zum Glauben nicht mehr zu erkennen war; den sollten z.T. die Vertreter anderer Disziplinen herstellen (systematische Disziplinen).

Vgl. Hermann HESSE, Unterm Rad: "Es ist eben in der Theologie nicht anders als anderwärts. Es gibt eine Theologie, die ist Kunst, und eine andere, die ist Wissenschaft oder bestrebt sich wenigstens, es zu sein. Das war vor alters so wie heute, und immer haben die Wissenschaftlichen über den neuen Schläuchen den alten Wein versäumt, indes die Künstler, sorglos bei manchem äußerlichen Irrtum verharrend, Tröster und Freudebringer für viele gewesen sind. Es ist der alte, ungleiche Kampf zwischen Kritik und Schöpfung, Wissenschaft und Kunst, wobei jene immer recht hat, ohne daß jemand damit gedient wäre, diese aber immer wieder den Samen des Glaubens, der Liebe, des Trostes und der Schönheit und Ewigkeitsahnung hinauswirft und immer wieder guten Boden findet. Denn das Leben ist stärker als der Tod, und der Glaube ist mächtiger als der Zweifel".[2]

Als Ziel müßte auf der Basis dieser geschichtlichen Erkenntnisse eine Hermeneutik umrissen werden, die den Impuls LUTHERs weiterführt, die aber Wissenschaft und Glauben, Vernunft und Gefühl versöhnt.

2. ASPEKTE HEUTIGER HERMENEUTIK

Ich kann nicht beanspruchen, eine Lösung all der aufgeworfenen Probleme bieten zu können. Aber es läßt sich mit einigen Steinen ein Weg pflastern, der in die Richtung jener angezielten Hermeneutik führt. Ich beziffere die einzelnen Steine:
1. Eigentlich ist "Hermeneutik" nicht ausreichend definiert, wenn man sie nur als

---

[1] Vgl. SCHÄFER (1980); KRAUS (^{3}1982) passim.
[2] HESSE (^{12}1979) 40.

Theorie des Verstehens faßt. Denn eine solche Theorie gäbe es nicht, sie wäre völlig überflüssig, wenn das Verstehen immer problemlos garantiert wäre. Weil aber vielfach das Verstehen nicht selbstverständlich ist, sondern zur Anstrengung gerät, ist es nötig, die Auslegung zu "bedenken", zu reflektieren. Demnach ist Hermeneutik zu fassen als Theorie des Verstehens unter Schwierigkeiten.[3] Erst dort, wo das Verstehen zum Problem wird, muß ich über das Verstehen nachdenken. Verstehensschwierigkeiten gibt es genügend. Als erstes ist die Sprachfremdheit zu nennen. Eine andere Schwierigkeit ist der alte Text. Dazu brauche ich Philologie und historische Wissenschaft (z.B. Textkritik). Ein anderes Problem ist der geschichtliche Abstand. Der Text war ursprünglich für einen ganz anderen geschichtlichen Zusammenhang gedacht, als er jetzt besteht. Betrachtet man die geschichtliche Kontinuität, so gibt es da einen Bruch zwischen dem Text und mir. Das führt zu der weiteren Frage, weshalb man sich dann überhaupt mit alten Texten beschäftigt. Man könnte sich das, was ohnehin nicht mehr zu meinem Erlebnisbereich gehört, in meinen geschichtlichen Kontext - das könnte man sich doch ersparen. Wieso sich trotzdem damit auseinandersetzen? - Allerdings gibt es häufig genug auch sprachliche Unfälle, Mißverständnisse bei modernen Texten. Wir brauchen also ein Instrumentarium, um solchen Kommunikationsunfällen möglichst präventiv zu begegnen.

2. Es war von "alten Texten" die Rede. Das bringt die Kanonfrage ins Spiel, also die Tatsache, daß Glaubensgemeinschaften alte, "heilige" = kanonische Bücher als Grundlage haben, als "Urdokument". Die Entstehungsgeschichte dieser Urdokumente nachzuzeichnen ist ein Unterfangen, das hier nicht geleistet werden kann. Daneben gibt es gelegentlich die Hoffnung, man könne einsichtig begründen, warum in ein kanonisches Buch (AT oder NT) gerade diese Schriften aufgenommen wurden, andere aber nicht. Hierzu nur dies: mir ist kein Versuch bekannt, der **theoretisch** unseren Kanon zureichend begründet. Dem ist jedoch ein viel wichtigeres Faktum zur Seite zu stellen: der Lebens**praxis** der Kirche liegt dieser Kanon alter Schriften zugrunde. Darin meldet sich eine hermeneutisch zentrale Voraussetzung, nämlich: "Das angestrengte Verstehenwollen und die daraus hervorgehende Auslegung deuten darauf hin, daß das Unverstandene, um das man sich bemüht, eben doch noch zur Wirklichkeit des gegenwärtigen Lebens gehört."[4] - GADAMER drückt sich so aus: die Existenz der Bibel als Fundament unserer Religion hat den Charakter einer Verheißung. Ich als heutiger Adressat muß den Vertrauensvorschuß leisten, daß das Lesen dieser alten Geschichten einen Sinn freigibt, der auch meinem heutigen Leben einen eschatologischen Sinn verleiht. Also in der alten Erzählung kann ich etwas von meiner eigenen zukünftigen Situation erkennen.[5] - Ohne diese hermeneutische Grundvoraussetzung bliebe jede nachfolgende Interpretation szientistisch-steril.

Mit diesen Bemerkungen sei das Faktum des Kanons als gegeben vorausgesetzt und nicht

---

[3] Vgl. GRÜNDER (1975) 88f.
[4] Vgl. GRÜNDER (1975) 90.
[5] Vgl. GADAMER (1977) 390f. - In ansprechender Weise behandelt VOGELS (1985) den Begriff der "Inspiration" aus linguistischer Sicht: im Gegensatz zu mündlicher Kommunikation, wo sich Unklarheiten unmittelbar ausräumen lassen, verselbständigt sich bei schriftlicher die produzierte Botschaft (=Text). Der Autor verliert die Macht über den Text; andererseits wird der Text nur wieder lebendig, wenn er in neuer Situation gelesen wird. "Der Schreiber mag wissen, was er sagen wollte; aber er weiß nicht besser als der Leser, was der Text de facto sagt" (206). Der Inspirationsbegriff ist traditionell nur an den einen Pol der Kommunikation gebunden, an den Akt des Hervorbringens der Botschaft. Hinzuzunehmen ist der zweite Pol: das

mehr weiter problematisiert.[6] Uns interessiert vielmehr, wie praktisch ein solches Verstehen erreicht werden kann.

3. Verstehen - wovon? Hält man sich ein Kommunikationsmodell vor Augen,[7] so kann die Frage nicht mehr allein mit dem Verweis auf den Text beantwortet werden. Das wäre lediglich "Bedeutungsverstehen". Stattdessen müssen wir den **Sender** einer Botschaft einbeziehen. Verstehen ist erst am Ziel, wenn es auch seine Person, seine Motive einbezieht.[8]

4. Gegeben aber sind uns nur die Texte, die niedergeschriebenen und tradierten Botschaften. Einen unmittelbaren Zugang zum Sender gibt es nicht mehr.
Was ist aber ein Text einer mir verstehbaren Sprache? - Ein Text ist eine in sich stabilisierte und fixierte Größe, intern ein kompliziertes Geflecht von Bezügen.[9] Und vor allem: dieses Gebilde ist nach kommunikationslogischen Regeln gebaut. Diese Regeln schlagen sich in den Grammatiken nieder. Und viele grammatische Bereiche haben einen philosophischen Hintergrund (vgl. das Verhältnis von "Satz" und "Urteil"; Zeichenbegriff). Worauf es mir ankommt, ist folgendes: wer einen Text versteht, der tut dies nicht aufgrund subjektiv-privater Einfühlung und Erkenntnis, sondern weil er an allgemeinen kommunikativen und logischen Gesetzen teilhat. - Diese sind es letztlich, die eine fruchtbare und sinnvolle Debatte über Textinterpretation ermöglichen.[10]

5. Der Verweis darauf, daß ein Text eine in sich stabilisierte Größe sei, darf nicht zur Annahme verleiten, ein Text sei ein Objekt im naturwissenschaftlichen Sinn. Folglich kann Textinterpretation nie objektiv sein. Stattdessen lasse ich mich auf einen nie abzuschließenden Prozeß ein.[11] - Textinterpretation ist nicht bloße Gegenstandserkenntnis, sondern Kommunikation und Reflexion. Die sog. "Gegenstände" reden selber. Sie sind keine Objekte sondern Subjekte. Besser: jeder Text ist Ausdruck eines menschlichen Subjekts. Im Lesen kommuniziere ich mit ihm. Und genau darin liegt der Sinn der Beschäftigung mit alten Texten.
"Die geschichtlichen Wissenschaften erschließen uns, über unser eigenes Leben hinaus, jene Fülle der Jahre, die wir brauchen, um unsere gewordene Welt zu verstehen, die ohne sie dumpf bliebe".[12]

    Lesen. "Die Inspiration ist die menschlich-göttliche Qualität, die der Bibel als Text zukommt, weil sie von einer inspirierten Gemeinschaft hervorgebracht wurde und dazu fähig ist, kirchliche Gemeinschaft zu inspirieren" (211). Lesen ist immer ein schöpferischer Vorgang: zwar gilt es die Grenzen zu respektieren, die durch die Textstrukturen vorgegeben sind; in diesem Rahmen aber variiert die Interpretation in Abhängigkeit von der Situation des Interpreten, vgl. S.207. Vgl. die weitere Anwendung dieses Inspirationsbegriffes z.B. auf Übersetzungen, d.h. auf jede real faßbare synchrone Textschicht.
6 Über die kirchliche Praxis hinausgehend muß die wissenschaftliche Textarbeit alles beziehen, was dem besseren Verständnis der biblischen Texte dient, also auch zeitgenössische nicht-kanonische Literatur.
7 z.B. PLETT (1975) 45.
8 Vgl. SCHWEIZER (1984) 171.
9 s.o. Kapitel 1: These 1.5.
10 P. HANDKE (1972) 30: bei naiver Sprachverwendung glaubt man, "durch die Sprache auf die Gegenstände durchschauen zu können wie durch das sprichwörtliche Glas. Dabei denkt man aber nicht daran, daß es möglich ist, mit der Sprache buchstäblich jedes Ding zu drehen." Stattdessen ist das "Glas der Sprache" zu zerschlagen, um die Sprache selbst zu durchschauen, um ihr gegenüber kritischer zu werden. Ziel der Sprachkritik: "aufmerksam zu werden und aufmerksam zu machen: sensibler, empfindlicher, genauer zu machen und zu werden, damit ich und andere auch genauer und sensibler existieren können, damit ich mich mit anderen besser verständigen und mit ihnen besser umgehen kann" (26).
11 Vgl. GADAMER (1977) 385.
12 GRÜNDER (1975) 97. - Es sei ein hermeneutisch interessanter Ausblick auf die Psychologie

6. Das Gleiche nochmals anders gesagt. Wenn ich richtig lese, geschieht zwangsläufig etwas in mir. Ohne Lesen bleibe ich zwangsläufig bei **meiner** Weltsicht, bei **meiner** Lebenserfahrung, bei **meiner** Ideologie. Lasse ich mich jedoch wirklich auf einen anderen Text ein, dann zerstört er meine Sicherheiten. Denn ich lasse mich im Lesen ja nicht nur auf einen anderen Text ein, sondern auf eine andere Erfahrung und eine andere Weltsicht. Ich bin es zwar, der mit den Augen den Zeilen des Textes folgt; aber geistig, also dort, wo das Eigentliche geschieht, bin ich dabei, mit den Augen eines anderen zu lesen, nämlich mit den Augen dessen, der den Text geschrieben hat.[13] Bin ich offen für den Text, so habe ich mich selber vergessen, lebe - man mag sagen: versuchsweise - aus einem ganz andern Lebensgefühl heraus, aus einem ganz anderen Glauben heraus. Kehre ich nach der Lektüre eines Gleichnisses oder einer Prophetenerzählung zu mir selbst zurück, so bin ich nicht mehr der, der ich vorhin war.[14]

7. Um eine solche Erfahrung zu ermöglichen, darf man das Lesen allerdings nicht verzweckt betreiben. Um etwa bestimmte Dinge zu finden: Bildung, Information, festgelegte theologische Ergebnisse, Raffinesse der Darstellung, Schwächen des Autors usw.[15] Wer die Lektüre im Voraus festlegt, macht sie für sich persönlich unfruchtbar.[16]

8. Da wir hier an einem zentralen Punkt sind, will ich eine weitere Charakterisierung des Lesevorgangs versuchen. Zunächst **negativ** - mit Hilfe eines Zitates von H.HESSE: Er meint, es sei gleichgültig, was man lese.

---

angefügt: den Narziß-Mythos pflegt man moralisierend zu verstehen. Es sei ausgedrückt, daß jemand für seinen 'Egoismus', seine Selbstbespiegelung, bestraft werde, vgl. WAHL (1985) 192. W. liest den Mythos nicht-moralisierend: "erst durch die fehlende Selbstobjekt-Erfahrung wird Narziß liebesunfähig, erst die Abweisung im 'Spiegel' läßt ihn andere abweisen" (191), d.h. umgesetzt: "Denn wenn die Welt nicht **nur** idealistisch meine Vorstellung ist (Schopenhauer), d.h. wenn sie in ihrer Selbstobjekt-Funktion für mich nicht aufgeht, sondern wenn mir etwas 'ob-jektal' begegnen **muß**, damit ich meine Repräsentanzenwelt, psychische Strukturen und Handlungsmuster ausbilden und Subjekt werden kann, dann muß in diesem 'psychologischen Universum' (Kohut) dieses Andere - als Person und Subjekt sui generis - nicht nur funktional 'vorkommen', sondern seinerseits von mir anerkannt und validiert werden" (192).

13 Vgl. RICOEUR (1985) 28.
14 Vgl. SCHWEIZER (1982) 82f. - "Wider allem Anschein von Unmittelbarkeit muß in die Aneignung der Existenzerfahrung eine Destruktionsarbeit einbezogen werden. Die Philosophie des Ego sieht sich daher auf den Umweg einer "Hermeneutik des Ich-bin" gewiesen, der es obliegt, den verstellten Sinn der Existenz unter ihrem manifesten Sinn freizulegen oder, wie Ricoeur sich ausdrückt, das Selbst "durch eine Interpretation, die es aus der Verborgenheit holt", zu restituieren." Der Vorteil dieses Ansatzes liegt in der Überwindung des methodischen Solipsismus; außerdem bezieht er "Sprache und Sprechen in die Subjektproblematik" ein und führt so über die rein mentalen Explikationsweisen des Reflexionsbegriffs hinaus", öffnet so die Bahn für eine sich empirisch verstehende Textwissenschaft: VILLWOCK (1982) 272 über RICOEUR.
15 BROWN, YULE (1983) 62ff beschreiben eindrücklich die beharrende normale Leseeinstellung. Oberflächliches Lesen registriert im neuen Text einige Daten, die möglichst nach bekannten Mustern (z.B. Gattung) zu ordnen sind. Damit ist der neue Text nach dem Analogieprinzip vereinnahmt, widerstreitende Daten werden so lange wie möglich als peripher angesehen. Der Leser hat mit dieser unbewußten Strategie erfolgreich verhindert, daß der Text ihm Neues sagt. "The principle of analogy is one of the fundamental heuristics which hearers and analysts adopt in determining interpretations in context. They assume that everything will remain as it was before unless they are given specific notice that some aspect has changed."
16 Darin liegt wohl oft der Grund, wenn es Spannungen zwischen Exegeten und Dogmatikern gibt. Die einen wollen den Text zum Sprechen bringen (und sind damit im Grund nie fertig), die andern gebrauchen den Text, **um** (= Zweck) damit Lehren zu stützen. - "Welchen Sinn hat es, von einer schon bezogenen Position her jeweils Bilder (oder Gegenbilder) der Geschichte und Auslegungen ihrer Texte zu entwerfen, die nur der Legitimation dieser Position, also der Bestätigung der eigenen Sichtweise dienen?" SCHMIDT (1985) 476. - s.o. Anm.12 und Gedanken theologisch weiterführend WERBICK (1983) 452ff: den Anderen/das Andere als ihn/es selbst nicht wahrnehmen zu können, ist das "Grundmuster narzißtischer Störungen" (453). "Eine

"So kann jeder von uns in der Stunde, in der er diese Stufe einnimmt, lesen, was irgend er will, einen Roman, eine Grammatik, einen Fahrplan, Schriftproben einer Druckerei. In der Stunde, da unsere Phantasie und Assoziationsfähigkeit auf voller Höhe ist, lesen wir ja überhaupt nicht mehr, was vor uns auf dem Papier steht, sondern schwimmen im Strom der Anregungen und Einfälle, die uns aus dem Gelesenen zukommen" (!).[17]

Das also ist die Leseeinstellung, bei der ich gar nicht mehr den Text lese, sondern nur noch auf meine Assoziationen achte. Das ist wohl der sensus spiritualis, den LUTHER ablehnt. Der Text ist nicht mehr der fremde, der an mich herantritt, sondern nur noch bequemer Spiegel meiner eigenen Assoziationen.

Positiv gewendet halte ich es für die Gemeindepraxis - in Predigt, Bibelgespräch, Katechese, für eine ungeheuer wichtige und zugleich nicht leichte Aufgabe, für sich selber und mit anderen zu üben, das, was tatsächlich im Text steht, zu lesen, und andererseits wahrzunehmen, was der Text nicht sagt, nicht sagen will, nicht problematisiert. Also die Unterscheidung zu lernen zwischen dem, was der Text ausdrückt, und dem, was mir an Einfällen, Anregungen und Assoziationen, Erwartungen zum Text kommen.[18]

9. Im wissenschaftlichen Bereich ist dieses aufmerksame Wahrnehmen, dieses "richtige Lesen" gegeben, wenn man eine methodisch geleitete Deskription vornimmt; dabei lassen sich folgende Schritte[19] unterscheiden:

(1) Die Textversion, die ich genauer betrachten will, muß aus dem nun schon mehrere tausend Jahre währenden Textbildungsprozeß erst ausgewählt werden. Jede literarisch greifbare oder erschließbare synchrone Schicht, die dann Aufschluß über **ihre** Entstehungssituation gibt, kann herangezogen werden. (= Konstituierung des Textes).

(2) Die eigentliche Interpretation: nach sehr verschiedenartigen Gesichtspunkten wird der Text abgesucht; auf diese Datenerhebung folgt die Beschreibung des Befundes; dann der Versuch der Deutung und Auswertung. Viele derartig aneinandergereihten Gesichtspunkte ergeben ein immer genaueres Mosaikbild.[20]

---

von verbrauchenden Bedürfnissen beherrschte Beziehung macht den andern zur **Funktion** meiner selbst" (452). Bei diesen Fragen nach der Grundeinstellung sind zentrale und alte Theologumena im Spiel. Denn Erlösung bedeutet dann, daß "die Verkrampfung des Menschen in sich selbst" gelöst wird, daß sie für den Anderen befreit. "Der Erlöste läßt andere Menschen in sein Dasein herein" (454).

17 HESSE (1977) 72.
18 Vgl. Kapitel 1: 3. Konsequenzen für die pastorale Praxis.
19 Vgl. SCHWEIZER (1981) Ziff.2.
20 Eine derart selbständige und aufwendige Textbeschreibung und -interpretation war im Rahmen der historisch-kritischen Exegese nicht üblich; erste Ansätze allenfalls bei der formgeschichtlichen Methode. Einen qualitativen Sprung, was die Hinwendung zum Text betrifft, bedeutete die "Formkritik" im Verständnis von RICHTER (1971) 72ff. - Zurecht verweist RICOEUR (1985) 18 darauf, daß bei Forschern, auf eine eigenständige literarische Deskription verzichten, die sich also nur mit Literarkritik und Quellenidentifizierung beschäftigen (die - in unserem Schema, s.u. - im Bereich I+II verbleiben), daß bei ihnen genauso literarische Kriterien und Konzepte (= Block III) wirksam sind. Nur droht die Gefahr, daß dies uneingestanden und naiv geschieht, - z.B. wenn ein Urteil über die Einheitlichkeit eines Textes gefällt werden muß. - SCHMIDT (1985) versucht der historisch-kritischen Exegese eine Verteidigungsrede zu halten. Immerhin ist damit zugestanden, daß sie einer solchen inzwischen bedarf! Die Rede ist aber hermeneutisch-methodisch wenig reflektiert, daher ausgesprochen betulich. Allgemeine Appelle, ausufernde Hypothesenfreudigkeit einzudämmen, zu mehr intersubjektiver Verständigung zu kommen, treffen nicht das spezifische Problem. Allein der Halbsatz: "So geht historisch-kritische Exegese vom gegebenen Text aus ..." (471) markiert - wie SCHMIDT **nicht** erkennt - das Problem; vgl. SCHWEIZER (1984). Die Exegese sollte nicht zwischen Text und Vorstufen hin- und herpendeln, sondern sich auf den gegebenen Text konzentrieren, um ihn zur Sprache kommen zu lassen. Dann braucht der Exeget auch nicht "hinter seine 'Sache' zurückzutreten" (473). Stattdessen muß er in der Lage sein, sein **Sprach**verständnis genügend differenziert mit entsprechender Metasprache zu artikulieren. Das aber wird in der Verteidigungsrede nicht problematisiert.

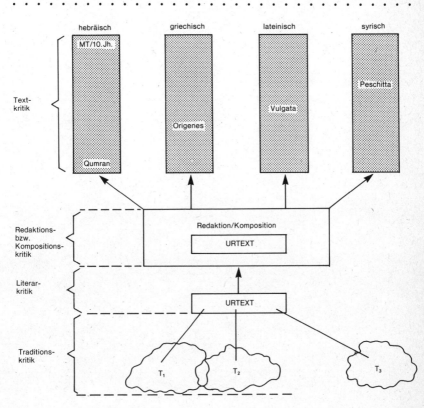

(3) Textwissenschaft, die in diesem Sinn auch empirisch arbeitet, kann nach dem von VIEHOFF übermittelten Schema (S.30) etwa so charakterisiert werden:
- Theoretische Aussage (Hintergrundtheorie): damit ist der jeweils aktuelle Stand der hermeneutischen Reflexion gemeint, ein Feld, wie es hier in den ersten 12 Punkten kurz umrissen wird.
- Es folgt die "Bestimmung des Objektbereiches" - das war hier unter (1) als "Konstituierung des Textes" angesprochen worden.
- Ab "Theoretische Aussage (Forschungsfrage)" bis "Pretests?" geht es darum, ob die zur Textbeschreibung notwendige Methodik, Terminologie zur Verfügung steht, genügend erprobt ist. Dem entspricht in diesem Buch Kapitel 3.
- Es kann dann die ausführliche "Materialsammlung" folgen - auch mit statistischer Strukturierung -, die schließlich in die Interpretation mündet. Beispiele finden sich hier in Kapitel 4 und 5: in beiden finden sich ausführliche "Materialsammlungen", zu Hos 1 werden sie auch interpretiert, während der Zweck von Kapitel 5 lediglich die Illustration von Grammatiktermini ist.

Verlaufsschema eines
empirischen Forschungsprozesses:[21]

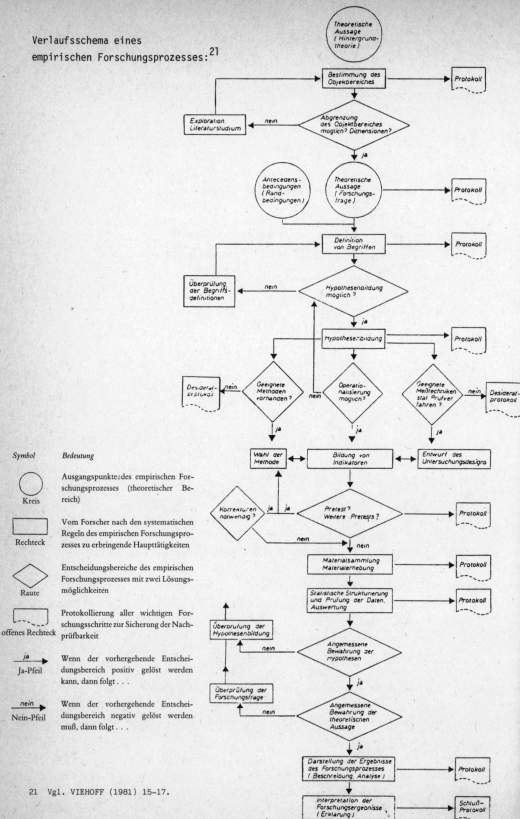

21 Vgl. VIEHOFF (1981) 15-17.

10. Wie das Zueinander dieser methodischen Blöcke hermeneutisch zu verstehen ist, soll ein weiteres Schema andeuten.

I): Ausgangssituation; erstes, noch unreflektiertes Verstehen

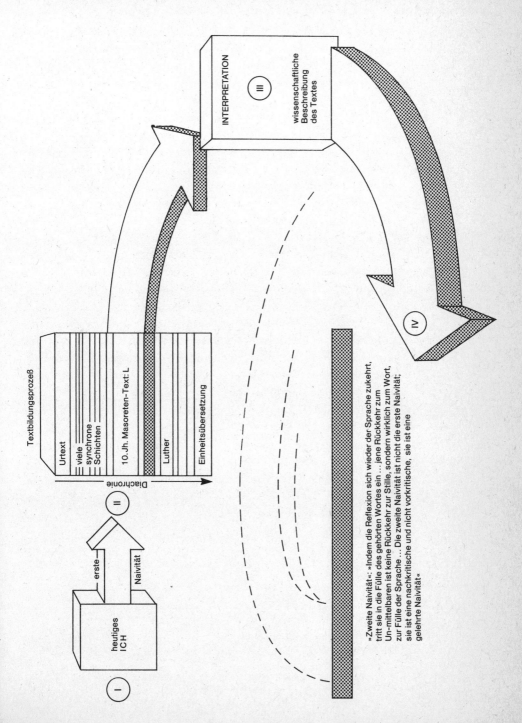

II): Bestimmung des Untersuchungsobjektes: ich muß bewußt entscheiden, welche der vielen möglichen Versionen eines Textes ich untersuchen will. Das kann mit umfangreichen Vorarbeiten verbunden sein (Textkritik, Literarkritik). = Entspricht der "Bestimmung des Objektbereiches" im vorhergehenden Schema.

III): Interpretation: methodisch geleitete, wissenschaftliche Textbeschreibung und -interpretation, wobei dieses praktische Vorgehen Ausdruck einer bestimmten, separat zu klärenden hermeneutischen Einstellung ist. = Entspricht der "Materialsammlung" und ihrer Interpretation im vorhergehenden Schema.

IV): Zweite Naivität: der wissenschaftliche Begriffsapparat wird wieder verlassen, der Text von mir nun aber auch neu gelesen.[22] Die Rückkehr zum Text, zum gefüllten Wort, das wieder befreit ist von aller wissenschaftlichen Konstruktion, kann vielfältig vollzogen werden. Am einfachsten natürlich durch langsames Wieder-Lesen des zugrundeliegenden Textes. Eine zweite Möglichkeit: nach der aufwendigen Beschreibung läßt man sämtliche methodischen Zwänge hinter sich und formuliert einen Essay aus den Impulsen, die sich nun "wie von selbst" einstellen (das sind in der Regel sehr viele). Die dritte Möglichkeit bietet sich für Gruppen an, die lange gemeinsam an **einem** Text gearbeitet haben: man liest den Text ganz langsam, Satz für Satz, laut; wem etwas einfällt, der sagt es. Erfahrungsgemäß lohnt sich hierbei ein Tonbandmitschnitt, denn der Text wird dabei ungemein plastisch. Dabei unterbindet die vorangegangene Analyse ein freies und willkürliches Assoziieren. So dauerte einmal auf einem Wochenendseminar, dem eine zweimonatige Beschäftigung mit dem Text vorausgegangen war, das **einmalige** Lesen von Gen 44 4 1/2 Stunden. Neben der Dauer beeindruckte vor allem die Lebendigkeit, die der Text auf diese Weise gewonnen hatte.

11. Wissenschaftsgeschichtlich ist dieses Konzept dadurch gekennzeichnet, daß es die bisherige Kluft überwinden will zwischen wissenschaftlichem Umgang mit der Schrift einerseits und ästhetischem andererseits (GUNKEL, HERDER), zwischen distanzierter Objektivität und innerem Angesprochenwerden. Exegetische Wissenschaft heutzutage hat sich von der Ebene inneren Erlebens so entfremdet, daß man geradezu gegen Argwohn ankämpfen muß, wenn man beides zu verbinden sucht.

12. Ich möchte eine schöne Anregung an den Schluß dieser allgemeinen Reflexionen stellen.[23] Für "suchen, fragen, forschen", um dann zu verstehen, hat das Hebräische das Verb DRŠ. D.h. der Akt des Verstehens ist hier von vornherein aufgefaßt als das

---

22 Das Zitat ist entnommen: RICOEUR (1974) 506f. Vgl. auch (1985) 26: "je persiste à penser qu'ici (= bei semiotischer Interpretation, H.S.), comme en historiographie, expliquer plus, c'est comprendre mieux ce qu'on a déjà pré-compris." - Das Verhältnis Intuition/Naivität und Wissenschaft ist nicht einlinig, so daß durch wissenschaftliche Interpretation Spontaneität unwiderruflich verlorenginge, also sprachliche Verarmung, logische Denkfiguren den Schluß bilden würden. Stattdessen soll wissenschaftliche Interpretation - im Bild einer Spirale - zu einer zweiten, bewußteren, vertieften Naivität verhelfen. Die Einbeziehung des Verstandes, von Erkenntnissen zur konkreten geschichtlichen Kommunikationssituation erlauben nun einen lebendigen Austausch mit/und entsprechende Rückfragen an den/die Gefühle/n, Reaktionen, die der Text spontan im Blick auf **meine** Lebensgeschichte weckt. Erst so wird ein Text dem kurzschlüssigen und kurzatmigen Urteilsspruch entrissen: "Sagt" er mir etwas oder nicht?
23 Vgl. GRÜNDER (1975) 88.94.

sich Ausstrecken nach etwas, was ich noch nicht habe. Vgl. Midrasch. - Vgl. für eine ähnliche Spannung das deutsche "vernehmen": a) aufnehmen, hinnehmen von etwas, das auf mich zukommt, das ich aber gar nicht aus mir selbst heraus haben kann. Das war übrigens genau auch das Anliegen LUTHERs, daß man sich der Fremdheit, dem Anderssein der Schrift aussetzt, und sie nicht etwa durch spirituelle Schriftsinne, gefügig macht. Und b) vernehmen = polizeiliche und gerichtliche Ausfrageprozedur. Ich als Interpret bringe Anfragen, bringe aktiv mich selber ins Spiel. Also einerseits empfange ich jene Fülle, die ich aus mir selbst nie haben kann; andererseits bringe ich meine Gegenwart, meine Möglichkeiten und Unmöglichkeiten ins Spiel, stelle sie in Frage, stelle auch den Text infrage. Ich lasse mich vom Text zu einer Auseinandersetzung über mich selbst provozieren.

13. Als Brücke zum nächsten Kapitel sei nun noch etwas mehr im Detail die Methodenkonzeption vorgestellt, die den Leser dieses Buches erwartet (vgl. folgendes Schema).[24] Von der "Konstituierung des Textes" ist schon ausführlich die Rede gewesen. Die drei Hauptschritte der "Interpretation" - Syntax-Semantik-Pragmatik - sind von den wesentlichen Merkmalen der Zeichendefinition abgeleitet. Die "Syntax" ist - im Gegensatz zum üblichen Verständnis! - als reine Ausdrucksanalyse verstanden. - Die "Inhaltsbeschreibung" muß die differenzierten, literarisch noch faßbaren Schichtungen eines Textes berücksichtigen: die "Semantik" analysiert die einzelne Äußerungseinheit (meist = Einzelsatz) in ihrer unmittelbar wörtlichen Bedeutung, - auch wenn der Satz z.B. eine floskelhafte erstarrte Metapher bietet, die jeder spontan zu "übersetzen" pflegt. - Diese beiden Beschränkungen baut die Pragmatik allmählich ab: die "Textgrammatik" bleibt noch bei der Wörtlichkeit; die Untersuchung erstreckt sich nun aber auf den literarischen Kontext. Die Kategorien der Semantik (entspricht einem einzelnen Satz) dienen nämlich auch dazu, den Zusammenhang **mehrerer** Äußerungseinheiten logisch zu konstruieren (vgl. Objektsatz, Attributsatz, Koordinierungen usw.). - Die "Textlinguistik" entledigt sich der weiteren semantischen Restriktion, d.h. sie fragt, welche Bedeutungen hinter dem wörtlich Ausgesagten anzunehmen sind. Das kann u.U. umfangreiche Revisionen zur Folge haben. Wurde z.B. semantisch eine Prädikation gebildet auf der Basis von Personalisierung (= rhetorische Figur) und Nominalisierung/Abstrahierung ("Das Gewissen ist eine Hure"), so deckt die Textlinguistik erstens diese sprachlichen Künstlichkeiten auf (und entdeckt dabei einiges zur Intention des Sprechers) und zweitens ist sie dadurch gezwungen, den vorgefundenen Wortlaut probehalber so zu formulieren, daß jene Künstlichkeiten vermieden sind ("Ein mir unbekannter Mensch behauptet generell zu wissen: Kein Mensch könne frei und verantwortet handeln" - ich hoffe, daß die ad-hoc-Umsetzung einigermaßen akzeptabel ist). Hier ist auch der Ort, z.B. den Gedankenfortschritt, den Argumentationsgang eines Textes nachzuzeichnen, z.B. anhand des Konzeptes "Thema-Rhema".

Damit wurden über aufwendige Analyse 3 Inhaltsebenen des Textes beschrieben (je nach Texttyp können sie, aber sie müssen nicht, divergieren). Damit kann die rein literarische Analyse abgeschlossen werden: die Ergebnisse der Ausdrucks- und der Inhaltsbeschreibung werden zusammengefaßt. Über logische Operationen (z.B. Negationen), aber auch über das Achten auf Weisen der Formulierung ergibt sich, welche unausgesprochenen Präsuppositionen **im** Text mitschwingen, quasi als Kehrseite dessen,

---

24 Vgl. SCHWEIZER (1981) mit einigen Modifikationen im Bereich "Pragmatik" aus (1984).

```
literarische                                    vs.                    außerliterarische
Methodenschritte                                                       Untersuchung (Textpragmatik)

Konstituierung    Textinterpretation
d. Textes

        Ausdrucks-      Inhaltsbeschreibung
        beschrei-
        bung
        (Syntax)
                    wörtl. Bedeutung    gemeinte Bedeutung
                    (Semantik)          (Pragmatik)

                            gegebener       neu konstruierter
                            Kontext         Kontext
                            (Textgrammatik) (Textlinguistik)

        Auswertung          Auswertung
                            außerliterarische
                            Präsuppositionen

        Textstruktur/Auswertung                      Textpragmatik:
                                                                    Kommunikationssituation
                                                                    Lokalisierung
                                                                    historische Situation
                                                                    Soziol. Kontext
                                            »wer handelt wann, wo, wie
                                                                    Geistesgeschichtl. Situati
                                            wem gegenüber, mit welcher
                                                                    (Horizont)
                                            Intention, mit welchem Effekt
                                                                    Rezeption des Textes
                                            mit dem Text«
                                                                    Handlungsintention des
                                                                    Produzenten
```

was explizit formuliert ist. Somit ist jetzt für den literarisch gegebenen Text eine umfassende Auswertung möglich. - Von nun an beginnt der Weg in den außerliterarischen Bereich.

Ein weiterer und letzter Schritt verläßt definitiv den literarischen Bereich: die "Textpragmatik" versucht die ganze Kommunikationssituation zu erschließen, von der der literarische Text nur ein Teil ist.

14. Von Theorien, Konzepten, Modellen - hier wäre also die nachfolgende Grammatikkonzeption gemeint - wird wissenschaftstheoretisch verlangt, sie sollten **einfach** sein: darin erweise sich ihre Überzeugungskraft und Angemessenheit. Ein sympathisches Postulat, das aber doch genauerer Betrachtung bedarf. Das soll anhand der Wörter "einfach" und "simpel" geschehen. "einfach" verstehe ich hier im Sinn von "logisch strukturiert, in überschaubare und homogene Felder aufgeteilt, mit definierten Begriffen arbeitend". Eine Theorie bzw. Konzeption, die in diesem Sinn "einfach" ist, mag vom äußeren Aufwand her durchaus kompliziert sein, aber sie bleibt kein esoterisches, unzugängliches Gebilde, sondern aufgrund der Definitionen, der Logik ist mir ein Zugang möglich und das Gesamtgebilde wird mir mit seinen vielfältigen internen Bezügen durchschaubar. In diesem Sinn - so hoffe ich - ist die nachfolgende Konzeption "einfach": trotz beträchtlichem terminologischem Aufwand,

der beim ersten Zugang viele Schwierigkeiten auslöst, wird der Anspruch erhoben, daß die vielen Ebenen und Termini in logisch nachvollziehbarer Weise aufeinander bezogen sind und so ein strukturiertes Ganzes bilden.

"Simpel" dagegen wäre eine Konzeption, die z.B. glaubt, man könne **eines** der Felder, die z.Zt. in der Linguistik diskutiert werden, herausgreifen und zur Grundlage der **ganzen** Sprach-/Textbeschreibung machen. Es böten sich hierfür etwa die Sprechakttheorie oder die Valenzbeschreibung oder die Thema-Rhema-Untersuchung an. Damit würde man ein wichtiges Einzelfeld der Sprachwissenschaft rezepthaft zum Gesamtschlüssel der Interpretation erheben. Eine solche Methodik wäre zweifellos weniger kompliziert, aber - im obigen Sinn - nicht "einfach" sondern "simpel", weil sie viele Interpretationsgesichtspunkte wegen ihres ausschnitthaften Charakters außer Acht läßt. Denn das müßte noch plausibel gemacht werden, daß man ausgerechnet dem komplizierten Zeichensystem "Sprache", mit seinen vielen Nuancierungsmöglichkeiten, mit Hilfe einer - im beschriebenen Sinn - "simplen" Metasprache gerecht werden kann.

Das folgende Grammatikmodell will also - trotz aller Kompliziertheit - "einfach" sein. Ob es diesem Anspruch genügt, wird sich erweisen. Ganz sicher ist auch diese Fassung vorläufig. Vielleicht darf ich einige praktische Erfahrungen der letzten ca. 6 Jahre an den Schluß stellen. Sie sind rein "narrativ" gemeint. Sie wollen weder Argument sein, noch Argumente/Einwände abwehren:

- Über eine Reihe eigener Textanalysen, aber auch durch ausgedehnte Diskussionen mit Diplomanden/Doktoranden (hier abgesehen von der weitergeführten Auseinandersetzung mit wissenschaftlicher Literatur), hat sich mir der Eindruck verstärkt, daß die vorgeschlagene Grundstruktur der Ebenen und Termini für Sprachbeschreibung sehr geeignet ist. Ein Kriterium ist z.B., daß mehrfache Sinnebenen herausgearbeitet werden können, z.T. gegenläufige Intentionen in **einem** Text. Damit ist eine platte Dekretierung umgangen: "**Der** Sinn dieses Verses ist folgender:..." Ein anderes Kriterium: die vorgeschlagene Konzeption ist nicht völlig, aber in hohem Maß "computerfähig". Abseits jeder Verherrlichung dieses Instruments soll das heißen: die Konzeption ist in einem hohen Maß logisch transparent. Der zu untersuchende Text darf jeweils unlogisch und emotional sein, wie er will. Aber das Beschreibungsinstrument sollte präzis sein.

- Eine gegenläufige Beobachtung: im Rahmen dieser bestätigten Konzeption gab es doch eine Reihe von Veränderungen. Mancher Terminus wurde nachträglich neu eingeführt, Textbeispiele anders interpretiert, am stärksten wurde die "Pragmatik" neu strukturiert und z.T. auch ergänzt. Ich denke und hoffe, daß dieser Prozeß des Nachdenkens, Korrigierens, Präzisierens und damit: Veränderns weitergeht.

- Seminare und Tagungen zeigten einen Effekt, den wohl jedes durchschaubare und differenzierte Konzept hat: ein solches metasprachliches Gerüst ist auch eine Art "Sprachraum", d.h. angeregt durch die Nuancen des zu untersuchenden Textes kann man sich heftig über die angemessene Beschreibung streiten. "Heftig" eben nicht lediglich so, daß einige unverrückbare "Glaubensbekenntnisse" aufeinanderprallen, sondern als argumentatives Ringen um die am besten akzeptable methodische Ebene und Terminologie.

- Das ließ schon den letzten praktischen Gesichtspunkt anklingen: Sosehr es möglich ist, Textbeschreibung in der hier vorgestellten Art im Alleingang durchzuführen (v.a. bei den vielen "Befunderhebungen" ist das oft der angemessenste Weg), so ergiebig ist es doch, wenn die "Interpretation" von Befunden im Austausch mit anderen wachsen kann: eine Gruppe hat hierbei wohl ein qualitatives Plus.

15. Nachtrag: Erst unmittelbar vor Drucklegung lernte ich kennen: W. STEGMÜLLER, Das Problem der Induktion: Humes Herausfordung und moderne Antworten. Der sogenannte Zirkel des Verstehens. Darmstadt 1986. (a) ST. analysiert und weist wissenschaftstheoretisch die Rede vom "Zirkel des Verstehens" zurück, auch, daß die darin sich meldenden Probleme nur solche der Geisteswissenschaften seien. (b) Schon er verwendet und akzeptiert das Bild von der hermeneutischen Spirale. Es "ist überall anwendbar, wo einerseits ein Verständniszuwachs zustande kommt, andererseits aber dieser Gewinn nicht ohne erhebliche Mühe erzielt wird" (69).

LITERATURVERZEICHNIS ZU KAPITEL 2

BROWN, G./YULE, G.	Discourse analysis. Cambridge 1983.
BUBNER, G.	Transzendentale Hermeneutik?: SIMON-SCHAEFER u.A. (1975) 56-70.
GADAMER, H.G.	Herméneutique et Théologie: Revue des Sciences Relgieuses 51 (1977) 384-397.
GRÜNDER, R.	Hermeneutik und Wissenschaftstheorie: SIMON-SCHAEFER u.a. (1975) 86-97.
HANDKE, P.	Ich bin ein Bewohner des Elfenbeinturms. st 56. Frankfurt 1979.
HESSE, H.	Magie des Buches. Betrachtungen, Frankfurt 1977.
HESSE, H.	Unterm Rad. st 52. Frankfurt 1979.
KRAUS, H.J.	Geschichte der historisch-kritischen Erforschung des Alten Testaments. Neukirchen-Vluyn ³1982.
KREUZER, H./ VIEHOFF, R. (Hg.)	Literaturwissenschaft und empirische Methoden. Eine Einführung in aktuelle Projekte. LiLi Bh.12. Göttingen 1981.
NASSEN, U. (Hg.)	Klassiker der Hermeneutik. UTB 1176. Paderborn 1982.
PLETT, H.	Textwissenschaft und Textanalyse. Semiotik, Linguistik, Rhetorik. UTB 328. Heidelberg 1975.
RICHTER, W.	Exegese als Literaturwissenschaft. Entwurf einer alttestamentlichen Literaturtheorie und Methodologie. Göttingen 1971.
RICOEUR, P.	Die Interpretation. Ein Versuch über Freud. Frankfurt 1974.
RICOEUR, P.	Le récit interprétatif: Recherches de Science Religieuse 73 (1985) 17-38.
SIMON-SCHAEFER, R./ ZIMMERLI, W. (Hg.)	Wissenschaftstheorie der Geisteswissenschaften. Konzeptionen, Vorschläge, Entwürfe. Hamburg 1975.
SCHÄFER, R.	Die Bibelauslegung in der Geschichte der Kirche. Gütersloh 1980.
SCHMIDT, W.H.	Grenzen und Vorzüge historisch-kritischer Exegese. Eine kleine Verteidigungsrede: EvT 45 (1985) 469-481.
SCHWEIZER, H.	Metaphorische Grammatik. Wege zur Integration von Grammatik und Textinterpretation in der Exegese. ATS 15. St.Ottilien 1981.
SCHWEIZER, H.	Motive und Ziele sprachwissenschaftlicher Methodik: Biblische Notizen 18 (1982) 79-85.
SCHWEIZER, H.	Wovon reden die Exeten? Zum Verständnis der Exegese als verstehender und deskriptiver Wissenschaft: ThQ 164 (1984) 161-185.
VIEHOFF, R.	Empirisches Forschen in der Literaturwissenschaft: KREUZER, VIEHOFF (1981) 10-26.
VILLWOCK, J.	Paul Ricoeur: Symbol und Existenz. Die Gewissenserfahrung als Sinnquelle des hermeneutischen Problems: NASSEN (1982) 270-300.
VOGELS, W.	Die Inspiration in einem linguistischen Modell: theologie der gegenwart 28 (1985) 205-214.
WAHL, H.	Narzißmus? Von Freud's Narzißmustheorie zur Selbstpsychologie. Stuttgart 1985.
WERBICK, J.	Glaube im Kontext. Prolegomena und Skizzen zu einer elementaren Theologie. SPT 26. Zürich 1983.

KAPITEL 3

Exegetische Methoden
Kurzgefaßtes Gliederungs- und Kriterienschema

---

1. KONSTITUIERUNG DES TEXTES

Ziel: Der Text, der anschließend interpretiert werden soll, ist erst zu bestimmen, zu erarbeiten, durch Untergliederung in Äußerungseinheiten für die Interpretation vorzubereiten.

METHODEN:[1] -Übersetzung aufgrund der bisherigen Sprachtradition (Grammatiken, Lexika)

-Textkritik: Beurteilung von handschriftlichen Textvarianten.

-Literarkritik: Erkennen sekundärer Textveränderungen

    a. anhand eigener Erarbeitung

    b. durch Berufung auf Sekundärliteratur

    c. durch Kombination von a.+ b., wobei in jedem Fall a. die Priorität hat (um einen eigenen Standpunkt zu haben)

-Definition: Welches Stadium des langen, dynamischen Textbildungsprozesses will ich interpretieren?[2]

-Gliederung des zu interpretierenden Textes: Da ein Vers in der Regel mehrere Sätze/Äußerungseinheiten umfaßt, ist er eine zu große und ungenaue Einheit, als daß damit effektiv gearbeitet werden könnte.

-Erste Schreibung des Textes als Zusammenfassung der bisher erzielten Ergebnisse und zur Klärung, welches die Basis der folgenden Interpretation ist.[3]

Von nun an spielt also bei der Interpretation die Größe "VERS" keine Rolle mehr. Sie dient nur noch als Verständigungshilfe.

Neue Basis der Textuntersuchung: "ÄUSSERUNGSEINHEIT" (=ÄE). Vorteil: sie ist allgemeiner als die Größe "SATZ", denn es gibt in Texten immer auch Elemente,

---

[1] Kriterien für die hier aufgezählten Schritte werden nachfolgend nicht nochmals dargestellt. Sie sind den bekannten Handbüchern zu entnehmen. Speziell für den Schritt "Literarkritik" folge ich der Auffassung von RICHTER (1971) 49ff; vgl. SCHWEIZER (1985) 200-202.

[2] Natürlich ist das Bestreben legitim, eine Textform zu erarbeiten, die dem Urtext möglichst nahekommt. Alle anderen, tatsächlich belegten Überlieferungsstadien eines Textes, auch in Übersetzungen, haben genauso das Recht als eigenes Textstadium mit eigener Aussage gewürdigt zu werden. Ein späterer Text ist nicht nur "Abweichung" vom Urtext, also eine negative Größe, sondern hat **seine** eigenständige kommunikative Intention. Daher können die nachfolgenden Interpretationskriterien z.B. auch auf eine Textversion der Einheitsübersetzung angewandt werden, - wobei dann eben zugleich das Verständnis der zeitgenössischen Übersetzer, auch - in einigen Fällen - kirchenamtliche Interessen zur Sprache kommen (vor allem, wenn zu einem Text verschiedene Versionen verglichen werden).

[3] Die Wiedergabe etwa einer hebräischen Version mit Hilfe einer Transkription kann den Text durchsichtiger bieten, da man Analysegesichtspunkte einarbeiten kann, vgl. SCHWEIZER (1981) 28ff; RICHTER (1983). - Der **ersten** Schreibung können später - je nach Erkenntnisfortschritt - weitere, korrigierte folgen.

die eine selbständige Funktion haben (z.B. Sprechkontakt aufrechterhalten = phatisch), die aber keine Sätze sind.[4]

Eine ÄE ist, was eine inhaltlich beschreibbare, in sich abgerundete Funktion erfüllt. Zwei Formen: - satzhaft (phrastisch)
- nicht-satzhaft (aphrastisch)

Der so aufgeteilte Text wird geschrieben (mit Kleinbuchstaben durchgezählt: 24a.b.c.d.e...), und er ist in dieser Form Verständigungsbasis für die ganze folgende Arbeit.[5]

Kriterien: (1) Ein Satz hat nur ein finites, d.h. konjugiertes Verb. Im Hebräischen wird die Verbindung w=/wa= + konjugierte Verbform als sicheres Signal der Satzeröffnung genommen.

(2) Nach einer Redeeinleitung: eine neue ÄE beginnt.

(3) Relativsätze werden abgetrennt. Nur im Fall einer Einbettung: Sondernotation mit numerischem Index: a_1

(4) Konjunktionale Nebensätze werden abgetrennt.

(5) Verblose ÄEen (z.B. als kurze Antwort auf eine Frage) werden abgetrennt. In vielen Sprachen - also nicht nur im Hebräischen - kann eine einen selbständigen Sinn ergebende Äußerung (= Satz) nominal, verblos vorliegen. Vgl. Reporterdeutsch: "der Ball von Müller zu Beckenbauer,...".

(6) Erkennbar parallelisierte Gedanken (z.B. in Poesie) werden abgetrennt; vgl. Parallelismus membrorum.

(7) Infinitiv-Konstruktionen ("um zu..." u.ä.) werden nicht abgetrennt.

(8) Setzung eines neuen Themas: es wird (oft aphrastisch) eine inhaltliche Wendemarke im Text, auf die erst anschließend wieder

---

[4] Zu Diskussion und Beispielen vgl. SCHWEIZER (1981) 31-39. So sehr sich "Sinn" - wie philosophisch betrachtet beim "Urteil" - nur aus der Verbindung zweier Elemente ergibt, was in der Sprachbetrachtung auf die Verbindung von Subjekt + Prädikat führt, so dürfen bezüglich dessen, was sprachlich geäußert ist, die Ebenen nicht kurzschlüssig verwechselt werden: Neben der großen Zahl problemloser Sätze kannte auch die bisherige Grammatik schon Einwortäußerungen (z.B. "Feuer!"), die man nur deshalb als satzhaft beschrieb, weil das 2.Sinnelement sich entweder aus dem literarischen Kontext oder gar nur aus der anzunehmenden Situation ergab. Da wir vom sprachlich gegebenen Befund ausgehen, haben wir somit einen dreifachen Befund.
  a) Sätze, die ihre zentralen beiden Sinnelemente (Subjekt + Prädikat) realisieren;
  b) einpolige Nicht-Sätze, die erst unter Einbeziehung des weiteren literarischen Kontextes als Satz verstanden werden können (hier: Feld der Textgrammatik).
  c) einpolige Nicht-Sätze, die erst unter Einbeziehung des literarisch-situativen Kontextes als Satz verstanden werden können (hier: Feld der Textlinguistik).
Vgl. auch TUGENDHAT-WOLF (1983) 17-30. Zu weiteren Möglichkeiten von Nicht- Sätzen s.u. - Praxisnah und überzeugend diskutieren - im Gefolge HERINGERs - FRITZ, MUCKENHAUPT (1981) 15-25 verschiedene Satzdefinitionen: weder die Orientierung an kompletten Sätzen noch die an der Aussagefunktion können genügen. Stattdessen zählt, ob Ausdrücke im jeweiligen Verwendungszusammenhang eine eigenständige und bestimmbare Sprechhandlung realisieren. Hierfür ist unerheblich, ob eine Prädikation vorliegt oder nicht.

[5] Die Kriterien und ihre Erläuterung (an Ps 126 und Lk 18,9-14) sind auch dargestellt in SCHWEIZER (1984b) 174-182. - Eine profunde, mit der hier vorgeschlagenen Sicht kompatible Erörterung der Satzproblematik bietet MÜLLER (1985). "Der Satz ist ein Zeichen eigener Art" (90), daher kann er nach Ausdruck vs. Inhalt einerseits, nach systemischem (langue) vs. pragmatischem (parole) Aspekt andererseits betrachtet werden. Zentral ist dabei das Kriterium des illokutiven Anspruchs, d.h. im Akt des Äußerns wird ein (u.U. potentieller) Empfänger auf eine bestimmte Reaktion verpflichtet (z.B. er soll als wahr zur Kenntnis nehmen), vgl.

ein vollständiger Satz folgt, gesetzt ("aber bezüglich des Mose, so wissen wir..."). Es können aber auch einzelne Glieder eines Satzes zur Betonung nicht-satzhaft vorangestellt werden.[6]

(9) Vokative (u.U. eingebettet - s.o. (3)), Aufmerksamkeit-erregende Partikeln, Interjektionen[7] haben aufgrund ihrer semantisch eigenständigen Funktion als eigene ÄE zu gelten.

(10) Jedes Glied der Prädikation kann zusätzlich beschrieben werden (vgl. Genitivverbindung, Apposition u.ä.; hier s.u.: Adjunktion). "Zusatzbeschreibung" hat Affinität zu unmittelbarem Anschluß bzw. Kontaktstellung. Ist diese Verbindung von beschriebenem und beschreibendem Element aufgesprengt, so wächst die Wahrscheinlichkeit, daß der Autor die Zusatzbeschreibung als neue ÄE versteht.

Diese Kriterien beanspruchen nicht vollständig zu sein. Auch haben nicht alle das gleiche Gewicht. In der Regel ergänzen sich mehrere Kriterien und führen zu einer Entscheidung. Unsicherheiten ergeben sich öfters bei der Frage der Parallelisierung und der Zusatzbeschreibungen.[8]

Beispiel: Gen 23, 1 a Die Lebenszeit Saras betrug hundertsiebenundzwanzig - Jahre,
              b   so lange lebte Sara.
           2 a   Sie starb in Kirjat Arba,
             a_1 das jetzt Hebron heißt,
              a   in Kanaan.
              b   Abraham kam um die Totenklage über sie zu halten
                           und   sie zu beweinen
           3 a   Danach stand Abraham auf,
              b   ging von seiner Toten weg
              c   und redete mit den Hetitern.
              d   Er sagte:
           4 a   Fremder und Halbbürger bin ich unter euch
           ....

106ff. Einen solchen illokutiven Anspruch können einerseits Sätze, andererseits Nicht-Sätze erheben (von M. "Illoquenten" genannt, vgl. 159ff), z.B. Interjektionen. Daneben - schaut man noch näher hin - begegnen "Ellipsen": "Die Unvollständigkeit der Ellipse ist nicht als 'Defekt' zu werten; vielmehr kommt sie durch gezielte Berücksichtigung des Kontextes zustande" (163), - der Nicht-Satz des ersten Zugangs erweist sich also bei der Textgrammatik (s.u.) als Satz. Auf dieser Ebene erfolgt dann eine weitere Korrektur: die bei der "Konstituierung" abgetrennten konjunktionalen (hypotaktischen) oder koordinierten (parataktischen) Sätze sind nur dem äußeren Anschein nach Sätze; in Wirklichkeit haben sie keinen selbständigen illokutiven Anspruch (weil sie z.B. modalisiert sind, M. redet von "reflexivem Kontext", 116ff). - Das sind nur einige Übernahmen aus dem anregenden Buch.

6 So ist in Jes 6,1a aphrastisch eine Zeitangabe enthalten (nach dem Hebräischen: "Im Jahr des Sterbens des Königs USSIJA,...."), auf die dann mit wa + Präfixkonjugation erst der dazugehörige Satz 1b folgt (", da sah ich..."). - Freundlicher Hinweis von Kollege W.Groß.
7 Zum Verständnis solcher Partikeln als "'maxim hedges' that indicate for recipients just how the utterance so prefaced matches up to co-operative expectations", vgl. LEVINSON (1983) 162f.
8 Wichtig ist dabei zu beobachten, ob z.B. mehrere Nomina explizit (durch w=/und) aneinandergereiht werden, oder ob die Aneinanderreihung an einer Stelle unterbrochen wird. Letzteres kann den Willen zu einer Unterscheidung signalisieren: der Verfasser will nicht mehr aufzählen sondern zur Explikation übergehen. Ein solcher Wechsel in der Sprechintention kann auf eine neue ÄE schließen lassen.

Tabelle "KONSTITUIERUNG": Für die Erfassung hebräischer Texte hat sich die nachfolgende Tabelle als hilfreich erwiesen:
- in der ersten Spalte wird in hebräischer Schrift oder in Transkription das erste Element der jeweiligen ÄE eingetragen (dient der schnellen und klaren Orientierung),
- die zweite nimmt die genaue Bezifferung der ÄE auf,
- die dritte mit ihren 4 Möglichkeiten hält durch Ankreuzen fest, ob ein Nominalsatz (NS), ein Verbalsatz (VS), ein Nicht-Satz (= aphrastisch) oder eine schwer verständliche bzw. mehrdeutig interpretierbare ÄE vorliegt (= ?).
- Unter "Besonderheiten/Bemerkungen" kann auf auffallende Konstruktionen, Lexikon- bzw. Grammatik-Fundstellen verwiesen werden.

N.B. Noch öfters werden in diesem Kapitel Tabellen zur Befunderhebung angeboten. Ihre Verwendung ist methodisch nicht zwingend geboten. Sie haben eben didaktisch den Vorteil, zu entsprechender Präzision anzuhalten und dabei für Übersichtlichkeit zu sorgen. Die je gelieferten leeren Tabellen können über Vergrößerungskopien in gewohntes Format gebracht werden.

Die folgende "INTERPRETATION" (=Dreischritt) ersetzt und führt weiter, was unter "Formkritik" zu finden ist bei:
W. RICHTER, Exegese als Literaturwissenschaft. Göttingen 1971.
G. FOHRER u.a., Exegese des Alten Testaments, Heidelberg ³1979.
Vgl. für eine ausführliche Erläuterung der einzelnen Schritte und Termini:
H. SCHWEIZER, Metaphorische Grammatik. Wege zur Integration von Grammatik und Textinterpretation in der Exegese. ATS 15. St. Ottilien 1981.

---

2. INTERPRETATION

Die hier skizzierte INTERPRETATION ist eine ausführliche Textbeschreibung auf drei verschiedenen, aufeinander aufbauenden methodischen Ebenen (Syntax-Semantik-Pragmatik). - Die Ebenen sind in sich noch weiter gegliedert.

==
Für das Vorgehen ergibt sich auf jeder Einzelebene folgende praktische Struktur:
- ausführliche Befunderhebung unter dem jeweiligen Gesichtspunkt, Verwendung der je dafür vorgesehenen Fachtermini.
  Diese Befunderhebung geschieht am zweckmäßigsten (verdichtende Darstellung, Überschaubarkeit) anhand von Tabellen, Skizzen oder Schaubildern, Listen.
- Beschreibung: der Befund wird im fortlaufenden Klartext beschrieben. Auf Strukturen achten: auffallende Häufungen, Rahmungen, Verbindungen, Einschnitte. Auch auf Leerstellen achten: welche sprachlichen Möglichkeiten werden nicht realisiert? Wichtiges Hilfsmittel bei der Beschreibung ist die Vorstellung: Folie - konstrastierendes Element. Tritt eine sprachliche Möglichkeit häufig und damit gleichförmig auf, bildet somit eine Folie; und folgt dann hierzu ein kontrastierendes Element? Dieses wäre dann - obwohl nur einmal belegt - ganz besonders hervorgehoben. So steht z.B. in

KONSTITUIERUNG

Text: _____

Beginn der ÄE	Bezeich-nung d.ÄE	ÄE				Besonderheiten / Bemerkungen
		NS	a-phr.	VS	?	

Ps 150 bei 10 Sätzen das Verb am Satzbeginn, beim 11. Satz steht am Anfang das Subjekt, das dadurch besonders auffällt.

- <u>Interpretation:</u> Nach den ersten beiden Schritten kommt das eigentliche Wagnis. Den ausführlich wahrgenommenen Befund gilt es zu interpretieren, in eigener Sprache, unter Verzicht auf die grammatischen Fachtermini! Diese Krücken haben ihren Dienst erfüllt und können wieder abgeworfen werden. Das Wagnis besteht darin, daß man einerseits weiterhin dem differenziert erhobenen Befund gerecht werden will, daß andererseits - versuchsweise - durchaus weitere Sprach- und Denkkategorien hinzugezogen werden können: die Psychologie usw. Anders gesagt: der erhobene sprachliche Befund wird - und sei es als tastender Versuch - ganzheitlich ausgelegt.

===

3. SYNTAX = Ausdrucksinterpretation

Der Terminus wird hier ganz eng verstanden: reine Ausdrucksbeobachtung, ohne inhaltliches Verstehen (ist also auch an einem fremdsprachigen, inhaltlich nicht verstandenen Text möglich).

Beobachtung von POSITION und DISTRIBUTION der Zeichenformen: Welche Wortstämme, Wörter, ÄEen, Abschnitte kommen wo, wie oft, in welcher Verteilung vor?

Damit können erarbeitet werden: -Leitwörter (=häufigste Wörter)
-Akzentstellen (=Verdichtungen)
-Gliederungen (=erkennbar sich verändernde Wortwahl)
-Besonderheiten der Lautgestalt

<u>Textübergreifend:</u> Erarbeitung von <u>geprägter Sprache</u> (Formel) mit Hilfe einer Konkordanz: Welche ÄEen kommen in gleicher Form noch woanders vor?[9] Noch einen Schritt weiter geht die Frage, ob eine feste Kombination von Formeln in mehreren Texten nachgewiesen werden kann. Eine solche wird hier mit dem Terminus SCHEMA belegt.[10]

(1) <u>Textbeschreibung:</u>

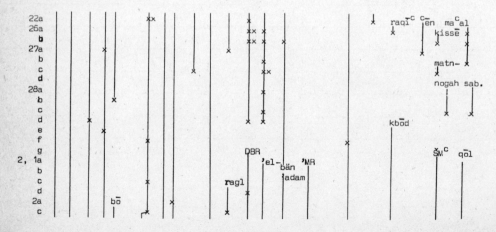

Erläuterung: Der mitten aus einer Syntax-Tabelle[11] genommene Abschnitt (aus Ez 1-3) zeigt eine Stelle, bei der (links) einige bereits eingeführte Wörter weiterhin im Text belegt sind. Sie sorgen auf Ausdrucksebene für Kohärenz. Andere Wörter (Mitte) enden hier und sind noch mit einer auffallenden Häufigkeit belegt; dem entspricht, daß eine ganze Reihe von Wörtern hier neu beginnt. Dieser deutliche Befund läßt eine Abschnittsgrenze erkennen. Manche Wörter begegnen nur im Bereich 1,26-28 und dann gleich mehrfach. Zusammen mit der vorhin erwähnten auffallenden Häufigkeit anderer Wörter ergibt das eine bemerkenswerte Akzentstelle.

(2) Nähere grammatische Analyse:

Der vorige Beschreibungsschritt liefert für den Gesamttext schnelle, wichtige und v.a. leicht überprüfbare Ergebnisse. Darüberhinaus kann man - immer noch im Rahmen der hier vorgestellten Ausdruckssyntax - noch weiter ins sprachliche Detail gehen. Dem dienen die folgenden, auf die hebräische Sprachgestalt ausgerichteten Tabellen. Über ihre Erläuterung - ob dann die Tabellen benutzt werden oder nicht - sollen die Gesichtspunkte klarer werden:

SYNTAX 1:
- die erste Spalte (ÄE) greift die Festlegungen aus der Konstituierung auf;
- dann wird für die wichtige Eröffnungsposition durch Ankreuzen registriert, ob w= oder wa= belegt sind; liegt keines von beiden vor, so bleiben die Spalten leer;
- nun geht es um die Abfolge von Morphemen, die keine Verbalmerkmale haben (= x, z.B. Nomina, Partikeln, Präpositionen) und solchen mit Verbalmorphemen. Von letzteren wird es - laut Festlegung bei der "Konstituierung" - ohnehin immer nur ein Exemplar pro ÄE geben (wenn diese = VS). Und für dieses ist eine genaue Form- und Positionsbeschreibung wichtig (für die spätere Beschreibung der Verbfunktionen).

= SK ist Suffixkonjugation
= PK ist Präfixkonjugation
= KF meint die Kurzform der PK (z.B. wayyiql; yaqtel)
= LF meint die Langform der PK (z.B. yiglā(h); yaqtīl)
= ? meint die Vielzahl der PK-Fälle, wo die Opposition KF/LF nicht mehr beobachtbar funktioniert

= a-Form meint um ein ā-Affix erweiterte Formen der PK (traditionell mit semantischen Termini bezeichnet, die aber für Ausdrucksbeschreibungen nicht taugen, z.B. kohortativ);
= qtol und die weiteren damit verbundenen Formen waren bei der "Konstituierung" als ÄE-begründend gewertet worden. Es handelt sich um die traditionellen "Imperative". Von der Form her sind sie also z.T. identisch mit einem Infinitiv constructus. Die Distribution aber unterscheidet sie;
= auch nach der Verbform sollte festgehalten werden, ob ein Nicht-Verb folgt;
= "Homographen": sind der äußeren Form nach verwechselbare Morpheme belegt (z.B. als Nomen wie als Verb verstehbar)?

---

9 Vgl. SCHWEIZER (1981) 70f.77f.
10 Nach RICHTER (1971) 117f.
11 Vgl. Darstellung und Interpretation zu Gen 18,22ff: SCHWEIZER (1984a).

SYNTAX 2: Die Wortgruppenuntersuchung (pro ÄE sind oft mehrere Zeilen zu verwenden) erfaßt nur ausdrucksformal <u>erkennbare</u> Wortgruppen. Damit entfallen auf dieser Ebene z.B. Wortgruppen, die nur aus inhaltlichen Gründen als "constructus-Verbindung" bezeichnet werden, wo aber kein constructus-Morphem beobachtbar ist; es entfallen auch "Appositionen", die nur über semantische Äquivalenz zustandekommen (wenn z.B. gesagt wird Eigenname und Nomen + Artikel seien gleich determiniert).
- in den Spalten nomen abs./cs. werden somit nur Nomina eingetragen, bei denen der Wechsel der Morpheme noch nachweisbar ist. Dabei kommt dann in der 2. Spalte die Wortform zu stehen, die in der ÄE belegt ist (die erste dient der Kontrolle). Das nomen rectum kann ohne weitere Problematisierung aufgenommen werden.
- die. zweite geläufige Form, ausdrucksformal die Zusammengehörigkeit von Nomina hervorzuheben, ist, <u>jedem</u> Glied ein ha= (und/oder eine Präposition) vorausgehen zu lassen.

SYNTAX 3: soll für einzelne Morpheme eine differenzierte Distributionsanalyse ermöglichen. Vgl. hierfür SCHWEIZER (1981) 55ff.

SYNTAX 4: erlaubt - die bisherigen Ergebnisse auswertend - einen Verlaufsplan der einzelnen ÄE zu erstellen. Man verwendet am besten die Kürzel der bisherigen Syntax-Tabellen weiter. Wichtig wäre allerdings noch eine auf umfangreicher Basis erstellte Auswertung und terminologische Festlegung von Syntax 3: Wortarten nur nach ausdrucksformalen Kriterien bestimmt. (Ist hier noch nicht geleistet). Ganz vorläufig betrachtet könnte die Beschreibung einer ÄE so aussehen:

K + WG1 + W + WG2 + PK/LF + Präp. + N1/Enkl

<u>Damit ist gemeint</u>: K = Wortart, die nur am Beginn einer ÄE begegnen kann (= Konjunktion), bezüglich dessen, was nachfolgt aber unspezifisch ist. WG1 = erster Wortgruppentyp = constructus-Verbindung. W = unselbständiges, an Nomen oder Verb immer nur proklitisches Element. WG2 = zweiter Wortgruppentyp = Parallelisierung. PK/LF (s.o. Syntax 1). Präp. = Präposition, u.z. selbständig. N1 = erstes einzel-stehendes Nomen, hier mit Enklitikon erweitert, was Hand in Hand damit geht, daß dieses Nomen praktisch <u>kein</u> ha=intensivum hat.

SYNTAX 1 : Struktur phrastischer, verbaler Äusserungseinheiten

Text: _____

ÄE	eröff-nend		X	SK	PK				ÄE-begrün-dend: qtol	X	Homographen	Bemerkungen
	w=	wa=			KF	LF	?	a-Form				

SYNTAX 2 : ausdrucksformal erkennbare Wortgruppen

Text: ─────

ÄE	nomen abs.	regens cs ⌐ csV ⌐ nomen rectum	Parallelisierung durch ha=			Bemerkungen
			1. Glied	2. Glied	3. Glied	

SYNTAX : 3   syntakt. Wortarten
(Positionen und Distribution in ÄE)

Text: _____

| ...ist be-legt vor | w= | wa= | Prokl. Pr. | ha {simp-lex, inten-siv} | ? | SK | PK {KF, LF, ?, a-F} | ÄE qtol | ≠ÄE qtol | Nomen {abs, cs, ?, Enkl} | ...ist belegt nach |

SYNTAX 4 :   ausdrucksformale Kohärenz der ÄE

Text: ─────────
- Wortgruppen von SYNTAX 2 als je _ein_ Element werten
- syntak. Wortarten berücksichtigen
- Verbfestlegungen SYNTAX 1 berücksichtigen

ÄE	
ÄE	

4. Theoretische Zwischenbemerkung: Grammatik und Logik

Gäbe es bei menschlicher Kommunikation nie Mißverständnisse, dann bräuchten wir weder Grammatik, noch Methoden der Textinterpretation, noch Kommunikationstheorien. Jedoch es ist eine Erfahrungstatsache: wir brauchen Hilfen, mit denen wir entstandene Mißverständnisse ausräumen können, mit denen wir divergierende Auslegungen diskutieren, gegeneinander abwägen können, d.h. wir brauchen Termini, die definiert sind, Interpretationsschritte, kurz: eine Metasprache. Diese kann durch ein möglichst hohes Maß an Logik durchsichtig und nachvollziehbar gestaltet werden.

Einige Grundelemente werden hier der Inhaltsinterpretation vorangestellt, da sie später mehrfach wiederkehren.

(1) Auf verschiedenen Ebenen wird in der Grammatik das Problem formuliert, wie <u>eine</u> gegebene Größe ganz elementar und allgemein charakterisiert werden kann; z.B. "tut" die Sprache im Fall von Substantiven so, als seien sie jeweils substanz-haltig, somit eine gegebene, eine feste, eine statische Größe. Näher betrachtet zeigt sich eine große Vielfalt. Die Substantive, aber auch die Prädikate, die beschreibenden Elemente (Adjunktionen), der Zusammenhang der ÄEen - auf all diesen Ebenen kann die logische Struktur des <u>Prädikationsmodells</u>[12] eingesetzt werden, <u>um die Eigenart der einen Größe, bzw. ihre Beziehung zu weiteren Größen zu charakterisieren</u>:

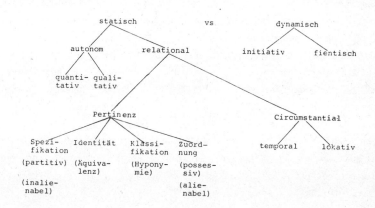

Beispiele werden je bei der entsprechenden Ebene genannt. - "fientisch" = geschehend, prozeßhaft; "initiativ" = Dynamik, die willentlich beeinflußt ist. Hier soll genügen, daß eine elementare logische Struktur eingeführt ist, mit der verschiedene Typen des Zueinanders verschiedener Größen auseinandergehalten werden können.

---

12 Vgl. SCHWEIZER (1981) 118.

Das "ist" in unseren Sätzen ist die Quelle allen Übels, weil die häufig begegnende Kopula den Anschein erweckt, alle "ist"-Sätze gehörten zu einer Kategorie, die nicht weiter differenziert zu werden braucht.[13] Existenzsätze sind grundsätzlich als Sonderkategorie zu führen.[14] Die anderen "ist"-Sätze hängen von der Art des (neben dem Subjekt) jeweils zweiten Glieds ab. Wird es sprachlich als nicht-substanzhaltig behandelt (z.B. "der Baum ist groß" = autonom/quantitativ; adjektivisch ausgedrückt; im Hebräischen z.B. durch Zustandsverb), oder mit der Vorstellung, hier würde das Subjekt mit einer selbständigen 2.Größe in Beziehung gesetzt (z.B. "Der Baum ist ein Großer" = relational/Klassifikation; das urspr. Adjektiv wird hier substantiviert verwendet)?[15]

(2) Die Zeichendefinition bleibt Grundlage dieser Methodik, d.h. die Zweipoligkeit der Sprache muß zum Ausdruck kommen (Bezeichnendes vs. Bezeichnetes). Es muß also bei einem sprachlichen Befund, der interpretiert werden soll, wenigstens eine doppelte Aussage gemacht werden. Ist bei "gehen" die Ebene des

-Bezeichnenden gemeint: konjugierbare, somit stark veränderbare Wortform, an allen Positionen in der ÄE denkbar;

oder die Ebene des

-Bezeichneten: Prädikat, das "Fortbewegung" aussagt und dynamisch-initiativen Charakter hat; hat nur einen Aktanten (s.u.).

Da traditionell diese beiden Ebenen in den Grammatiken in der Regel vermischt werden,[16] ist hierbei besonders sorgfältig auf den eigenen Sprachgebrauch zu achten.

(3) Der Sprachgebrauch ist neben der Zeichentheorie ein eigener wichtiger Faktor: Sprache ist zwar nicht völlig unabhängig von der außersprachlichen Wirklichkeit, aber sie ist doch eine relativ selbständige Ebene, d.h. sie funktioniert nach eigenen Gesetzmäßigkeiten.

Ein Sprecher kann diese Eigengesetzlichkeit für Aussagen verwenden, die so "eigentlich" nicht mit der außersprachlichen Wirklichkeit übereinstimmen. Seine Sprache trägt dann Züge von Künstlichkeit, er redet "uneigentlich", was er "eigentlich" meint, ist erst zu erschließen. - Dieser Einsicht kann man Rechnung tragen, wenn erstens die Fiktion aufgegeben wird, ein Text habe nur einen Sinn und wenn dann zweitens - in der praktischen Durchführung - die Inhaltsinterpretation auf wenigstens 2 Ebenen geschieht. So erst schafft man sich auch methodisch eine kritische Instanz, die - in der Regel - für die zusammenfassende Textinterpretation viel abwirft.

---

13 Vgl. dagegen SCHWEIZER (1981) 111ff; vgl. die philosophischen Erläuterungen bei TUGENDHAT, WOLF (1983) Kap.9-12.
14 Vgl. SCHWEIZER (1981) 97.122f.307f
15 Für weitere Einzelbeispiele: vgl. Kapitel 5, "Anhang". - Eine Klarstellung ist noch gegenüber SCHWEIZER (1981) 113f nötig: bei einem Nominalsatz, der eine relationale Prädikation ausdrückt (also 2 substanzhaltige Größen enthält), ist nicht die jeweils zweite Größe das Prädikat. Bei: 'nī kōteb /ich ( )ein Schreibender ist nicht das Partizip das Prädikat. So pflegt zwar in Grammatiken gesprochen zu werden, dies ist jedoch unsauber. Als Prädikat fungiert vielmehr die nicht ausgedrückte, aber erschließbare Beziehung zwischen Subjekt (= 1.Aktant) und 2.Bezugsgröße (= 2.Aktant): [ist ein Element von / = Klassifikation].
16 Vgl. SCHWEIZER (1981) 47ff. TUGENDHAT, WOLF (1983) 92 weisen darauf hin, "daß in der Tradition die grammatische und semantische Struktur von Sätzen nicht klar getrennt wurde"; "grammatisch" bezieht sich dabei auf die Ebene des Bezeichnenden, vgl. 93.

(4) Manche Termini werden nachfolgend mehrfach verwendet. Das hat Vorteile wie auch Nachteile. Zumindest muß in diesen Fällen auch der Bezugsrahmen angegeben werden zur eindeutigen Identifizierung. Das führt zu einer gewissen Umständlichkeit. Andererseits konnte so die Flut von Termini wenigstens etwas eingedämmt werden, weil sich außerdem manche sachliche Durchlässigkeit besser formulieren ließ. z.B. ist "befehlen" ein Modalverb, das im Code INITIATIVE das Sem "imperativ" realisiert. Im Satz: "er befahl" wird das Code-bezogene "imperativ" durch einen "darstellenden" Sprechakt ("narrativ") realisiert. Dagegen in: "Befiehl ihm zu..." wird das Code-imperativ auch durch ein Sprechakt-imperativ (aus dem Feld der "Auslösungen") ausgedrückt.

5. SEMANTIK - Inhaltsinterpretation I

Ziel: Beschreibung der inhaltlichen Funktion der Ausdrücke pro ÄE in einem möglichst unmittelbaren und wörtlichen Verständnis.

Grundannahmen:

- Die Terminologie der Semantik greift vor allem bei Sätzen. Eine aphrastische ÄE wird je vermerkt, kann oft aber nicht weiter analysiert werden: sie kommt dann bei der Pragmatik zur Geltung. Daher gilt folgendes für die phrastischen ÄEen.
- eine "Tatsache", ein "Sachverhalt" ist das, was außersprachlich "der Fall" ist;
- in die Sprache übernommen begegnet ein Sachverhalt als "Aussage/Prädikation";
- eine Prädikation hat als Basis die Verbindung von zwei Elementen: Subjekt/1.Aktant + Prädikat. = logisch: Urteil
- Sprachgebrauch: wir unterstellen, daß ein Sprecher das Verb, das er konjugiert, in einer ÄE als das Prädikat verstehen möchte. (Diese Annahme wird wichtig, wenn weitere Verbstämme in Infinitivkonstrukion begegnen. Vgl. später die Korrektur durch die Pragmatik).[17]
- Jeder Sachverhalt ist für uns nur im Rahmen der Kategorien von Raum + Zeit denkbar. Daher wird bei jeder Prädikation auch danach gefragt.
- Jede Aussage/Prädikation (=phrastische ÄE) wird nach 3 Aspekten befragt:

| Wieviele und welche Beteiligte fordert das Prädikat? Was davon ist in der ÄE realisiert? Wo ist eine Leerstelle? PRÄDIKATION/DEIXIS Tab. C Passiv-Sätze werden zuvor in aktive transformiert, aber durch "P" markiert. | Wie redet der Sprecher von dem Sachverhalt? Stellt er ihn als "tatsächlich" dar? Oder bewertet er ihn? Will er ihn erst bewirken/verhindern? ILLOKUTION Tab. A | Wie steht es mit dem Bezug zwischen der sprachlichen Aussage und der außersprachlichen Wirklichkeit? Gibt es den Sachverhalt erst als Planung, Ermöglichung? Wird er durch Wahrnehmung bereits vorausgesetzt? usw. CODES. Tab. B. |

---

17 Kommunikativ ist also ein konjugiertes Modalverb stärker hervorgehoben als ein Infinitiv im gleichen Satz, von dem wir wissen, daß er - fragt man nach den Sachverhalten - viel "wichtiger" wäre. z.B. "er wollte schreiben". Hier - wie sonst auch - gilt: wir streben eine Sprach- und keine Sachverhaltsuntersuchung an. Vgl. SCHWEIZER (1981) 86f.

5.1 PRÄDIKATION/DEIXIS (Tab.C)[18]

(1) <u>Prädikat</u>: Wird in Infinitv-Form in die Tab. eingetragen (im Fall hebr.-deutsch beide Formen) und mit der passenden Charakterisierung aus dem Prädikationsmodell versehen.[19] z.B. HLK / GEHEN / initiativ

(2) Im Fall von Nominalsätzen ist ausdrucksformal kein Prädikat gegeben, das Prädikat ist vielmehr zu erschließen. Das Prädikat in eckigen Klammern angeben: z.B. [Klassifikation] oder [Zuordnung] l=

(3) Die weiteren, vom Prädikat unmittelbar vorausgesetzten beteiligten Größen werden mit Aktant bezeichnet.
   1. Aktant (traditionell: Subjekt) + Prädikat = Basis der Prädikation
        -u.U. ist der 1. Aktant differenziert nach Anfangs-(=ingressiv) und Endstadium (=resultativ). z.B. "Der Stab wird zur Schlange".[20]
        -es sind <u>zusätzliche</u> Angaben zum 1. Aktanten möglich:

        z.B. "er (=1.Akt.) zerschlug (init.) den Tisch (2.Akt.) mit dem Hammer (Instr.)"; "er ging mit Lotte (Komit.) ins Kino (Orts-Deixis)"
   2. Aktant (traditionell: Objekt). = Das, worauf sich ein Prädikat - abgesehen von der Basis (1. Aktant + P) - unmittelbar bezieht.
        Differenzierung: Objekt vs Effekt, wenn das Prädikat einen Umgestaltungsvorgang bezeichnet. "Effekt" ist dann das Ergebnis dieser Umgestaltung. z.B. "er baute die Rippe zur Frau".
   3. Aktant Entweder als "Adressat" = Empfänger; oder als "Defizient" = wer einen Verlust erleidet. - 3. Aktant setzt logisch einen 2. Aktanten voraus. 3. Aktant wird <u>unabhängig</u> von der Ortsdeixis formuliert.[22]

---

18 In SCHWEIZER (1981) ist damit sowohl der Abschnitt über die Prädikation (110ff) wie der über die Aktanten und Wertigkeiten (123ff) angesprochen.
19 s.o. Ziff.4 (1). - Vgl. für Analysebeispiele und dafür, wie die Abfolge der Prädikate hervorragend die poetische Struktur von Ps 46 unterstützt: SCHWEIZER (1986). - Die unterschiedlichen Typen der Prädikation werden z.T. auch durch verschiedene Fragepronomina illustriert: "wovon" (Spezifikation), "wer" (Identität), "was" (Klassifikation), "wem" (Zuordnung), "wo" (lokativ), "wann" (temporal), "wodurch" (dynamisch).
20 Vgl. SCHWEIZER (1981) 132.
21 Vgl. SCHWEIZER (1981) 136. Das Wort **zusätzliche** ist bewußt unterstrichen. Beim Satz "Der Hammer durchschlug das Fenster" sagt mir zwar das Sachverhaltswissen, daß der Hammer nur Instrument sein kann; aber semantisch - wörtlich liegt keine Instrumentangabe vor! Der Hammer wird sprachlich als vollgültiger 1.Aktant für das dynamisch-initiative Prädikat eingeführt. Daß das "eigentlich" nicht geht, weil ein Hammer weder belebt ist noch einen Willen hat, deckt dann die Pragmatik auf. Aus der Differenz zwischen beiden Ebenen ergibt sich hier: es liegt übertragener Sprachgebrauch vor, der Hammer wird personifiziert, vom eigentlichen "Täter" abstrahiert.
22 Ein Prädikat, das auch einen 3.Aktanten fordert, schließt immer auch einen 2.Aktanten ein (z.B. Senden - wer? wen? wohin?). Das bedeutet umgekehrt: einwertige Verben der Ortsbewegung, deren Bedeutung nie einen 2.Aktanten verlangt, können auch keinen 3.Aktanten haben. Was wie ein Adressat aussieht, ist dann eine Ortsdeixis ("er kam nach Rom").

(4) Deixis d.h. explizite Orts-bzw. Zeitangaben werden bei jeder ÄE gesucht und gegebenenfalls eingetragen. Nichtvorhandensein durch Leerstelle vermerken.

(5) Begriff der Leerstelle (Zeichen: Ø): eine logisch von der Bedeutung des Prädikats verlangte Aktanten-Position wird in der aktuellen ÄE nicht realisiert. - Aktanten-Positionen, die von der Bedeutung des Prädikats ohnehin nicht verlangt werden, können auch nicht als Leerstelle vermerkt werden.

z.B. "er	=1.Aktant
schickte	=Bedeutung verlangt 3 Aktanten (wer?wen?zu wem?)
ihn	=2.Aktant
Ø	=Leerstelle bei Adressatangabe
nach Jericho	=Ortsdeixis (nicht mit Adressatangabe identisch)
Ø "	=Leerstelle bei expliziter Zeitdeixis (nur implizit kann über die Verbform eine Vergangenheitsorientierung erkannt werden; vgl.Sprechakte)
"er	=1.Aktant
ging	=Prädikat, das
---	keinen 2.Aktanten logisch zuläßt/fordert,
---	folglich auch keinen 3.Aktanten möglich macht.
letzten Dienstag	=explizite Zeitdeixis
zu Kathleen nach Jericho"	=explizite Ortsdeixis, erweitert. Was wie eine Adressatangabe (zu K.) aussieht, wird hier eingeordnet, weil das Prädikat im Bereich der Aktanten nur einen verlangt.

(6) Beschreibung der wörtlichen Bedeutung:
- bei der Bestimmung der Prädikation gehen wir - semantisch - vom konjugierten Verb aus (=syntaktischer Gesichtspunkt) bzw. - im Fall eines Nominalsatzes - vom erschlossenen, aber nicht ausgedrückten Prädikat, nehmen seine wörtliche Bedeutung (=semantischer Gesichtspunkt) und bestimmen von ihr aus die Aktanten und die weiteren Elemente der ÄE.
- dabei werden oft sprachliche Bilder, die als solche gar nicht mehr so deutlich empfunden worden sind, ausformuliert. z.B. wenn im AT der gemeinte Vorwurf: "sie dienen den Baalen" so ausgedrückt wird: "sie laufen hinter den Baalen her".[23]
- daneben gibt es Formen, in denen das Prädikat auf der Ausdrucksseite erscheint, **die bildhaft zu sein scheinen**, die es aber nicht wirklich sind. Hier muß die semantisch richtige Bedeutung erst eigens formuliert werden (neben dem, was als finites Verb geboten ist).

---

[23] Dann liegt - wenn der Ausdruck noch öfter nachgewiesen werden kann - eine erstarrte oder historische Metapher vor. Vgl. SCHWEIZER (1981) 241 Anm.88 zur Ex-metaphorik.

z.B. "die Töchter Judas sollen über deine gerechten Urteile jubeln"
Ps 48,12b - kein bildhaftes Verständnis gemeint: "Töchter" seien "über"
deinen Urteilen (!) jubelnde, also keine Ortsangabe
- Präposition "über" meint keine Kausalangabe: "aufgrund"
Vielmehr sind die "Urteile" offenbar direkt in die Aktion einbezogen: Dieses Verständnis kommt besser zum Ausdruck in der Bedeutung: "bejubeln". Die "Urteile" sind also 2.Aktant. Eine solche Präzisierung der Bedeutung eines undurchsichtigen Ausdrucks in [ ] beim PRÄDIKAT hinzufügen!

-Recht häufig begegnet z.B. das Problem, ob ein Prädikat "initiativ" oder "fientisch" zu verstehen sei. Man neigt dann dazu, sich nach dem 1.Aktanten zu richten, also danach, ob dieser "willensfähig" sei. "Das Mehl im Topf ging aus." Demnach wäre "ausgehen" fientisch. - Der andere Ansatz scheint mir besser: man überprüft, mit welchem 1.Aktanten das Verb vorwiegend verbunden ist (willensfähigen oder nicht-willensfähigen). Das ergibt für uns - im Falle des Hebräischen - als Nicht-Muttersprachler eine gewisse statistische Absicherung. Wäre das Ergebnis im obigen Beispiel: entgegen vorwiegend "initiativem" Gebrauch des Verbs haben wir das nicht-willensfähige "Mehl" als 1.Aktanten. Die Erklärung: es liegt eine metaphorische Sprache vor, die dann pragmatisch aufzulösen ist. Die obige Frage ist also nicht am 1.Aktanten zu entscheiden sondern möglichst von der Grundbedeutung des Prädikats her. Dem entspricht die Erkenntnis, daß - auch abseits hoher Poesie - unsere Sprachen von Bildern und Metaphern durchsetzt sind.

(7) <u>Analyse - Tabelle C</u>: (vgl. nächste Seite)

C — PRÄDIKATIONEN und AKTANTEN

Text: _____

ÄE	1.Aktant / BASIS	PRÄDIKAT: Lemma / metaspr.T.	2. Aktant Objekt (vs. Effekt)	3. Aktant Adressat vs Defizient	DEIXIS Topologie	Chronologie

(semantisch / pragmatisch)

5.2 ILLOKUTION / SPRECHAKTE (Tab. A)[24]

Mit welcher Absicht äußert der Sprecher die PRÄDIKATION/DEIXIS?

(1) Äußert er die Prädikation in dem Ton, daß der Hörer dahinter einen real existierenden Sachverhalt unterstellt? = Sprechakt der Darstellung/repräsentativ.

    Untergruppen: faktiv   -narrativ/vergangenheitlich; unverrückbar gegeben
                                      -konstativ/gegenwärtig;   unverrückbar gegeben

                              fiktiv/praedictiv: als sicher vorhergesagt. Der Sachverhalt ist
                                            aber noch nicht existent.

(2) Äußert der Sprecher die Prädikation in dem Ton, daß der Hörer sich angesprochen und aufgefordert fühlt, den Sachverhalt entweder zu bewirken oder zu verhindern? = Sprechakt der Auslösung/direktiv.[25]

    positiv auslösend (kausativ):   jussiv   = auffordernd, ermunternd
                                                imperativ = befehlend
    negativ auslösend (recusativ):   monitiv   = warnend, abratend
                                                vetitiv   = verbietend

(3) Ist der Sprecher auf sich selbst, auf sein ICH bezogen, äußert er ein eigenes Gefühl (und beschreibt nicht das Gefühl eines anderen), eine eigene Wertung: = Sprechakt der Kundgabe/expressiv.

(4) Dient eine ÄE dazu, den Sprechkontakt, -kanal, herzustellen, aufrechtzuerhalten, also die Aufmerksamkeit zu sichern, den Sprecherwechsel zu steuern, so liegt darin eine phatische Funktion.

(5) -Muß und kann ich als Interpret den jeweils vorliegenden Sprechakt erschließen, dann liegt "normale" Redeweise vor = primär performativ.
    -Liegen jedoch folgende Bedingungen vor: =ein "Ich" redet
                                                =es gilt aktuelle Gegenwart ("hiermit")
                                                =der Sprechakt wird eigens genannt

(z.B. "hiermit befehle ich dir"), dann liegt eine besonders feierliche, meist kultisch/rituell geprägte Sprache vor (oft mit entsprechenden Begleithandlungen) = explizit performativ.[26]

(6) Analyse - Tabelle A: (vgl. nächste Seite)

---

24 Vgl. SCHWEIZER (1981) 94ff.
25 Die Terminologie ist hier einfacher als in SCHWEIZER (1981) 105f, da die Charakterisierung "injunktiv" semantisch überflüssig ist. In Wirklichkeit ist gemeint: ein semantisch darstellender Sprechakt wird sich auf pragmatischer Ebene als direktiver entpuppen. Das Analoge gilt für das auf negierender Seite entsprechende Sem "prohibitiv": die semantische Sachverhaltsnegierung ist pragmatisch ein besonders striktes Verbot. (Vgl. zu "Indirekten Sprechakten").
26 Wenn es heißt: "Hiermit eröffne ich die Versammlung" anstelle von "Hiermit erkläre ich die Versammlung für eröffnet", wenn also nur die ersten beiden Bedingungen für "primär performativ" erfüllt sind, nicht aber die dritte, so liegt - semantisch - lediglich ein primär performativer Sprechakt vor, der aber - pragmatisch - offenbar auch explizit performativ gemeint ist. Die Realisierung ist aber indirekter, also mehr abgeschwächt.

A

SPRECHAKTE / ILLOKUTION

semantisch pragmatisch   Text _____

ÄE	primär performativ	explizit performativ	PHATISCH	DARSTELLUNG	AUSLÖSUNG	KUNDGABE

5.3 CODES / WIRKLICHKEITSEBENEN (Tab. B)

Es gilt noch zu formulieren, wie sich die durch die Prädikation gemachte Aussage zur außersprachlichen Wirklichkeit verhält.

Eine nicht-modifizierte, nicht-eingeschränkte Aussage (=Prädikation) ist z.B. "Ein Mann ging von Jerusalem nach Jericho". Der Hörer wird durch diesen Satz ganz auf den außersprachlichen Sachverhalt verwiesen. Wenn er nicht aus anderen Gründen zweifelt, bekommt er durch die Form dieses Satzes den Eindruck: was da erzählt wird, ist auch so geschehen.

Vgl. dagegen die Modifikationen des gleichen Satzes durch die verschiedenen CODES:[27]

5.3.1 EPISTEMOLOGIE[28]

"Ein Mann ging wohl von Jerusalem nach Jericho". Allein das zugefügte "wohl" verlagert den Sachverhalt auf eine subjektive Ebene. Ein Sprecher-Ich gibt zu erkennen, daß es zwar annimmt, aber nicht ganz sicher weiß, ob der Mann von Jerusalem nach Jericho ging. Der vorhin noch außersprachlich sichere Sachverhalt ist jetzt an das Wissen/die Wahrnehmung eines Subjektes gebunden.

= drückt ein sprachliches Element in der ÄE aus, daß ein Subjekt vom Sachverhalt weiß (cognitiv: informiert sein; creditiv: überzeugt sein) oder nicht weiß (dubitativ: zweifeln; ignorativ: nicht kennen), dann sind dies statische Realisierungen dieses CODEs.

   So drücken <u>Vergleiche</u> - wenn sie nicht weiter eingeschränkt sind (vgl. IMAGINATION) - ein erinnertes oder generelles "Wissen" (=cognitiv) aus: "es schneit wie anno 14/18"; "du schwimmst wie ein Delphin".

= dynamisch: Wahrnehmen, daß es sich mit dem Sachverhalt so und so verhält (perceptiv; kann u.U. nach willentlich bzw. nicht-willentlich unterschieden werden) oder Vergessen.

= das "konzessiv" der traditionellen Grammatiken gehört in dieses Feld.

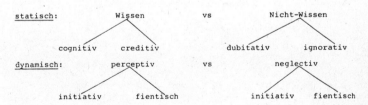

+ konzessiv

= Zwischen dem "Wissen" und dem "Wahrnehmen" fehlt noch ein Vorgang, der in der früheren Arbeit übersehen worden war: mit <u>diktiv</u> werden Akte belegt, die in irgendeinem äußeren Medium ein inneres "Wissen" nach außen bringen und so intersubjektiv "Wahrnehmung" erst ermöglichen.

---

27 Die ausdrucksformale Realisierung der Zusatzangaben geschieht z.B. durch "Adverbien", Partikeln, bestimmte Modi der Konjugation (soweit in der betr. Sprache funktionierend). Da

N.B. Welche kommunikative Funktion eine solche Äußerung geistiger Sachverhalte hat, das beschreiben die "Sprechakte = Illokution", wobei neben den dort skizzierten Möglichkeiten noch folgendes zu berücksichtigen ist: Akte, die man gemeinhin als "persuasiv" bezeichnet, überschreiten die Kategorien von "Darstellung, Auslösung, Kundgabe". Mit einem Ensemble von Sätzen, die diesen Grundkategorien angehören, sollen - weitergehend - die geistigen Voraussetzungen des Kommunikationspartners beeinflußt, verändert werden. Die sinnvolle Kategorie "persuasiv" ist - so gesehen - dann durchaus wieder ein epistemologisches Problem. Aus dieser Betrachtung ergeben sich folgende Punkte:
- "persuasiv" ist eine mögliche Spezifizierung des allgemeinen "diktiv";
- wegen seiner Kontext- und Partnerbezogenheit wird die Kategorie "persuasiv" weitgehend erst bei der Pragmatik relevant werden;
- in den Fällen, in denen die geschilderte Wissensproblematik explizit z.B. im finiten Verb formuliert wird ("er überzeugte ihn mit seiner anderen Meinung über..."), ist sie auch schon semantisch faßbar;
- terminologisch wird es gut sein, die Sender- bzw. die Empfängerperspektive zu trennen: persuasiv/aktiv (sein Wissen dem andern aufdrängen), persuasiv/passiv (überzeugt-, überredet werden).

5.3.2 IMAGINATION[29]

"Wäre doch ein Mann von Jerusalem nach Jericho gegangen". Konjunktiv und "doch" zeigen zusammen mit der Vergangenheitsform an, daß das Sprecher-Ich sich den Sachverhalt rückblickend, wünschend vorstellt. Der Sachverhalt hat aber eine rein geistige subjektive Existenz. Denn außersprachlich gab es ihn ja nicht.

= IMAGINATION kann rückblickend oder vorausblickend geschehen. u.U. sind weitere Unterscheidungen möglich anhand der Frage, ob die Imagination aus einem Wunsch entspringt, oder eher planender, gezielter Vorstellung.

= Eine Bedingung realisiert ebenfalls diesen CODE: "Wenn ein Mann...geht". = vorausschauend einmal angenommen, daß ein Mann geht. = konditional.

= Finalangabe: "Ein Mann geht nach Jericho **um die Mauern anzuschauen**". Eine Zweckangabe versieht die Prädikation mit der Nuance des zielgerichteten Tuns.

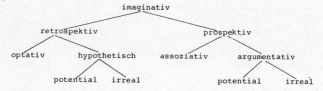

+ konditional, final

Einige Einzelfälle:
(1) Wenn bei der "Konstituierung des Textes" gesichert werden konnte, daß eine ÄE futurisch zu verstehen ist (im Hebräischen bereitet die Tempusinterpretation z.T. Mühe), dann impliziert das den Code Imagination: prospektiv. Das entspricht auf Sprechakt-Ebene der Charakterisierung: Darstellung-fiktiv/prädiktiv.

---

aber auch finite Verben CODE-Funktion übernehmen können, vgl. die Präzisierungen in Ziff.5.3.7 und 7.1 (2). - Wird in einem Satz ein Modalitätsfeld = Code realisiert, so entsteht ein "reflexiver Kontext": "Sobald nun aber sprachliche Inhalte zum Gegenstand von Reflexion werden, verlieren sie ihre Aktualität; der Satz zumal wird zwar der Ausdrucksform nach aktualisiert, in seiner illokutiven Gültigkeit jedoch gleichsam von der realen in eine imaginative Welt enthoben und so bezüglich der aktuellen Sprechsituation neutralisiert", MÜLLER (1985) 117.
28 Vgl. SCHWEIZER (1981) 171ff, für "diktiv" (von ISENBERG) 222f.
29 Vgl. SCHWEIZER (1981) 182ff.

(2) Entsprechungsangaben ("er handelte entsprechend seinen Worten") verbinden das aktuelle Geschehen mit einem seit längerem bestehenden Plan (prospektiv-potential). Dabei macht die Formulierung schon darauf aufmerksam, daß es zwei Gesichtspunkte zu trennen gilt: der Plan besteht schon "seit längerem" und natürlich geht der Plan der Handlung voraus. In dieser Hinsicht ist der Blick auf der Zeitachse in die Vergangenheit gewandt. Man könnte versucht sein, den Plan als "retrospektiv" zu bezeichnen. Diese Charakterisierung trifft zwar auf die Zeitlage des Plans zu, nicht aber auf das, was der Code Imagination sagen will: "seine Worte" erwiesen sich durch die Handlungsausführung als prospektive Handlungssteuerung. Also nicht zur Zeitlage soll in diesem Code eine Aussage gemacht werden, sondern dazu, ob die Realisierung noch aussteht (prospektiv), oder ob die Gelegenheit zur Realisierung schon vorbei ist (retrospektiv), so daß nur noch nostalgisch geträumt oder fruchtlos räsonniert werden kann.

(3) Vergleiche können ebenfalls imaginative Züge haben, wobei u.U. eine Differenzierung nach retrospektiv oder prospektiv nicht nötig/möglich ist (auf zwei ÄEen verteilt: "er spielt Klavier, wie es Gillels nicht besser könnte"). Vgl. unter EPISTEMOLOGIE.

5.3.3 INITIATIVE[30]

"Ein Mann gehe von Jerusalem nach Jericho!" Konjugationsform und Ausrufezeichen signalisieren, daß auch hier der Sachverhalt erst eine subjektive Existenz hat: das Gehen nach Jericho existiert erst im Willen des sprechenden Ich.

= Zur Initiative gehört als Gegenpol die Handlungsverhinderung ("recusativ").
= Auf beiden Seiten kann man dann weiterfragen, ob der, der den Willen äußert, selbst etwas tun will bzw. nicht tun will (voluntativ bzw. reiectiv).
= Oder Willensäußerer und Handelnder sind zwei verschiedene Personen (kausativ bzw. impeditiv)
= Die jeweiligen Endtermini sind unterschieden nach einer strengen Form (beschließend, befehlend, verbietend) und einer lockeren (Lust habend, empfehlend, abmahnend).
= "kausal"-Angaben: "Er ging nach Jericho aufgrund von Versprechungen".

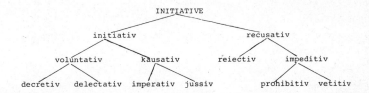

+ kausal

Die zusätzliche Bedeutungsnuance "kausativ" kann im Hebräischen durch Verwendung eines Verbs in einem abgeleiteten Stamm (H-Stamm) ausgedrückt werden. Die äußere morphologische Modifizierung legt eine inhaltliche Modifizierung nahe: Grundbedeutung + kausativ, z.B. HLK = "gehen", im H-Stamm: "gehen machen = führen = (mit sich) bringen". Hier könnte man - wegen der Transparenz zur Grundbedeutung hin - die Code-Modifizierung "kausativ" explizit notieren. Daneben ist mit Fällen zu rechnen, wo im H-Stamm das Verb eine derart neue Bedeutung erhält, daß nur noch eine morphologische Beziehung zum Grundstamm vorliegt, aber keine inhaltliche mehr. Außerdem gibt es Verben, die von Hause aus dreiwertig sind, z.B. ŠLḤ "senden". "Sachlich betrachtet" ist das auch ein "veranlassen zu gehen". Hier jedoch gehört die kausativ-Nuance von vornherein zur Grundbedeutung und ist somit kein Thema für Zusatzbeschreibungen im Sinn der Codes.

---

30 Vgl. SCHWEIZER (1981) 187ff.

5.3.4 ERMÖGLICHUNG[31]

"Ein Mann konnte von Jerusalem nach Jericho gehen".[32] Die Prädikation wird in diesem Fall durch "konnte" modifiziert. Es wird also eigens die - in diesem Fall - günstige Bedingung für die Realisierung des Sachverhalts formuliert. - Solche Zusatznuancen sind denkbar als:

- = statisch: possibile vs impossibile. Mit diesen beiden Termini werden sprachliche Hinweise in der ÄE belegt, die günstige oder ungünstige Bedingungen für die Realisierung des Sachverhalts anzeigen.
- = dynamisch: promotiv (=fördernd) vs turbativ (=störend, behindernd).
- = "konsekutive" Angaben gehören hierher: "Ein Mann ging nach Jericho, so daß er die Ausgrabungen sehen konnte".[33]

5.3.5 AXIOLOGIE (=Wertungen)[34]

"Es ist nicht gut nach Jericho zu gehen". Bezüglich der gemeinten Prädikation ("nach Jericho gehen") wird zusätzlich eine subjektive wertende Einschätzung ausgesprochen. [hier nimmt der Zusatz-Aspekt die Stelle des finiten Verbs ein; dazu s.u.; der zentrale Sachverhalt wird nur als Infinitiv-Konstruktion realisiert]

- = semantisch werden nur Wertungen erfaßt, die explizit ausgesprochen sind, die explizit auch auf das zugrundeliegende Prädikat bezogen sind.[35]
- = euphorisch - indifferent - dysphorisch

5.3.6 STADIUM / ASPEKTE[36]

"Ein Mann ging gerade von Jerusalem nach Jericho". Von der Prädikation wird hier eine Teilverwirklichung ausgesagt: die Aktion dauert an, ist aber noch nicht vollendet. So können von einem Sachverhalt ganz unterschiedliche STADIEN/ASPEKTE hervorgehoben werden:

(1) punktuell vs durativ: z.B. "plötzlich" vs "immer noch"
(2) semelfaktiv vs iterativ; z.B. "einmal" vs "erneut", "pflegte..."
(3) ingressiv vs resultativ; z.B. "begann zu..." vs "vollendete..."
(4) interruptiv vs continuativ; z.B. "unterbrach..." vs "ging wieder daran..."
(5) Intensitätsangaben:

    dynamisch: crescendo   vs   descrescendo
    statisch: forte   vs   piano

5.3.7 Hinweise zur Praxis

Es klang schon an: wenn wir uns semantisch - Nominalsätze im Moment ausgenommen - auf die Gleichung festlegen "finites Verb = zentrales Prädikat", so können dann, wenn Codes = Modalitäten mitspielen, verschiedene Befunde vorliegen.[37]

---

31 Vgl. SCHWEIZER (1981) 195f.
32 Das finite Verb ist hier "Modalverb" (Auflösung also erst bei der Pragmatik). Hier geht es weniger um die Konstruktion sondern um den inhaltlichen Beitrag dieses Code.
33 Code-Beitrag in eigenem Satz = pragmatisches Feld. Ansonsten wie Anm.32
34 Vgl. SCHWEIZER (1981) 196ff.
35 Folglich gehören z.B. attributive Näherbeschreibungen von Aktanten nicht hierher sondern zu den Adjunktionen (s.u.). z.B. "er aß schön den Apfel" vs. "er aß den schönen Apfel".
36 Vgl. SCHWEIZER (1981) 203ff.
37 Die einfachste Code-Realisierung, z.B. durch Adverb, bleibt hier außer Betracht.

(1) "er begann nach Jericho zu gehen". Hier ist das finite Verb ausschließlich die Realisierung eines CODE-Gesichtspunkts (hier: ingressiv aus STADIUM/ASPEKTE). Ein solches Verb kann nicht für sich selbst stehen. Es ist auf ein Voll-Prädikat angewiesen (was soll beginnen?) Hierzu die Vereinbarung:
: = dieses finite Verb wird zweimal erfaßt:
- in der Tab. C, also als Prädikat zusammen mit dem 1. Aktanten. Bei solchen unselbständigen Prädikaten (="Modalverb"; Prädikat-Operator) wird nach weiteren Aktanten nicht gefragt.
Das Verb wird zweitens an seinem Platz bei den CODES registriert (Tab. B).
(Klarstellung und Korrektur dann bei der Pragmatik)
- das im Infinitiv beigefügte Voll-Prädikat ("zu gehen") wird dann, wenn das finite Verb ein unselbständiges Prädikat ist ("er begann, wollte, half, verhinderte usw. zu + Infinitiv") als Erweiterung des Prädikatausdrucks aufgefaßt und auf der semantischen Ebene (Tab.C) nicht noch weiter analysiert.

(2) "er ging nach Jericho, um die Mauern zu sehen". In diesem Fall ist das finite Verb ein selbständiges Voll-Prädikat. Daß "Gehen" auf einen zweiten Sachverhalt zugeordnet ist ("Sehen"), ist nicht in gleicher Weise zwingend wie im Fall von "Modalverb" + Infinitiv.
Das "Gehen" kann also in Tab. C als Voll-Prädikat behandelt werden.
Das "Sehen" wird als eigenständige "final-Angabe" (CODE: IMAGINATION) notiert.

(3) Semantisch soll formuliert werden, was vom Autor erkennbar in Worte gefaßt ist. Von der Theorie her überschneiden sich die einzelnen CODES, sie haben eine innere Verbindung. - Ein Autor kann in einer ÄE auch durchaus mehrere CODES zur Sprache bringen. Werden die CODES jedoch nur vorausgesetzt, aber nicht explizit ausgesprochen, werden sie semantisch nicht erfaßt.
z.B. "Ein Mann ging von Jerusalem nach Jericho". So wie der Satz steht, ist kein CODE realisiert. - Die Argumentation: wenn er nach Jericho ging, dann **wollte** er offenbar, dann war es ihm auch **möglich**, offenbar hat er seine Aktion auch **abgeschlossen** - eine solche Argumentation bleibt semantisch außer Betracht, weil sie nicht mehr am Wortlaut bleibt, sondern Hintergründe zu erschließen versucht (ist Aufgabe der Pragmatik, vgl. Ziff.9.1 "Implikationen").

(4) FRAGEN: - darauf achten, ob der ganze Satz "in Frage" steht, oder nur ein Satzteil.
- eine Frage signalisiert immer ein Nicht-Wissen. Folglich ist der CODE EPISTEMOLOGIE im Spiel: ignorativ + Angabe des Gefragten
- eine Frage hat daneben eine kommunikative Funktion: sie ist eine Aufforderung an den Gesprächspartner zu antworten. Das wird später näher beschrieben. Hier, semantisch, wird die Frage bei den Sprechakten als "phatisch" notiert, weil sie den Sprechkontakt pflegt.

(5) Konjunktionen, die einen ganzen Satz einem der Codes zuweisen, werden als hilfreiche Indikatoren in der Tabelle vermerkt. Diesen Befund wird in der Pragmatik die Textgrammatik aufnehmen.

ℬ

CODES / WIRKLICHKEITSEBENEN — semantisch pragmatisch — Text

ÄE	Epistemologie	Imagination	Initiative	Ermöglichung	Axiologie	Stadium/Aspekte

5.4 ADJUNKTIONEN / Beschreibende Elemente (Tab. D)[38]

Jedes Glied der PRÄDIKATION/DEIXIS -vgl. Tab.C- (also Aktanten; Ort; Zeit. - Das Prädikat ist hier ausgenommen, da es durch die CODES seine nähere Beschreibung erfährt) kann zusätzlich beschrieben werden.

Vgl. die traditionelle Terminologie: Adjektiv, Apposition, Genitiv, dativus ethicus, dativus commodi usw.

Neue Terminologie:
Unterscheidung zwischen: Beschriebenem   (= Glied der Prädikation/Deixis)
                  und Beschreibendem   (= Adjunktion)

Es gibt 3 Typen von ADJUNKTIONEN:
(1) KOORDINATION

Das Beschriebene wird differenziert und damit - je unterschiedlich - verstärkt:

- (1) kopulativ: Peter und Paula gingen (= Präzisierung durch Differenzierung des 1.Akt)
- (2) disjunktiv: Ging Peter oder Paula? (pragmatisch: Unbestimmtheit des 1.Akt; Frage verweist auf Antwort)
- (3) adversativ: Im Gegensatz zu Peter ging Paula. (Verstärkung des 1.Akt durch negative Abgrenzung)
- (4) nektive Neg: Weder Peter noch Paula gingen (pragmatisch: Neg einer Erwartung).

(2) DESKRIPTION

Die Beschreibung kann nach dem Prädikationsmodell (s.o.Ziff.4 (1)) charakterisiert werden.[39]

	Beschriebenes	Adjunktion
"eine schöne Frau"	Frau	qualitativ
"das Haus des Königs"	Haus	Zuordnung
"das landende Flugzeug"	Flugzeug	fientisch
"drei Bücher"	Bücher	quantitativ
"Albert, mein Onkel"	Albert	Identität
"Albert, ein Kraftfahrer"	Albert	Klassifikation
"der Beamte in der Nähe des Königs"	Beamter	C/Ort
"er litt an den Füßen"	er	Spezifikation
"das gestrige Fest"	Fest	C/Zeit

Aber auch Begriffe aus den CODES (s.o. Ziff.5.3) können der Deskription dienen (bei Nominalisierungen von Verben):

	Beschriebenes	Adjunktion
"ein offenkundiger Irrtum"	Irrtum	cognitiv
"das anfängliche Zögern"	Zögern	ingressiv
"das unmögliche Verhalten"	Verhalten	impossibile
"eine fordernde Haltung"	Haltung	imperativ

---

38 Vgl. SCHWEIZER (1981) 161ff.
39 Das erste in SCHWEIZER (1981) 164 gebotene Beispiel ("eine Menge Salz") ist nur pragmatisch

D

ADJUNKTIONEN semantisch / pragmatisch Text

ÄE	Beschriebenes (≙ Tab.C) / Beschreibendes/metaspr. Term.	Koordination	Deskription	Explikation	Parenthese	Benefiziat vs. Malefiziat

(3) FREIERE BESCHREIBUNGEN

a. EXPLIKATION: Das Beschriebene wird nochmals, nun aber anders formuliert, wobei folgende Ausdrücke entweder explizit oder gedanklich die Brücke schlagen: "mit anderen Worten", "nämlich", "kurzum" usw.[40]

b. PARENTHESE: Information, die nicht auf ein vorgegebenes Element unmittelbar bezogen ist, sondern eine dazwischengeschobene, den Kontext kurz unterbrechende Neu- bzw. Zusatzinformation.

c. BENEFIZIAT vs MALEFIZIAT: Wenn ein/e Geschehen/Handlung abläuft und einer - obwohl nicht unmittelbar daran beteiligt (=Aktant) - einen Nutzen oder Schaden davon hat, dann gilt dieses Begriffspaar. Es handelt sich um eine freie Zusatzinformation, die keineswegs ähnlich semantisch notwendig ist, wie z.B. die Formulierung der Aktanten.

z.B. Gen 47,20: "Joseph kaufte also das ganze Ackerland
                für den Pharao /=Benefiziat   ] Prädikation
                auf"

5.5 SEMANTISCHE WORTARTEN[41]

Wie eine Wortform konstruiert wird, wie sie sich mit anderen verbindet, welche Vorsilben, Endungen sie annehmen kann/nicht annehmen kann - das alles sind äußere, syntaktische Probleme.

Semantisch lautet die Frage jedoch zunächst:

- ist eine Einzelbedeutung (wie auch immer syntaktisch konstruiert) inhaltlich selbständig; Kontrolle: die Einzelbedeutung kann als Aktant in einer Prädikation auftreten.
- Oder ist die Einzelbedeutung unselbständig = <u>Funktionswörter</u> wie Präpositionen, Negationswörter, Konjunktionen. Sie können nie selbständiger Aktant in einer Prädikation sein.

Die Wörter mit inhaltlich selbständigen Einzelbedeutungen (=Sememe)[42] werden semantisch noch wie folgt unterteilt:

<u>=statische Entitäten</u> = NOMEN   Substantiv
                                     Partizip (wenn substantivisch verwendet)
                                     Infinitiv
                                     Eigenname
                                     Pronomen

<u>=Beschreibungen</u> =Adjektiv
                =Partizip (wenn beschreibend verwendet)

=zu <u>Prädikat</u> vgl. Prädikationsmodell; zu Adverbien vgl. Codes bzw. Deixis.

---

richtig erfaßt (Beschriebenes: Salz, Adjunktion: quantitativ). Wörtlich-semantisch liegen die Dinge wegen des künstlichen Abstrakt-Substantivs "Menge" anders. In Analogie zu Genitiv-Verbindungen ("das Haus des Königs") ist das **erste** Glied (= "Menge") als Beschriebenes anzusehen, die **zweite** ist beschreibend. Man kann sagen, daß das Abstrakt-Lexem durch "Salz" eingrenzend näher charakterisiert wird, daher liegt die Relation "Spezifikation" vor.

40 Fehlen explizite Indikatoren, ist z.B. auf asyndetischen Anschluß des beschreibenden Elements

5.6 DETERMINATION[43]

Bei den Nomina wird gefragt, inwiefern der Textautor den Leser in die Lage versetzt, die benannte "statische Entität" außersprachlich (Referenz) zu identifizieren. Aber in dieser Formulierung, d.h. unter Einbeziehung der Kommunikationssituation, ist das Problem - semantisch betrachtet - zu weit gefaßt. - Auch hier gilt zunächst nur das ganz wörtliche Verständnis:

- -indefinit: es ist gesagt, daß auf keine bestimmten Gegenstände Bezug genommen wird, oder es wird zwar gesagt, daß auf bestimmte Gegenstände Bezug genommen wird, aber nicht auf welche. "**zwei Radfahrer** in Mainz"
- -definit: es wird über ganz bestimmte Gegenstände geredet. Der Sprecher setzt voraus, daß sie dem Hörer bekannt sind. Sprachlich begegnen hierbei Eigennamen, Pronomen, Artikel. "**der Bürgermeister** sprach"
- -generisch: alle Individuen einer bestimmten Klasse oder Eigenschaften sind gemeint. "Er (=def.) schuf auch **alle Sterne** (=generisch)"

Damit ist klar, daß die Frage der Determination mit dem Problem der Zahlen verknüpft ist. Eine Zahlangabe als Teilmenge (und ohne Artikel) behauptet zwar, von bestimmten Gegenständen zu reden; aber es ist mir nicht möglich, diese gezählten Gegenstände zu identifizieren. Eine Zahlangabe, die aber zugleich die Gesamtmenge der Gegenstände ausdrückt (All-Quantifikation), ist generisch.[44]

Kann ich zwar **referenziell** einen Gegenstand nicht identifizieren (gilt meist bei alten Texten), kann aber innerhalb des Textgefüges genau sagen, wovon der Autor redet, so liegt definite Determination auf **textdeiktischem** Wege vor. - So werden Individuen in Texten indefinit eingeführt: Ijob 1,1 "Im Lande Uz lebte ein Mann Einmal eingeführt, wird auf sie definit ... Dieser Mann war untaverwiesen (=textdeiktisch). delig...; er fürchtete...

5.7 BEISPIEL: Ps 48,13-15

Text:
- 13 a Umkreist den Zion,
- b umschreitet ihn,
- c zählt seine Türme!
- 14 a Betrachtet seine Wälle,
- b geht in seinen Palästen umher,
- c damit ihr dem kommenden Geschlecht erzählen könnt:
- 15 a "das ist Gott,
- (aphrastisch) b unser Gott für immer und ewig.
- c Er wird uns führen in Ewigkeit".

---

zu achten. Explikation in Fernstellung läßt dagegen eher auf eine neue ÄE schließen, verweist somit auf die pragmatische Ebene.
41 Vgl. SCHWEIZER (1981) 141ff.
42 Auch hier sind Ausdrucks- und Inhaltsebene nicht unkritisch ineinszusetzen: es gibt auch inhaltlich selbständige Einzelbedeutungen, die nicht als äußerlich faßbares Wort, auch nicht als Enklitikon sondern nur über Morphemveränderung realisiert sind (z.B. Personangabe beim konjugierten Verb im Hebräischen).
43 Vgl. SCHWEIZER (1981) 149ff.
44 Gerade bei der Frage der Determination ist oft ein besonders starkes Schillern zwischen der

Semantische Wortarten

Funktionswörter: "den", "in", "damit", "dem", "für", "und", "wird", "in"

Statische Entitäten:	Substantiv	Infinitiv	Eigenname	Pronomen
			Zion	ihn
	Türme, Wälle			seine
	Paläste			seinen
	Geschlecht			ihr
	Gott (2x)			das
				Er, uns
		Ewigkeit		

Beschreibungen: "kommenden"; "immer" (Aspekt: generell); "ewig" (Zeit-Deixis)

Prädikat: vgl. Tab. C

Determination

- "Zion" beansprucht als Eigenname auf eine einzige außersprachliche Größe zu verweisen: definite Determination.

- "Gott" ist an sich ein Klassenname und wäre somit indefinit. Da es in 15a aber nicht heißt: "Das ist ein Gott", sondern: "das ist Gott", wird auf einen einzigen in Frage kommenden verwiesen, auf den einzig in Frage kommenden. Folglich definite Determination.

- Türme, Wälle, Paläste sind uns der Zahl nach unbekannt. Durch Pronomen wird signalisiert: alle Türme... Zions. Insofern ist uns zwar die konkrete Zahl unbekannt, jedoch ist die Bezugsgröße bestimmt. Nicht irgendwelche Türme..., sondern die Gesamtzahl der Türme... Zions. = generisch.

- Die Pronomina sind definit, verweisen auf Größen, die schon eingeführt sind.

- "Ewigkeit" ist als Worttyp ein "Unikum", d.h. ein Plural kann nicht gebildet werden,[45] auch ein generelles Verständnis ist nicht möglich, also: definit.

- "das [kommende] Geschlecht": der Verf. behandelt "Geschlecht" als definite Größe, singularisch, obwohl der Leser zunächst nicht weiß, welches der vielen Geschlechter gemeint ist. [Pragmatisch wird daraus dann eine generelle Interpretation: alle Geschlechter]

---

wörtlich ausgesagten und der gemeinten Bedeutung festzustellen. Was semantisch nach indefiniter (vgl. Eugen Roths "Ein Mensch...") oder definiter ("Der Deutsche ißt Sauerkraut") Determination aussieht, kann pragmatisch "generisch" gemeint sein.

45 Morphologisch kann der Plural natürlich gebildet werden; inhaltlich könnte er aber nur als übertragener, stilistischer Sprachgebrauch interpretiert werden.

A   SPRECHAKTE / ILLOKUTION   semantisch   Text B AE 13-15

ÄE	primär performativ	explizit performativ	PHATISCH	DARSTELLUNG	AUSLÖSUNG	KUNDGABE
13a	x	/	\	/	imperativ	/
13b	x	/	\	/	imperativ	/
13c	x	/	\	/	imperativ	/
14a	x	/	\	/	imperativ	/
14b	x	/	\	/	imperativ	/
14c	x	/	\	faktiv: prädiktiv	/	/
15a	x	/	\	faktiv: konstativ	/	/
15b	x	/	\	faktiv: prädiktiv	/	/
15c	x		\			/

Tabelle   A: Beobachtungen

15b ist keine Prädikation, daher wird auch kein Sprechakt bestimmt. Insgesamt fällt eine klare Struktur durch die blockweise Verteilung auf. - Sachverhalte, die erst ins Leben gerufen werden sollen, werden durch "sichere" Sachverhalte abgeschlossen. Am Schluß soll also die sichere Aussage dominieren.

Fehlanzeigen: rituell-feierlich geprägte Redeweise (= explizit performativ); Es fehlt auch eine Bemühung um die Sprechverbindung (= phatisch); explizite Gefühlskundgaben des Sprechers sind ebenfalls nicht belegt. Dadurch macht insgesamt die Redeweise einen "objektivierten" Eindruck, wirkt dadurch nüchtern und kalt.

Der starke Auslösungsblock wirft die Frage nach der Macht, Vollmacht des Redners auf. Daraus ergibt sich als Aufgabe für die Pragmatik: Läßt sich eine solche Vollmacht, eine Rechtfertigung für eine derart starke "Auslösung" erkennen? Oder ist das, was wörtlich als Auslösung formuliert ist, eigentlich als "Kundgabe" gemeint (= Problem der indirekten Sprechakte)?

B   CODES / WIRKLICHKEITSEBENEN   semantisch   Text B 48, 13-15

ÄE	Epistemologie	Imagination	Initiative	Ermöglichung	Axiologie	Stadium/Aspekte
13a	/	/	imperativ	/	/	/
13b	/	/	imperativ	/	/	/
13c	perceptiv/invitativ	/	imperativ	/	/	/
14a	perceptiv/invitativ	/	imperativ	/	/	/
14b	/	/	imperativ	/	/	/
14c	diktiv	final ("damit")	/	promotiv ("können")	/	/
15a	/	/	/	/	/	/
15b	/	prospektiv	/	/		
15c	/		/		/	

Tabelle B: **Beobachtungen**

Eine einzige Äußerungseinheit ist frei von Codes, nämlich 15a (sieht man vom aphrastischen 15b ab), d.h. der Sachverhalt dort ist unmodifiziert, außersprachlich - so der semantisch nahegelegte Eindruck - sicher. Zuvor ist mehrfach eine subjektive Beteiligung, Färbung zu sehen: Sachverhalte sollen wahrgenommen, mitgeteilt werden, bezweckt, von einem Partner zwingend bewirkt werden. Schließlich noch der erklärende Hinweis, daß ein Sachverhalt ermöglicht wird. Besonders stark kumulierend: 14c, unmittelbar vor der einzigen nicht-modifizierten ÄE.

Der willentliche Akzent ist stark (sowohl bei willentlicher Wahrnehmung, Zweck, wie natürlich bei: "imperativ"). Darin ist die Hauptfärbung auf Seiten der Codes zu sehen. In den ersten 6 ÄEen entsteht eine besonders breite Folie in dieser Hinsicht. Wertungen scheinen gar nicht zu begegnen - zumindest, was die Modifikation des Prädikats betrifft. Auch irgendwelche Teilverwirklichungen oder weitere Aspekte werden nicht angesprochen. Immer gilt der ganze durch das Prädikat bezeichnete Sachverhalt. Probleme scheint es also im Bereich der Teilverwirklichungen nicht zu geben.

Am Schluß Wegfall sämtlicher willentlicher Aussagevarianten. Die Fakten dominieren = Eindruck der Sicherheit, der Unausweichlichkeit, dabei der Ausblick auf Kommendes (15c).

C — PRÄDIKATIONEN und AKTANTEN   semantisch   Text Ps 48, 13-15

ÄE	1. Aktant BASIS	PRÄDIKAT: Lemma metaspr. T.	2. Aktant Objekt (vs. Effekt)	3. Aktant Adressat vs Defizient	DEIXIS Topologie	Chronologie
13a	[ihr-] morphologisch	UMKREISEN dynam./invitativ	den Zion		∅	∅
13b	[ihr-] morphologisch	UMSCHREITEN dynamisch/invitativ	ihn		∅	∅
13c	[ihr-] morphologisch	ZÄHLEN (!) dynamisch/invitativ	Türme		∅	∅
14a	[ihr-] morphologisch	BETRACHTEN (!) dynamisch/invitativ	Wälle		∅	∅
14b	[ihr-] morphologisch	UMHERGEHEN dynamisch/invitativ			in [] Palästen	∅
14c	[ihr-] morphologisch	KÖNNEN(!)ERZÄHLEN(!) dynamisch/invitativ	[∅]	[Adressat: Geschlecht]	∅	∅
15a	Das Gott	SEIN statisch/Identität			∅	∅
15b	/	/	/	/	/	/
15c	Er	FÜHREN dynamisch/invitativ	uns		∅	in Ewigkeit

Tabelle C: Beobachtungen

Beim 1. Aktanten gibt es wenig Variation: gleichbleibend zunächst ein morphologisch erschließbares (= gälte für die hebräische Version) bzw. pronominal realisiertes (= deutsche Version) "ihr"; auffallendes Durchbrechen dieser Folie durch 15a: wegen "Identität" fallen beide Glieder zusammen, begegnen also beide beim 1. Aktanten. Die ÄE in 15b hat keinen 1. Aktanten, so daß 15a+b zusammen eine starke Durchbrechung des Musters vorher sind, somit Aufmerksamkeit erregen, einen Akzent bilden.

Prädikate: nach vielen willensbestimmten Prädikaten ist 15a die erste statische Prädikation, fällt also auch unter dieser Hinsicht auf. - Drei finite Verben sind im Grund Modalverben (= Codes). - Wo Aktanten (2. + 3.) gefordert sind, werden sie auch geboten. Ein differenziertes Gefüge (mit 3. Aktanten) ist nicht belegt. 14c wird hier wegen des Infinitivs nicht weiter ausgewertet. - Weil also keine Aktanten-Stellen offen bleiben, scheint der Text komplette Informationen zu bieten und somit abgesättigt zu sein.

Die Deixis ergibt ein ganz anderes Bild. Für Ort und Zeit finden sich je nur ein Beleg. Der Text ist also fast ganz ort- und zeitlos. In chronologischer Hinsicht fällt der Schlußakzent auf: "Ewigkeit". Das führt auf eine besondere Zeitqualität (= pragmatischer Vorgriff, s.u. Ziff.8.3).

D

A D J U N K T I O N E N semantisch Text Ps 48, 13-15

ÄE	Beschriebenes (≡ Tab.C) / Beschreibendes/metaspr.Term.			
	Koordination	Deskription	Explikation	Parenthese	Benefiziat vs. Malefiziat
13a					
13b					
13c		2. Aktant "seine" / Zuordnung			
14a		2. Aktant "eure" / Zuordnung			
14b		Topologie			
14c		"seinen" Zuordnung [3.Aktant: Adressat]			
15a		"kommend"/dynamisch/instativ			
15b					
15c					

Tabelle D: Beobachtungen

Der Text bietet recht wenig Adjunktionen. Der Verfasser bemüht sich somit nicht sehr ausgeprägt, die Anschaulichkeit seiner Aussagen zu erhöhen, den Leser auf ganz bestimmte und identifzierbare Sachverhalte zu verweisen. Der Verfasser hat kein Legitimationsbedürfnis, entweder weil er beim Leser die nötigen Informationen (zur Stadt, zum Berg Zion) voraussetzen kann, oder weil er der Phantasie des Lesers freien Raum geben will.

Der Text ist das genaue Gegenteil zu einer "ausschmückenden" Sprache: Der Stil ist nüchtern und trocken, damit auch gerafft und konzentriert.

6. PRAGMATIK = Inhaltsinterpretation II[46]

6.1 Übersicht

Auch die Pragmatik ist Inhaltsinterpretation wie die Semantik. Daher hat sie - zumindest in vielen Fällen - die gleiche Terminologie wie die Semantik. Aber

- die Pragmatik versucht - wo immer möglich - hinter die wörtliche Bedeutung der ÄE zu gehen, um so die "eigentlich" gemeinte Bedeutung zu beschreiben. Daraus resultieren in der Regel eine ganze Reihe von Verschiebungen gegenüber den semantischen Ergebnissen. Diese Differenzen lassen sich sehr gut verwenden, um die Intention des Autors zu erarbeiten. (vgl. Textlinguistik)

- Als zweites unterscheidet die Pragmatik von der Semantik, daß sie den Zusammenhang mehrerer ÄEen in den Blick nimmt, letztlich also den Zusammenhang des ganzen Textes. (vgl. Textgrammatik)

Aber neben dieser "Korrektur" bzw. Weiterführung der Semantik hat die Pragmatik auch eigenständige Untersuchungsfelder bzw. - Ziele:

- Sie will die Einzelinhalte des Textes bündeln, will größere Zusammenhänge deutlich machen: Grundkonflikte thematischer Art (vgl. Isotopie, semiotische Modelle), die zugrundeliegende Konstellation der Akteure (vgl. Textaktanten). Gedankenfortschritt und Argumentationsstruktur (vgl. Thema-Rhema).

- All dies sind Wege, mit Hilfe der Abstrahierung Aspekte des Textes zu vereinfachen, übersichtlicher zu fassen.

- Daraus folgt zwingend ein weiteres: sind die genannten Ebenen der Abstraktion erreicht, so kann die Frage nach Textvergleichen gestellt werden. Hier in dem Sinn: Gibt es eines oder mehrere der erarbeiteten Strukturmuster auch in anderen Texten? (Hiermit erhält die ausdrucksformale Erarbeitung von Formeln, geprägten Wendungen, geprägten Schemata bei der Syntax ein inhaltliches Äquivalent).

Die bisher skizzierten Schritte und Ziele der Pragmatik bezogen sich alle noch auf den vorliegenden, zu interpretierenden Text. Sie können in einer ausführlichen Synopse zusammengefaßt und im Zusammenhang interpretiert werden. Auf der Basis der bisher geleisteten Textanalyse ist nun aber noch ein weiteres nötig und möglich: die Überschreitung des literarischen Kontextes (=Einzeltext und literarischer Zusammenhang) in Richtung auf den situativen Ko-Text, in den der interpretierte Text gehört. (vgl. Textpragmatik)

- Beim AT kennen wir zwar meist Sender und Empfänger der Botschaft (=Text) nicht. Aus der zuvor ausführlich beschriebenen Struktur der Botschaft sind jedoch Rückschlüsse möglich:

    = Welche Interessen, welche Art zu reden, welche Intentionen zeigt der Autor durch seinen Text? Die individuelle Einzelperson des Senders kann damit nicht gefunden werden, aber Züge ihres Persönlichkeitsbildes.

---

46 Vgl. SCHWEIZER (1981) 211ff.

= Welche Vorstellung hat der Autor von den Angesprochenen? Wie kommt die <u>so</u> formulierte und strukturierte Botschaft wohl beim Empfänger an? Wie nimmt der Text, und durch ihn der Autor den Empfänger in Beschlag? - Auch hier kann nicht der individuelle Adressat gefunden werden, vielmehr nur - im besten Fall - die Vorstellung, die sich der Autor vom Empfänger seiner Botschaft gemacht hat. -
(Genaugenommen formulieren wir dann die Vorstellung, die wir von der Vorstellung des Autors haben, die dieser sich vom Adressaten macht).

- Läßt der Text etwas erkennen von seiner Entstehungssituation? Sind bestimmte Probleme vorausgesetzt, aber im Text nicht eigentlich zum Thema erhoben? Auf welche (unausgesprochenen) Fragen ist der Text eine Antwort? Passen bestimmte historische Situationen, geistig-religiöse Umbrüche besonders gut zum Text? Sind von hierher rückwirkend präzisierende Aussagen zu Sender / Empfänger des Textes möglich? - All dies sind abschliessende Fragestellungen der Pragmatik (vgl. Präsuppositionen).

6.2 Exegese und weitere Handlungswissenschaften

Die bis hierher skizzierten methodischen Schritte dürften für die Interpretation eines <u>synchronen</u> Textstadiums in etwa einen kompletten Zusammenhang bieten. Die Exegese hätte insofern das geleistet, was sie zu leisten vermag.

Angedeutet sei hier jedoch, daß damit die Inhaltsinterpretation noch nicht zu Ende ist. Wenn das bisher Skizzierte als <u>erster</u>, d.h. exegetischer, pragmatischer Schritt bezeichnet wird, dann können sich <u>weitere pragmatische Durchgänge</u> anschließen.[47]

- in einem zweiten bzw. dritten pragmatischen Durchgang können die literarischen Ergebnisse von weiteren human-wissenschaftlichen Disziplinen her beleuchtet werden, z.B. von der Psychologie, der Soziologie, der Rechtsgeschichte.

- ein weiterer pragmatischer Durchgang kann die exegetischen Ergebnisse am Text kritisch überprüfen, etwa von der Religionswissenschaft oder der Semiotik her, z.B. indem die Fiktionalität des Textes durchbrochen wird. Die Übergänge von den literarischen Ergebnissen zu den Nachbardisziplinen sind hierbei fließend. Was ist mit einem Satz gemeint "und Gott sprach"? "Gott" wurde im ersten pragmatischen Durchgang als Entität 3. Ordnung (=Abstraktum; vgl. pragmatische Wortarten) eingestuft. Kann davon ein Aktionsprädikat ausgesagt werden (= pragmatisches Problem übertragenen Sprachgebrauchs)? Wozu dient der Anthropomorphismus? Übersetzt er eine mystische Erfahrung, oder ist er hohl und somit anmaßend (z.B. Mittel zur Legitimierung von Einflußnahme; Problem der Falschprophetie)?

Wahrscheinlich läßt sich die Anzahl der pragmatischen Interpretationsdurchgänge an dem <u>einen</u> Text nicht festlegen. Nur der erste ist im eigentlichen Sinn exegetisch. Die weiteren haben aber genauso ihr Recht.

---

47 Bildhaft ausgedrückt: die hermeneutische Spirale (s.o. Kap.2) bekommt weitere Windungen.

Insgesamt weitet sich hier das Feld für recht verschiedene humanwissenschaftliche Fragestellungen. Und entsprechend breit läuft dann die Auseinandersetzung zwischen modernen Einstellungen, Erkenntnissen und Fragestellungen mit dem alten Text und seiner Kommunikationssituation. Durch den literarisch-deskriptiven Einstieg ist ein weites Feld der Auseinandersetzung eröffnet.[48]

6.3 Pragmatische Textbeschreibung

Die pragmatische Textbeschreibung kann - nach einem Vorschlag von KALVERKÄMPER[49] (Graphik) - dreifach untergliedert werden:

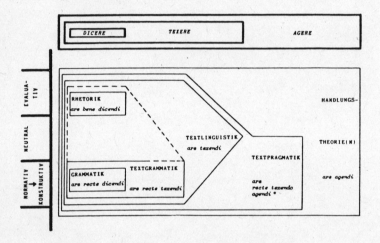

a. Textgrammatik (ars recte texendi)
   Die Funktion des Satzes im Text:
   - Terminologie der Semantik, übertragen auf den Kontext:
   - wie ist - bleibt man zunächst noch ganz bei der wörtlichen Bedeutung - mit den aus der Semantik bekannten Mitteln der Satzzusammenhang konstruiert?
   - Auflösung der Anaphern, Leerstellen; Kohärenzbetrachtung

b. Textlinguistik (ars texendi)
   - Differenzen zwischen wörtlicher (= Semantik) und gemeinter (= Pragmatik) Bedeutung: das erfordert ein Überprüfen aller semantischen Bestimmungen und eine metasprachliche Neuformulierung der hinter der Wörtlichkeit "gemeinten" Bedeutungen.
   - stilistischer Sprachgebrauch (Metaphern...)
   - Gedankenverläufe (Thema-Rhema. Isotopien)
   - zusammenhängende Beschreibung der für Textteile oder den Gesamttext geltenden kommunikativen Situation - soweit über literarische Indizien erschließbar.

---

[48] Nachdem der Text in seiner vorfindlichen Gestalt ausführlich und detailliert wahrgenommen ist, bietet er nun genügend "Widerstand" (vgl. Kap.1) für eine auch existentiell und spirituell ergiebige Kritik, die zu etwas mehr Bewußtwerdung führen kann. - METZELTIN, JAKSCHE (1983) 149 sehen nach der ersten literarischen Deskription die "Zusammenarbeit mit der Geschichtswissenschaft, mit der Psychologie und mit der Soziologie" vor.
[49] KALVERKÄMPER (1983) 367. Vgl. die Rezeption in SCHWEIZER (1984) 173f.

c. Textpragmatik (ars recte texendo agendi)
   - Zusammenfassung der Ergebnisse zum Text
   - Rekonstruktion der innertextlichen, über das Sprachsystem erschließbaren Implikationen: welche innertextlichen stillschweigenden Voraussetzungen machen die direkt oder indirekt ausgesagten Bedeutungen?
   - Rekonstruktion der außertextlichen Präsuppositionen: welches unausgesprochene Bedürfnis seines Autors drückt der beschriebene Text aus? Auf welche geheime Frage soll er antworten? Welches Bild vom Textempfänger setzt die beschriebene literarische Struktur voraus? Welches Sachverhaltswissen teilen sowohl Sender als auch Empfänger, so daß es unbefragte Grundlage der Kommunikation ist?
   - Rekonstruktion der geschichtlichen Entstehungs- und Kommunikationssituation des Textes

Die pragmatische Problemstellung zusammengefaßt in der LASSWELL-Formel:[50]
"Who says what in which channell to whom with what effect?"
Anschließend sind die weiteren humanwissenschaftlichen pragmatischen Durchgänge denkbar.

6.4 Grundlagen der Kommunikation

Wenn der gemeinte Sinn von Äußerungen rekonstruiert werden soll, die wörtlich verstanden - im Extremfall - widersprüchlich und unvereinbar sind, dann sind Basisannahmen notwendig, die sicherstellen, daß die wörtlich/semantisch schwierige und problematische Äußerung trotzdem einer sinnvollen Kommunikation dient. Solche Grundlagen ("maxims of conversation") hat GRICE formuliert. Sie haben weithin Anerkennung gefunden und wurden vielfach tradiert:[51]

Das Kooperationsprinzip unterstellt, daß ein Gesprächsteilnehmer seinen Beitrag so gestaltet, daß er der erreichten Stufe des Gesprächs, aber auch seinem Zweck und seiner Richtung entspricht. Das Quantitäts-Prinzip unterstellt, "daß Sprechsituation und von einem Sprecher eingebrachte Informationsmenge korrelieren. Das Qualitäts-Prinzip geht davon aus, daß die Gesprächsbeiträge eines Sprechers von bestem Wissen und Gewissen getragen sind. Das Relations-Prinzip ("make your contribution to the conversation relevant") unterstellt auch im Fall unlogischer oder tautologischer Äußerungen..., daß es sich um eine dem Sprecher wichtige Sache handelt... Das 'manner'-Prinzip ('Be clear and concise!') unterstellt für den Normalfall, daß Unklarheit, Zweideutigkeit, Unbestimmtheit in einem Kommunikationsvorgang möglichst vermieden werden."[52]

Diese Prinzipien lassen durchaus die Annahme zu, daß dem Leser vom Autor ziemliche Entschlüsselungsprozeduren aufgebürdet werden. Aber die Basisannahme ist die, daß beide positiv und mit angemessenen Beiträgen die gemeinsame Kommunikation voranbringen wollen. Werden eines oder mehrere dieser Prinzpien verletzt, so ist die Kommunikation gestört oder gar gescheitert. Überschwemmt ein Autor seinen Partner

---

50 Vgl. SCHWEIZER (1981) 211.
51 Vgl. LEVINSON (1983) 101f. BROWN, YULE (1983) 31f.
52 Vgl. das Referat bei SCHWEIZER (1981) 220f.

monologisch, so ist das Quantitäts-Prinzip verletzt; redet er so abstrakt und esoterisch, daß er Sprachbarrieren errichtet, so fehlt es am Kooperationswillen; läßt er sich assoziativ vom Hundertsten zum Tausendsten treiben, so ist das Relations-Prinzip nicht eingehalten; nehmen die Geistreicheleien derart überhand, daß dem Leser statt genüßlicher Entschlüsselung nur noch Stochern im Nebel verbleibt, so ist das manner-Prinzip nicht eingehalten. Aber innerhalb der Grenzen, die durch diese Prinzipien abgesteckt werden, kann ein Text vom Leser einen vielfältigen Entschlüsselungsvorgang abverlangen, der aber durchaus geleistet werden kann, so daß die Kommunikation gelingt.[53]

7. TEXTGRAMMATIK (ars recte texendi)

7.1 Semantische Relationen zwischen ÄEen[54]

Bsp.   Ps 78,21a Das hörte der Herr
         b und war voll Grimm;
         c Feuer flammte auf gegen Jakob,
         d Zorn erhob sich gegen Israel,
      22a weil sie Gott nicht glaubten
         b und nicht auf seine Hilfe vertrauten.
      23a Dennoch gebot er den Wolken droben
         b und öffnete die Tore des Himmels.

Als Schritt für sich (also noch ohne die späteren textlinguistischen Revisionen zu integrieren) wird mit der semantischen Terminologie von Aktanten/Deixis, Prädikation, Illokution, Codes, Adjunktionen, der kontextuelle Zusammenhang der ÄEen erklärt.

(1) Adjunktionen (s.o. Ziff.5.4)

Der Einstieg mit diesem Schritt ist wohl am leichtesten. Der Beispieltext nennt verschiedene Formen von Koordination:

```
kopulativ:    21b durch "und"    an 21a angeschlossen
              22b   "      "     "  22a       "
              23b   "      "     "  23a       "
adversativ:   23a   "   "dennoch" an 22b       "
```

Deskriptive, explikative, parenthetische Sätze - explizit als solche markiert liegen nicht vor. - Das Fehlen der Koordination und die große Bedeutungsähnlichkeit bei 21cd lassen vermuten, daß 21d explikativ zu 21c gemeint ist.[55]

---

53 Es soll hier nicht zugleich behauptet werden, dieser Entschlüsselungsprozeß sei immer bewußt. Ein bewußtes Entschlüsseln ist hier, im Rahmen einer differenzierten Methodik, angestrebt. In der alltäglichen Sprachverwendung dominiert das unbewußte Entschlüsseln: spontanes Lachen zeigt, daß der Hörer eine überraschende Beziehung zwischen zwei Inhaltsebenen nachvollziehen konnte; Gähnen und Langeweile bei einem Vortrag sind nicht primär Reaktion auf die Person des Vortragenden (wiewohl diese solche Eindrücke verstärken kann), sondern primär ist es die von ihm gelieferte Sprachstruktur (z.B. viele Abstrakta, Nominalkonstruktionen, überlange Sätze mit vielen logischen Abhängigkeiten, Emphase und zuviele Wiederholungen).
54 Vgl. SCHWEIZER (1981) 283ff.
55 N.B. 22a+b sind außerdem Explikation von V.19+20.

Damit ist der Text bereits kürzer: 21 a+b
↓
21 c/d
↓
22 a+b ⟷ 23 a+b

(2) Codes   (s.o. Ziff.5.3)

Zeigt eine Konjunktion und/oder das sonstige Verständnis (z.B. ein finites Verb, das semantisch bereits auch als den Codes zugehörig erkannt worden war) eines Satzes an, daß er unter dem Schirm eines der Codes steht, so wird dieser Satz Begleitinformation zur Hauptaussage in einem anderen Satz.

In 21a begegnet "hörte", in 22a "glaubten", in 22b "vertrauten", in 23a "gebot". Diese finiten Verben, die sich semantisch je als Voll-Prädikat präsentierten, waren dort schon zugleich beim Code Epistemologie bzw. beim Code Initiative ("gebot") einzutragen: die bezeichneten Tätigkeiten sind innerpsychische Akte, bei denen es um Formen subjektiven Wissens oder Wahrnehmens bzw. um eine Willensäußerung geht.[56] Wir nehmen nun die eigentliche Ebene (=EPISTEMOLOGIE/INITIATIVE) dieser schillernden Prädikate und halten fest, daß 21a.22a.b.23a zu diesen Codes gehören.[57]

Vgl. in 22a: "weil" = kausal (= INITIATIVE s.o. Ziff.5.3.3). Durch die kopulative Koordination steht auch 22b unter dem Vorzeichen des "weil". 22ab sind also Grundangabe für den Sachverhalt von 21c/d.
Diese Grundangaben gehören zudem beide der subjektiv-geistigen Ebene an: ein Nicht-Glauben/-Vertrauen wird ausgesagt (= Epistemologie).

Klammert man 21b.c.d (Metaphorik) vorerst aus, so sammeln sich immer mehr Sätze auf der durch Codes bestimmten subjektiv-geistigen Ebene, immer weniger wollen Sachverhalte der Außenwelt wiedergeben:

subjektiv-geistige Ebene (Codes)	Außenwelt
21a: EPISTEMOLOGIE: Wahrnehmung	[21b.c.d]
22a.b: INITIATIVE: kausal + EPISTEMOLOGIE: Wissen	
⟷ 23a: INITIATIVE (+ diktiv)	[23b]

56 Ich kann nicht äußerlich unmittelbar kontrollieren, ob jemand "sieht", "hört", - wahrnehmbar ist nur, daß er z.B. die Augen offen hat, die Hand an die Ohrmuschel legt. Neben solchen äußeren Begleitumständen liegt das wesentliche solcher Prädikate auf geistiger Ebene. Das gilt auch z.B. für "sprechen" und alle Äußerungsverben. Auch da ist nicht schon die Produktion von akustischen oder grafischen Gebilden das Entscheidende, sondern die **sinnvolle** Anordnung im Rahmen einer geistigen (Sprach-) Gemeinschaft.
57 Der kopulative Anschluß von 21b an 21a legt nahe, daß auch 21b auf die Ebene der Codes gehört. Da für diesen Nachweis erst die historische Metapher und die Nominalisierung aufgelöst werden müssen, gehört diese Analyse in die Textlinguistik.

(3) Aktanten/Deixis (s.o. Ziff.5.1)

Liefert ein Satz nicht alle für das Verständnis wichtigen Aktanten bzw. deiktischen Angaben, so können diese vom Kontext geboten werden. So gibt es Sätze, deren <u>Hauptfunktion</u> es ist

- eine Zeitangabe einzuführen Vgl. 1 Sam 5,9
- eine Ortsangabe   "   vgl. Ez 47,9a
- den 1. Aktanten zu nennen ("Subjektsätze") vgl. 2 Sam 20,11
- den 2. Aktanten "   "   ("Objektsätze") vgl. 1 Kön 18,30.31
                            (Effekt-Objekt)
- den 3. Aktanten "   "   vgl. Ps 105,26.27

Realisiert eine ÄE - kontextuell gesehen - nur ein Teilelement von PRÄDIKATION/DEIXIS, so kann z.B. grafisch verdeutlicht werden, in welchen ÄEen sich die restlichen Informationen finden.

(4) Illokution (s.o. Ziff.5.2)

Im obigen Bsp. aus Ps 78 sind V.23ab kopulativ verbunden. Diese Charakterisierung reicht aber noch nicht, denn 23a redet von einem auslösenden Sprechakt. Es ergibt sich beim Übergang von der Semantik zur Pragmatik eine Verschiebung:

	Sprechakt	Codes	Prädikation
<u>semantisch</u>:	darstellend/ narrativ	imperativ diktiv	"ER" + GEBIETEN

Was semantisch als <u>Prädikat</u> fungiert (GEBIETEN), wurde - weil als Modalverb leicht erkennbar - dort schon zugleich beim Code Initiative (Willensäußerung) und der Epistemologie (diktiv/Redeakt) notiert. Beide Komponenten zusammen ergeben die Charakteristik: auslösender Sprechakt. Semantisch aber war von GEBIETEN rückblickend-darstellend (= narrativ) die Rede. Es wird in 23a nicht aktuell ein Befehl geäußert. Aber auch in dieser Abschwächung wird ein Systemzwang deutlich: ein direktiver Sprechakt und damit der Code INITIATIVE haben zur Folge die Nennung dessen, <u>was</u> veranlaßt (kausativ) oder verhindert (impeditiv) werden soll. Dann aber fehlt in 23 die Nennung dessen, <u>was</u> durch GEBIETEN bewirkt werden soll. Der angezielte Sachverhalt ist zweifellos 23b:

<u>pragmatisch</u>:	Herr: auslösend/ imperativ	kausativ/ imperativ	[Wolken + ÖFFNEN + Tore] = ∅
	darstellend/ narrativ	∅	Wolken + ÖFFNEN + Tore

Dem ersten Anschein nach - s.o. (1) - sind 23a+b zwei gleichberechtigte, kopulativ verbundene Sachverhalte. In Wirklichkeit sind zwei Prädikationen zusammengezogen, die einerseits die Initiative des Herrn, andererseits das tatsächliche Geschehen aussagen. 23a ist somit dem Satz b subordiniert (wie eine Kausalangabe). Der Grund, 23a+b scheinbar gleichberechtigt kopulativ zu verbinden, kann in der Absicht des

Verfassers liegen, der Initiative des Herrn (23a) eine höhere Realitätsdichte zu geben: sie ist nun nicht mehr bloß Funktionsangabe, sondern mit Geschehnissen der Außenwelt gleichgestellt.

Ein Satz kann somit seine Hauptfunktion darin haben, für den Kontext den richtigen Sprechakt anzugeben bzw. die richtige Wirklichkeitsebene. So gibt z.B. jede Redeeinleitung zu verstehen: die folgenden Informationen liegen auf geistiger Ebene, gelten nicht in erster Linie für die Außenwelt.

(5) Zusammenfassung

Für die Interpretation ist eine <u>ausformulierte</u> Zusammenstellung (also nicht nur Satzbezeichnungen) aufschlußreich: welche ÄEen gehören in welche Kategorie? Wie stark sind welche Kategorien vertreten? Intern im Rahmen der Textgrammatik oder auch im Verhältnis zur Semantik auftretende Spannungen sind zu notieren und auf die sich darin zeigenden Aussageintentionen zu befragen. - Mit den gewonnenen Ergebnissen lassen sich erste Aussagen zur inhaltlichen Textkohärenz machen (in Ergänzung zu den Ergebnissen der Ausdrucks-SYNTAX): der Zusammenhang von ÄEen aufgrund der genannten Kriterien ist als eng anzusehen, oder negativ formuliert: eine Abschnittsgrenze zwischen solchermaßen verbundenen ÄEen ist unwahrscheinlich. Der Grund: die Kohärenz ist über semantisch elementare Mechanismen aufgebaut.

Der Übersicht kann auch hier (muß aber nicht) eine Tabelle dienen (vgl. nächste Seite). Mit Beginn der Pragmatik interessiert ja verstärkt die Verknüpfung, Ver-Text-ung der ÄEen. Dabei kann die grafische Darstellung eine besonders gute Übersicht geben. Die jetzt folgenden Textübersichten sind von anderer Art als in der Semantik. Dort konnten isolierte Einzelbefunde (z.B. welche Art von Prädikat ist ÄE für ÄE belegt?) zusammengestellt werden. Das ergab auch eine Tendenz zum Gesamttext. Aber die Einzeldaten waren nicht aufeinanderbezogen, es wurde lediglich ihre additiv entstandene Figuration ausgewertet. Von jetzt an dagegen interessieren explizit Kontext-bildende Mechanismen. Bei vorliegenden Befunden sind - für die Tabelle - Vereinfachungen möglich:

- es wird - wie die Überschrift zeigt - die <u>ganze</u> ÄE in den Blick genommen und nach ihrem Ort im Rahmen der anderen ÄEen gefragt.
- D: Adjunktionen. Im Grund ist hier lediglich die Opposition zwischen Parenthese (isoliert) und den übrigen Typen der Näherbeschreibung (bezogen) formuliert. Im Rahmen der letzteren kann man grafisch weiter differenzieren, oder - wenn nötig - den Befund verbal notieren.
- B: Codes. Hier wurde eine Hierarchie aufgestellt, da mehrere Codes möglich sind, wobei sie aber in spezieller Abhängigkeit stehen. z.B. "wenn du befehlen würdest..." 1 = Rede/Epistemologie; (2) = Imagination, Protasis; (3) = Initiative/imperativ.
- C: Prädikation. Ohne Modalität (= Codes) als in der Außenwelt geschehend/existent dargestellte Fakten. Reine Orts- oder Zeitsätze werden meist nur am Textanfang oder bei bes. auffälligen Gliederungsstellen vorkommen.
- A: Illokution. Redeeinleitungen sind primär wichtig. Aber auch Redeverben der verschiedensten Art, wenn keine direkte Rede folgt. Bei Fragen bzw. aphrastischen Elementen kann man die "phatische" Funktion notieren. Im übrigen ist eine Art "Gegenkontrolle" im Verhältnis zu den Codes möglich: zeigt z.B. das Redeverb die Illokution "Darstellung" an, folgt aber ein direktiver (folglich von den Codes her: imperativer)? "er sagte: hau ab!" im Gegensatz zu: "er befahl ihm: hau ab!". Die Erzählerhaltung ist signifikant verschieden.

Textgrammatik: Funktion ganzer ÄEen in ihrem Zueinander

ÄE	D: Adjunktionen bezogen isoliert	B: Codes 1 (2) ((3))	C: Prädikation Außenwelt	Ort	Zeit	A: Illokution anzeigend:

7.2 Textkohärenz als Ausdruck der Sprachökonomie

Der gegebene Text kann intern einen sehr dichten Zusammenhang aufweisen (z.B. gute Erzählung) oder aber die ÄEen sind nur sehr locker aneinandergereiht (z.B. Spruchliteratur). Das läßt sich überprüfen und sichtbar machen, indem alle Anaphern/Kataphern, alle semantisch festgestellten Leerstellen oder Zwischenformen: z.B. nur morphologisch angedeuteter 1. Aktant, aufgelöst und in ihrer Bezogenheit verdeutlicht werden.[58]

Bezüge sind herzustellen für:

Ps 78,21a : 2. Aktant ("das"), Ort, Zeit
    21b : 1. Aktant (morphol. angedeutet), Ort, Zeit
    21c : Ort, Zeit
    21d : Ort, Zeit
    22a : 1. Aktant ("sie"), Ort, Zeit
    22b : 1. Aktant (morphol. angedeutet), Adjunktion ("seine"), Ort, Zeit
    23a : 1. Aktant ("er"), Ort, Zeit
    23b : 1. Aktant (morphol. angedeutet), Ort, Zeit

Die textgrammatische Untersuchung folgt hier noch ganz den Äußerungen, wie sie vorliegen (sie reduziert, durchleuchtet sie also noch nicht = Textlinguistik). Beide Gesichtspunkte zusammen (Kohärenz aufgrund semantischer Relationen und Kohärenz aufgrund sprachökononischer Verfahren) bilden ein inhaltliches Äquivalent zur Kohärenz auf ausdruckssyntaktischer Ebene.

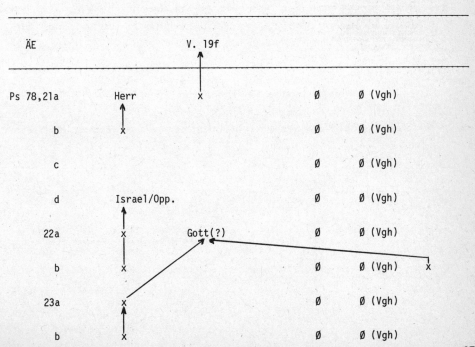

Auswertung: Die sprachliche Gestaltung unter ökonomischen Gesichtspunkten ist schwach ausgebildet, d.h. daß die Kohärenz auf dem Weg von Anaphern/Kataphern und verwandter Elemente nicht nennenswert hergestellt wird. 21c ist so gar nicht eingebunden. Am häufigsten wird auf "Gott" in 22a rekurriert (3x). Wobei die Pfeile veränderte Funktionen anzeigen: aus der vollen Nennung als 2. Akt. wird einerseits ein 1. Akt., andererseits ein beschreibendes Element (Adjunktion). Das Pronomen in 21a (2.Akt.) bezieht sich auf 2 volle Verse. Bemerkenswert ist - nun auch auf textgrammatischer Ebene - die völlige Ort- und Zeitlosigkeit, sieht man einmal vom allgemeinen Vergangenheitsbezug ab. Das semantische Defizit wird also bislang nicht ausgefüllt.

Die Aussagen sind nur schwach "verwoben", ver-text-et. Es liegt eher die Aneinanderreihung von Einzelaussagen vor, keine durchgestalteten Bezüge. So gesehen entspricht dem schwachen Bezugssystem die Beziehungslosigkeit bei Raum/Zeit. - Es wurde deutlich, daß die zuvor untersuchte Kohärenz mittels semantischer Relationen anderen Typs ist. Beide Formen ergänzen sich darin, daß sie die einzelnen ÄEen zu einem literarischen Kontext zusammenbinden.

7.3 Charakteristik der Akteure[59]

Die individuellen Personen, Akteure, Figuren eines Textes bekommen ihr Profil durch diesen Text selbst. Ich mag aus anderen Texten wissen, daß David ein erfolgreicher Feldherr und bedeutender König war; - im vorliegenden Text kann er stattdessen als Tölpel gezeichnet sein. Darum, wie der Text selbst seine Figuren plastisch zeichnet, geht es hier (später erst folgt die Abstraktion, vgl. "Textaktant" Ziff.8.4.1). - Man trägt also für jede Einzelgestalt alle Beschreibungen und Prädikate zusammen, die der Text bietet. Auch die Beobachtung von grammatischen Positionen ist wichtig (ist jemand häufiger "Objekt" oder "Adressat" von Befehlen?). Mit diesen Daten läßt sich ein Gesamtbild dieser Figur im Sinne des Textes zeichnen. U.U. verändert sich die Charakteristik der Akteure im Verlauf des Textes.

z.B. in Gen 39 /Grundtext:

- [Josef] ist oft 2.Aktant, Bewerteter, ausführendes Organ (Instrument), Reagierender, also insgesamt passiv, ohne Handlungsinitiative, defensiv, abhängig vom Willen eines anderen. Blass gezeichnete Figur.
- [Frau]: lebendig gezeichnet. Wahrnehmung, Initiative, eigene Wertung, Verdrehung der Wahrheit werden von ihr ausgesagt.

---

58 Vgl. die nach LEVINSON (1983) 68 wiedergegebene jiddische Geschichte (die am besten nicht auch nach dem enthaltenen Frauenbild befragt wird...): Ein hebräischer Lehrer bemerkte, daß er seine Hausschuhe zuhause gelassen hatte. Er sandte einen Schüler sie zu holen mit einer Notiz für seine Frau: "Gib deine Hausschuhe diesem Jungen mit". Der Schüler fragte, warum er geschrieben habe "deine" Hausschuhe. Der Lehrer antwortete: "Nun, würde ich schreiben 'meine' Hausschuhe, dann würde sie auch lesen 'meine' Hausschuhe und würde ihre Hausschuhe mitgeben. Was soll ich mit ihren Hausschuhen? Daher schrieb ich 'deine' Hausschuhe, so daß sie liest 'deine' Hausschuhe und meine herschickt!".
BROWN, YULE (1983) 66 geben vor, auf derartige Kohärenzbeschreibungen verzichten zu können, da "human beings do not require formal textual markers... They naturally assume coherence". Überraschenderweise führen sie dann aber doch eine derartige Kohärenzbeschreibung durch: 190ff.

59 Vgl. Diskussion und Durchführung bei SCHWEIZER (1974) 288ff. Hier allerdings verhelfen wir zunächst stärker dem "Akteur" zu seinem Recht. - Vgl. LEVINSON (1983) 54ff.

8. TEXTLINGUISTIK (ars texendi)

Hier geht es definitiv um das kritische Befragen des Textes. Bis jetzt sind wir sehr ausführlich dem genauen Wortlaut gefolgt, sowohl auf semantischer wie textgrammatischer Ebene.[60] Nun wird gefragt, ob die Art der sprachlichen Formung denn den mitgeteilten Inhalten entspricht, oder ob neben den Inhalten noch ganz andere Motive mitschwingen (die aber nicht explizit angesprochen sind). Die Frage ist schließlich auch, ob die Inhalte so mit Informationen "abgesättigt" sind, daß im Grund nur wenig offen bleibt. Oder ist das Gegenteil der Fall: die Botschaft des Textes reißt vieles an, was dann aber offenbleibt, so daß der Text "beunruhigend" wirkt. Wir kommen hier in den Bereich der thematischen und gestalterischen Gesamtkonstruktion. Für den thematischen Aspekt ergibt sich die Frage nach den Isotopien, nach Thema/Rhema. Daraus läßt sich einiges zur Argumentationsstruktur ablesen. Das muß präzisiert werden durch Beachtung der Kommunikationssituationen, von denen die Rede ist.

8.1 Textlinguistische kritische Korrektur[61]

Am besten geht man der Reihe nach die Wörter, Wortgruppen, Sätze, Kontextpassagen (vgl. textgrammatische Gliederungen) und stilistische Figuren durch und notiert vom Kontextverständnis her,

- verbirgt sich hinter dem semantisch/textgrammatischen Sinn eine andere Bedeutung?
- wenn ja: diese "eigentliche" Bedeutung wird metasprachlich formuliert.
- verlangt diese gefundene Bedeutung weitere Informationen? Werden sie vom Kontext geboten? Oder zeigen sich Info-Leerstellen?
- Zahl und Verteilung der Differenzen zum wörtlichen Sinn werden notiert;
- Zahl und Verteilung der sich ergebenden Leerstellen werden notiert.[62]

---

60 Die Linearität des Textes, das Nacheinander der Ausdruckselemente legen Mißinterpretationen nahe, etwa, daß das sprachliche Nacheinander auch ein Nacheinander der Sachverhalte bedeute, oder, daß das Nacheinander kausal verstanden wird (post hoc ergo propter hoc), vgl. BROWN, YULE (1983) 125.244.
61 Die Textlinguistik ist - in unserer Ebenenbezeichnung - der Ort, das aufzudecken, was LEVINSON (1983) 97ff mit Konversations-Implikation bezeichnet; also die häufige Erscheinung, daß mehr gemeint als wörtlich ausgedrückt ist. Die geäußerten beiden Sätze:
"A: Can you tell me the time?
B: well, the milkman has come."
werden wie folgt analysiert, wobei die unterstrichenen Passagen implizierte Bedeutungen zur Sprache bringen:
"A: Do you have the ability to tell me the time of the present moment, as standardly indicated on a watch, and if so please do so tell me
B: No I don't know the exact time of the present moment, but I can provide some information from which you may be able to deduce the approximate time, namely the milkman has come". (97f).
62 Vgl. als Interpretationsbeispiel: SCHWEIZER (1982).

8.1.1 Wortarten / pragmatisch[63]

Was die Semantik (s.o. Ziff. 2.3.5) schematisch als "statische Entität" behandelt hat, muß nun genauer durchleuchtet werden. Dadurch kann manche sprachliche Künstlichkeit aufgedeckt werden. Nach zwei Schritten werden die semantischen "statischen Entitäten" untersucht. In den Fällen, in denen ein Prädikat substantiviert worden war oder auch, wenn es sich um eine Relationsangabe handelt, ergibt sich ein dritter Schritt.

(1) Deskription - Abstraktion

Zwar ist jedes Substantiv bereits eine Abstraktion. Mit dem einen Wort (das hier - verkürzend - zugleich für den Begriff genommen wird) "Tisch" erfasse ich hunderte von Formen konkreter Tische. Nimmt man aber diese Eigenart der Sprache als gegeben hin, so ist immer noch ein verschieden hoher Abstraktionsgrad der einzelnen Wörter festzustellen.

Vgl. folgende Definition:

    a. <u>Entitäten erster Ordnung:</u> individuelle Personen, Dinge, Tiere
       (mehr oder weniger unterschieden) der physischen Außenwelt.
       Bsp. "Herd", "Flamme"

    b. <u>Entitäten zweiter Ordnung:</u> Ereignisse, Prozesse, Zustände, die in der Zeit
       vorkommen, von denen man aber eher sagt, "sie kommen vor, finden statt",
       als "sie existieren". Bsp. "Streit", "Tod", "Gefangenschaft"

    c. <u>Entitäten dritter Ordnung:</u> sie sind nicht beobachtbar (Gegensatz zu 1+2),
       'kommen nicht vor', sind nicht in Raum und Zeit lokalisierbar. Entitäten
       dieser Ordnung sind eher "wahr", weniger "real". Sie können bestätigt oder
       verneint werden, erinnert oder vergessen, sie können Gründe, Argumente
       sein, aber nicht Ursachen. Bsp. "Gott", "Zeit", "Einsicht", "Geheimnis"

(2) Analogie zum Prädikationsmodell

Die Größen, die semantisch als Aktant oder Top./Chron.-Angabe fungiert haben, werden nun ebenfalls nach dem Modell befragt, das semantisch schon zur Charakterisierung der Prädikation gedient hat.

Bsp.	
-statisch-qualitativ:	"Fisch" (1), "Sack" (1),
-statisch-quantitativ:	"Menge" (3), "Ausdehnung" (3), "Vollständigkeit" (3)
-statisch-temporal:	"Ewigkeit" (3), "Augenblick" (3), "Nacht" (2), "Morgen" (2), "Jahr" (2)
-statisch-lokativ:	"Tiefe" (3), "Grenze" (3), "Ferne" (3)
-statisch-Spezifikation:	(Partitiva) "Hand" (1), "Herz" (1), "Ecke" (3), "Ende" (3), "Mitte" (3)
-statisch-Identität:	"David" (1)
-statisch-Klassifikation:	"König" (1), "Bäcker" (1), (Kollektiva): "Stadt" (1), "Heer" (1), "Weizen" (1)

---

[63] Vgl. SCHWEIZER (1981) 224ff.

-statisch-Zuordnung:	"Vater" (1), "Bruder" (1), "Name" (1), "Feind" (1)
-dynamisch-initiativ:	"Jagd" (2), "Schlag" (2), "Beute" (1), "Bote" (1)
-dynamisch-fientisch:	"Geburt" (2), "Bedrängnis" (2), "Regen" (1), "Windhauch" (1)

(3) Implikationen

Der bis hierher untersuchte Wortgebrauch legte offen, wo ein Wort zum vollen Verständnis seiner vorliegenden Bedeutung noch weitere Informationen impliziert. Man kann also danach fragen, welche Zusatzinformationen von der Wortbedeutung gefordert sind und ob sie vom Text geboten werden.

- Röm 8,12: "Wir sind also nicht dem Fleisch verpflichtet, Brüder,...". "Fleisch" ist Spezifikation: es setzt die Nennung der größten Einheit voraus ("Leib", er braucht zum "Leben" eine weitere Spezifikation, nämlich den "Geist Christi"). Hier in der ÄE wird die größere Einheit nicht genannt, d.h. "Fleisch" wird künstlich verselbständigt (im größeren Kontext dann Hinweise zum Verständnis). - "Brüder" ist Zuordnung: wessen Brüder? Das vorangehende "wir" zeigt, daß Paulus sich einschließt, er also seine Brüder meint.

- Jes 40,21: "War es euch nicht von Anfang an bekannt? Habt ihr es nicht immer erfahren seit der Grundlegung der Erde?"

    - "Anfang" ist Spezifikation (3). Wessen Anfang? Ist das größere Ganze das jeweilige Leben der Angeredeten? Ist die ganze religiöse Tradition gemeint? Der Text beläßt in dieser ÄE eine Leerstelle: Ø

    - "Grundlegung" ist dynamisch-initiativ (2): Frage danach, wer "grundlegt". Leerstelle beim 1. Aktanten (Auflösung in V.22). Was wird grundgelegt? Der 2. Aktant wird - wegen der Nominalisierung - durch Genitiv geboten. Zugleich wird die Leerstelle von vorhin geklärt: Anfang = Grundlegung der Erde.

Man kann also notieren, welche implizit vorausgesetzten Informationen vom Text geboten werden (wann? erst mit Verzögerung?) und welche Leerstellen bleiben.

8.1.2 Determination / pragmatisch
Die Begriffe sind die gleichen wie bei der Semantik (s.o. Ziff.5.6)
Beispiele:

		semantisch	pragmatisch
Ps 1,1	"Wohl dem Mann..."	definit	generisch
Spr. 19,1	"Besser ein Armer..."	indefinit	generisch
Gen 1,16	"Gott machte...die Sterne"	definit	generisch
Jes 42,1	"...mein Knecht, den ich stütze"	definit	indefinit
		definit	indefinit

(der Text in den letzten beiden Fällen erklärt textdeiktisch nicht, um wen es sich jeweils handelt).

<u>Impulse zur Interpretation</u>: Sind die Bestimmtheitsgrade der "echten Substantive" semantisch wie pragmatisch gleich? Gibt es starke Verschiebungen? Welche Tendenz? Wird explizit individualisierend geredet, wobei dann aber der Sinn generell ist? Wird mit definiter Determination gearbeitet, also Sicherheit des Redens signalisiert, wobei bei genauem Zusehen (=pragmatisch) Unbestimmtheit dominiert?

8.1.3 Übertragener Sprachgebrauch[64]

Einfache Aussagesätze setzen stillschweigend voraus, daß der Sprecher die Wahrheit, Richtigkeit der Aussage glaubt. Wer äußert: "Draußen hagelt es", der will im Grund sagen: "ich weiß, mir ist völlig klar: draußen hagelt es". - Soweit die semantische Präsupposition, die z.B. auch für den Satz gilt: "Im Büro hagelt es Proteste".

Pragmatisch jedoch bekommt der letzte Satz eine Korrektur. Epistemologisch wird nun das Gegenteil unterstellt: "natürlich weiß ich als Sprecher, daß es Protest im 'normalen' Sinn nicht hageln kann".

Aus beidem, behaupteter Selbstverständlichkeit, konzedierter Unmöglichkeit, muß sich der Hörer den gemeinten Sinn erarbeiten: worin liegt der Zusammenhang in der behaupteten und doch negierten Aussage?

(1) <u>Metapher</u>:

Gen 49,9.14.17 "ein junger Löwe ist Juda... Issachar ist ein knochiger Esel...
　　　　　　　　　Dan sei eine Schlange am Weg"
Am 1,2　　　　　"Vom Zion brüllt der Herr"

Eine Größe wird mit einer anderen stillschweigend identifiziert, weil man ein Element sieht, eine gemeinsame Vorstellung, die in beiden Größen wirksam ist.
Diese 'gemeinte' gemeinsame Vorstellung ist - versuchsweise - auszuformulieren, - obwohl Metaphern nie "ausgeschöpft" werden können. Die zitierten Sätze heißen dann: "Juda ist [verspielt, kräftig werdend]... Issachar ist [zäh arbeitend, störrisch]... Dan sei [schlau, gefährlich]". - "Der Herr auf dem Zion ist [bedrohlich für das Land]".[65]

(2) <u>Metonymie</u>:

Sie nennt anstelle des gemeinten Sachverhalts einen anderen, der jedoch mit dem ersten in einer Verbindung steht.

　　　　z.B.　　"yad YHWH = Hand YHWH's"　<u>für</u>: [Kraft] Jahwes
　　　　　　　　"ich liebe die Flasche",　<u>für</u>: ich liebe den Wein
　　　　　　　　　　semantisch　　　　　　　　　pragmatisch

Auch hier wird das Gemeinte nach eigenem (Kontext-) Verständnis formuliert.

64　Vgl. SCHWEIZER (1981) 240ff.
65　Nochmals: hier muß man sich mit Näherungswerten begnügen, die aber durch flankierende Untersuchungen (auch der Ikonographie!) abgesichert werden können. Vgl. KEEL (1984) 62, der für Hld 1,15 "deine Augen sind Tauben" zur Übersetzung kommt: "Deine Blicke sind Liebesbotinnen!"

Für verschiedene Arten von Metonymie (vgl. Bühlmann-Scherer 68f)
Ursache für Wirkung: Mt 5,17 (Propheten für Prophezeiungen)
Wirkung für Ursache: Mt 23,30 (Blut für Mord)
Stoff für das Verfertigte: Gen 18,27 (Staub und Asche für Mensch)
Gefäß / Raum für Inhalt: Gen 6,11 (Erde für Bewohner)
Abstractum pro concreto: Apg 28,20 (Hoffnung Israels für Messias)

(3) Hyperbel:

"Du bist der dümmste Schüler, der je auf einer Schulbank saß".
Das behauptete Wissen (=semantisch) ist in Wirklichkeit nie einlösbar (pragmatisch: Nicht-Wissen. Der Sprecher überblickt nicht alle Schüler aller Zeiten). Als "eigentliche" Bedeutung ist also ein Superlativ zu notieren:

"Du bist ein [sehr dummer] Schüler"

vgl. Gen 11,4; 1 Kön 1,40

(4) Litotes:

"Hans ist nicht dumm"

Rein logisch läßt der Satz eine doppelte Deutung zu: "Hans ist ziemlich gescheit bzw. sehr gescheit". Er würde damit die Meinung eines Gesprächspartners korrigieren. Darin liegt eine bloße Negation jener Meinung, aber noch kein übertragener Sprachgebrauch.

Litotes: Liegt im Kontext eine entsprechende Meinung, die korrigiert werden müßte, nicht vor, liegt aber eine Entscheidungssituation vor, in der Mittelwerte nicht gefragt sind, dann ist eine Litotes gegeben:

"Hans ist sehr gescheit"

(5) Für weitere Beispiele: Walter BÜHLMANN, Karl SCHERER, Stilfiguren der Bibel, Fribourg 1973.

Pragmatisch wird also begonnen, den gemeinten Sinn - so wie aus dem Kontext erhebbar - zu rekonstruieren: kenntlich gemacht durch [ ]. Die Rekonstruktionen werden unter verschiedenen Aspekten immer mehr zunehmen, so daß schließlich der Text hinsichtlich seines gemeinten Sinnes neu geschrieben werden kann.

8.1.4 Beispiele

Text: Ijob 16,18-22

18a O Erde, b deck mein Blut nicht zu,
   c und ohne Ruhstatt sei mein Hilfeschrei!
19a Nun aber, b seht, c im Himmel ist mein Zeuge,
   d mein Bürge in den Höhen.
20a Da meine Freunde mich verspotten,
   b tränt zu Gott mein Auge.
21a Recht schaffe er dem Mann bei Gott
   b und zwischen Mensch und Mensch!
22a Denn nur noch wenig Jahre werden kommen,
   b dann beschreite ich den Pfad, c auf dem man nicht wiederkehrt.

(1) Wortarten / pragmatisch

Der Text enthält 18 Substantive, d.h. er erweckt sprachlich (semantisch) unmittelbar den Eindruck, es würden 18x substanzhaltige Dinge der Außenwelt genannt. - Überprüft man diesen Eindruck pragmatisch, so ergeben sich Verschiebungen bei der Frage des Abstraktionsgrades:

a. echte Konkreta (erste Ordnung) sind: Erde, Blut, Himmel, Zeuge, Bürge, Freunde, Auge, Mann, Mensch (2x), Pfad = 11

b. Entitäten zweiter Ordnung: Ruhstatt (es ist nicht lediglich ein Ort gemeint, sondern ein Ort in spezieller Nutzung), Hilfeschrei, Jahr = 3

c. Größte Abstraktion (dritte Ordnung): Gott (2x - ohne Zweifel kann "Gott" sehr konkret und personal im Text auftreten. Hier bei der kritischen Nachfrage muß berücksichtigt werden, daß er nicht lokalisierbar oder identifizierbar ist.[66] Seine Realitätsebene ist eine andere als die der sonstigen Konkreta.): Recht, Höhe = 4.

(2) Analogie zum Prädikationsmodell

- Die Wörter: "Himmel, Mann, Pfad" bezeichnen konkrete, beobachtbare Phänomene der Außenwelt, die je für sich genommen werden können (statisch-qualitativ). Auch "Gott" (2x) wird sprachlich als autonom benennbares Einzelwesen angesehen.

- "Blut, Auge" dagegen spezifizieren und nennen Elemente der Außenwelt, die nur in Verbindung mit einer größeren Ganzheit gedacht werden können. Auf diese Ganzheit wird je durch Pronomen ("mein") verwiesen, so daß keine Leerstelle bleibt. Es handelt sich um Blut und Auge des Sprechers.

- Als Identitätsaussage, in der Funktion eines Eigennamens, ist die "Erde" in 18a verwendet.[67]

- Als Klassenname ist "Mensch" (2x) anzusehen.

- Zuordnend sind "Freunde" zu verstehen. Die Frage, um wessen Freunde es sich handelt, ist durch Pronomen beantwortet.

- Lokal-Angabe: "Ruhstatt", "Höhen".

- Temporal-Angabe: "Jahre".

- Hinter den Nomina: "Hilfeschrei, Zeuge, Bürge, Recht" verbergen sich nicht nur Tätigkeiten (dynamisch-initiativ); sie sind näherhin als den Codes zugehörig zu beschreiben.[68] "Hilfeschrei" meint mehr als nur eine Lautäußerung; vielmehr liegt eine Aufforderung vor (Sprechakt "AUSLÖSUNG"; Code "INITIATIVE"). "Zeuge, Bürge" zielen auf die Mitteilung und Bewertung von Sachverhalten (Code EPISTEMOLOGIE und AXIOLOGIE). "Recht schaffen" hat hier den Sinn, daß eine bislang falsche Wertung umgekehrt (AXIOLOGIE) und

---

[66] Vgl. Joh 1,18: "Niemand hat Gott je gesehen."
[67] Die Möglichkeit dazu ergibt sich - blickt man auf die Determinationen - leicht auch daraus, daß "Erde" - im damaligen Weltbild - ein "Unikum", d.h. eine nur einmal vorkommende Größe ist, d.h. mit dem Aussprechen des Wortes ist referenziell auch sofort klar, wer/was gemeint ist.
[68] So daß nur konnotativ erschlossen werden kann, welche "echten" Prädikate anzunehmen sind (z.B. Auftreten im Gerichtskontext), nicht aber durch das, was denotativ realisiert ist.

kundgemacht wird (EPISTEMOLOGIE). Die Wörter werfen also von ihrer inneren Struktur her die Frage nach weiteren Informationen auf (Wer soll handeln? Wie?), die vom Kontext nur z.T. geboten werden: die Frage, wer "bezeugen" soll, ist geklärt - Gott selbst. Welchen Sachverhalt er bezeugen soll, in welchen Raum-Zeit-Bedingungen, das bleibt in dem kleinen Textausschnitt offen.[69]

Auswertung: Es fällt auf, daß nur wenige (5) der verwendeten Substantive Einzelphänomene beschreiben. Viel häufiger (9) spricht das Substantiv - noch abgesehen von der Prädikation, in der es steht - von sich aus schon eine Form von Relation an. Das ist in der sprachlichen Durchführung eine bemerkenswerte Untermauerung des eigentlich theologischen Themas, das ja auch ein Beziehungsproblem ist (Ijob-Gott). Ansonsten ist die Streuung weit: quantitativ überwiegen bei der Frage des Abstraktionsgrades die Konkreta. Es soll lebensnah, vorstellbar gesprochen werden; darin eingestreut einige reflektierende, künstliche Ausdrücke, die nun - im Kontrast zum semantischen Eindruck - kritisch hinterfragt sind. Die Variation war auch im zweiten Schritt groß, wobei sich als wichtige Weichenstellung ergab, daß 4 Substantive auf die Ebene subjektiver Wahrnehmung bzw. Wertung weiterverweisen.

(3) Übertragener Sprachgebrauch

18a (Vokativ) und 18b (Imperativ) zeigen, daß die Erde personifiziert ist, faßt man zusätzlich "Blut" metonymisch für "Leben", so ist das Bild von der Erde als Totengräberin verwirklicht. Ohne Bild besagen 18a.b: "ich will nicht sterben". Der Vorteil der bildhaften Aussage wird damit auch deutlich: Dramatisierung sowohl durch den ungewohnten Ansprechpartner wie auch durch die punktuell anklingende Begräbnisszenerie. - 18c ist Metapher. Der "Hilfeschrei" ist - wie in (2) erkannt - ursprünglich auf ein Verb zurückzuführen, ist also nachträglich 'objektiviert', statisch gemacht. Und dieser soll "ohne Ruhstatt" sein, ohne Ort des Verweilens, der Statik. Wenn "eigentlich" gemeint ist: "dauernd will ich um Hilfe schreien", so bringt die Metapher folgende Nuancen ein: die über die beiden Nominalisierungen ins Spiel kommende Statik, die aber doch wieder negiert wird ("ohne... sei..."), zeigt an, daß das resignierende Ersterben des Lebenswillens inzwischen doch eine reale Möglichkeit und Gefahr für Ijob ist (insofern Parallele zu 18a/b). Diese Nuance ist erschlossen über den Sprachgebrauch; thematisiert und inhaltlich formuliert ist sie nicht.[70] - 19a.b signalisieren einen Texteinschnitt, einen gedanklichen Wendepunkt. - 19c.d: synonymer Parallelismus, der Beteuerung, Emphase anzeigt. Die Lokalisierung ist mythisch. Die "Höhe" ist - über die Raumvorstellung hinaus - eine Wertung[71]: dieser Zeuge ist Beistand für mich, ist "überlegen" - adversativ zu den aktuellen Gesprächspartnern Ijobs. Bildlos formuliert käme man auf eine dürre Beteuerung: "Trotz allem

---

69 Indem der weitere Kontext diese Leerstellen ausfüllt, ist er mit dem vorliegenden Textstück verwoben (= als **eine** Möglichkeit der Kontextbildung).
70 Die Beachtung sprachlicher, regelhafter Mechanismen hat den Zweck, derartige, mitschwingende Zwischentöne einer ausformulierten Botschaft hörbar zu machen.
71 Es liegt also eine AXIOLOGIE auf pragmatischer Ebene vor, vgl. SCHWEIZER (1981) 197f.

glaube ich wahrhaftig gelebt zu haben; und ihr werdet das auch noch verstehen". - 20a klingt im wesentlichen nach "Klartext"; wahrscheinlich schwingt aber Sarkasmus oder Trauer mit: "Freunde", die "verspotten", sind merkwürdige Freunde. - Metaphorisch wieder 20b: eine Raumvorstellung zur Veranschaulichung innerer Sehnsucht. "Gott", nun unverhüllt ausgesprochen (vgl. dagegen 19c.d), ist natürlich nicht lediglich Ziel der Bewegung, sondern Chiffre für Hoffnung, Hilfe, Kraft. Hier, wie auch in weiteren Sätzen, ist bildhaft-mythisch, objektiviert in die Außenwelt projiziert, was seinen Ort im Inneren des Subjekts hat. - 21a = Personifikation. Gott, im Bild einer Gerichtsszenerie vorgestellt, sprachlich als Abstraktum bestimmt, soll "schaffen" wie ein menschliches Subjekt. Ein Abstraktum handelt nicht. Folglich ist auch dieser Vers erst noch zu übersetzen. Es bleibt der Wunsch nach - geschenktem (ein Nicht-Ijob muß es bewirken) - Einklang mit Gott und den Menschen. - Nachdem über vielerlei Bilder aus Angst (18) heraus der Weg zu dieser positiven Vision gefunden wurde, endet dieser Textabschnitt knapp und einfach: 22a ist Klartext,[72] 22b.c ein Bildwort, das sicher geläufig war. Euphemistisch beschreibt es den Tod, so, als entspringe auch dieses letzte Geschehen noch eigenem Willen ("beschreiten" = dynamisch-initiativ); und es geht um einen "Pfad", der noch eine Zusatzcharakteristik (22c) hat: zusätzlich und beiläufig wird das Spezifikum dieses "Pfades" genannt. Der Hauptton auf "Pfad" macht diesen zunächst vergleichbar mit vielen bekannten Pfaden.

8.1.5 Textlinguistische Relationen zwischen ÄEen

Daß nach der Textgrammatik nun auch textlinguistisch noch einmal der Zusammenhang der ÄEen untersucht werden kann, leuchtet am besten über einige Beispiele ein.

In Gen 18,1-8 sind verschiedene Zustände, Handlungen und Reden erzählt. Vergleicht man - unter Aussparung der Überschrift - Anfang (1b: "Abraham saß zur Zeit der Mittagshitze am Zelteingang.") und Ende (8d.e:"Er wartete ihnen unter dem Baum auf, während sie aßen") dieser Sequenz, so stellen wir fest, daß sich auf der gleichen kosmologischen Isotopie eine Veränderung ergeben hat: der anfangs dösende Abraham ist nun aktiv, indem er bewirtet. Wie lassen sich in diesem Rahmen die dazwischenliegenden Informationen verstehen?

- V.2:   Wahrnehmung, Ortsveränderung, Kontaktaufnahme - das alles läßt sich im Blick auf V.8 als anfanghafte Realisierung der Bewirtung verstehen.
   (Code Stadium/Aspekte: ingressiv)

- V.3+4+5: Auf verschiedene Weise, zunächst hypothetisch und negativ abgrenzend (direktiver Sprechakt), dann positiv beschreibend, äußert Abraham seinen Handlungswillen.
   (Code Initiative: voluntativ)
   Die Redeeinleitungen sind dabei nur noch als Signal, als Hilfe an den Leser zu verstehen, die folgenden Sätze auf der richtigen, d.h.

---

[72] ... sieht man von der erstarrten Metapher ("Jahre ... kommen" = Personifikation) ab. Aber tatsächlich bildlose Übersetzungen sind nicht möglich.

geistigen Ebene zu verstehen. Das lineare Nacheinander von Redeeinleitung und Rede wird nun als Einheit aufgefaßt.

Die Erwiderung der Männer ("Tu, wie du gesagt hast") ist inhaltlich leer und verstärkt nur den Handlungswillen Abrahams.

- V.6+7: Prädikate auf kosmologischer Ebene. Sara und Jungknecht würden bei der Beschreibung der Textaktanten sicher als "Adjuvanten" Abrahams eingestuft. Das heißt hier: die verschiedenen Befehle und Aktionen haben den Sinn, die angestrebte Bewirtung auch durchführen zu können. (Code Ermöglichung: promotiv)

- V.8: Nun kommt die ab V.2 angelaufene Bewegung zu ihrem Ziel.

Wenn wir im Gefolge der Semantik weiterhin davon ausgehen, daß eine Voll-Aussage dann vorliegt, wenn ein äußerer, für mehrere wahrnehmbarer Sachverhalt gegeben ist, dann gilt diese Festlegung modifiziert insofern weiter, als nun gefragt wird, ob mehrere Prädikationen erkennbar im Dienst einer weiteren stehen, wobei erst mit dieser einen die ganze Bewegung zu ihrem Ziel kommt.

8.1.6 Indirekte Sprechakte

Jes 2,2-4[73] ist eine berühmte Vorausschau dessen, was "am Ende der Tage" geschehen wird: die Friedenszeit bricht an und viele Völker strömen zum Zion, weil sie erkannt haben, daß von dort die Weisung des Herrn kommt. Soweit, im wörtlichen Verständnis, liegt weitgehend ein darstellender Sprechakt vor (fiktiv/prädiktiv). Aber kritisch nachgefragt ergeben sich einige Probleme: wenn der Autor - wie zu vermuten ist - zu Landsleuten in Palästina, in Jerusalem spricht, warum ist von ihnen nicht auch explizit die Rede? Es ist nicht gesagt, daß 'Jakob' jetzt schon die Gotteserkenntnis hat, die die Völker später haben werden. Warum ist überhaupt vom fernen "Ende der Tage" die Rede? Vermutlich will der Autor eher etwas für seine Gegenwart formulieren. Ist womöglich eine mehrfache Umkehrung vom Leser zu vollziehen? Von den "Nationen" zu Juda, vom "Ende" auf das "Jetzt", von der "Gotteserkenntnis" auf die "Gottesverleugnung"? Ist die explizite positive Darstellung des Völkerschicksals eine implizite Geißelung und Verurteilung der gegenwärtigen Adressaten?

Diese Illustration soll an den omnipräsenten Mechanismus erinnern, daß jeder wörtliche Sprechakt als ein ganz anderer gemeint sein kann.[74]

Die Darstellung "es zieht" kann eine Auslösung sein, gleiches gilt für eine Frage ("Wer holt mal Zigaretten?"). Was explizit performativ ist ("Ich danke dir vielmals"), kann pragmatisch eine ironisch-sarkastische Kundgabe sein. Eine Auslösung ("Sag das noch mal!") kann zur puren Drohung werden.

---

73 Ich nehme den Text in dieser Abgrenzung, hier außerdem nur als Illustrationsbeispiel, und folge einer Anregung WILDBERGERs.
74 Vgl. SCHWEIZER (1981) 237ff. - Zur Theorie der indirekten Sprechakte nach SEARLE: vgl. HINDELANG (1983) 92ff.

Den Sinn indirekter Sprechakte sah man oft darin, sie "dienten der Verschleierung von kommunikativen Absichten und der Täuschung des Hörers".[75] Dies gilt sicher nur für seltene Fälle. Stattdessen lassen indirekte Sprechakte "dem Hörer mehr Reaktionsmöglichkeiten und dem Sprecher mehr Rückzugsmöglichkeiten als ihre direkten Entsprechungen".[76] Das kann im obigen Beispiel heißen, daß sich die Hörer nicht sogleich als Verurteilte und Gemaßregelte vorkommen; vielmehr wird zunächst sogar ihre Imagination angeregt; so aktiviert, vollziehen sie die Entschlüsselung dann selber, was wohl den Eindruck der "gemeinten" Botschaft vertieft. Der so Sprechende hält sich bedeckter, als wenn er frontal seine Botschaft ausrichten würde. Diese Art des Redens eignet sich somit auch für eher heikle Themen.

8.2 Kommunikative Handlungsspiele (KHS)[77]

Mit dem Ungetüm von Terminus sind die verschiedenen Rede- und Mitteilungsformen gemeint, die im Rahmen _eines_ Textes begegnen. Sie sollen rekonstruiert, über z.T. nur kleine Indizien erschlossen und übersichtlich beschrieben werden. - Hier nur knapp die wichtigsten Kriterien:

(1) An jedes einzelne KHS kann man 4 Fragen stellen:

   a. In welchen sozio-kulturellen Rahmen ist die Kommunikation eingebettet?[78]

   b. Wie verläuft der Kommunikationsakt (verbal, nonverbal, dialogisch, monologisch)?

   c. Wie ist die Kommunikationssituation (Raum-Zeit; besondere Umstände; kopräsente Objekte)?

   d. Welches sind die Partner der Kommunikation (Zahl, Status, Art der Beteiligung)?

(2) Am obigen Text aus Ijob 16 seien die KHSe kurz differenziert:

KHS_{I+n}: soll anzeigen, daß wir heute die n-ten Adressaten dieses Textes sind. Textproduzent ist die "Einheitsübersetzung". Der Kommunikationsakt geschieht auf schriftlichem Weg, im Rahmen bibeltheologischer Literatur in Deutschland.

KHS_{II}: Damit ist die zweite Textemission von Ijob 16 gemeint.[79] Hierfür sind die Informationen einschlägig, die man Einleitungslehrbüchern entnehmen kann.

---

75 SÖKELAND (1980) 150.
76 SÖKELAND (1980) 150, der vor der Annahme warnt, der Hörer könne frei zwischen den beiden Sinnebenen wählen. Die Kommunikation ist auch unter diesem Aspekt recht stark festgelegt: nimmt ein Hörer einen indirekten Sprechakt in wörtlicher Bedeutung auf, so entsteht daraus ein Witz oder eine Grobheit; vgl. 151.
77 Vgl. SCHWEIZER (1981) 221.266ff. - Was hier nur sehr knapp entwickelt wird - die verschiedenen Erzählperspektiven - wird sehr ausführlich und gut dargestellt von STERNBERG (1985).
78 Zur Beantwortung hilft die Formeluntersuchung bei der Ausdrucks-SYNTAX und nun - darauf aufbauend - die Horizont-Bestimmung; vgl. RICHTER (1971) 117f.
79 Wir nehmen hier - ohne weitere Überprüfung - an, KHS_I sei die erste Abfassung des poetischen Ijob-Teils (weitere Zusätze darin übergehe ich); KHS_{II} sei die Verbindung des Poesieteils mit dem Prosarahmen.

Der ursprüngliche Autor des Gesamttextes läßt nun im Text kommunizierende Figuren auftreten:

KHS$_1$: Ijob und seine Freunde im Gespräch. Die Situation - nimmt man das Buch in seiner Endgestalt - ist durch Ijob 1+2 charakterisiert. Der in Ijob 16 redende Ijob bringt - obwohl er sich an seine Freunde richtet - weitere eingebettete KHSe zur Sprache:

KHS$_a$: V.18 - Ijob redet die Erde an.

KHS$_1$: V.19 schwenkt wieder - vgl. 19b - auf die Gesprächssituation mit den Freunden zurück.

KHS$_b$: V.20-22 - Die Freunde werden nicht mehr angeredet (vgl. 20a). Die Redeweise erscheint - da nicht explizit auf einen Adressaten orientiert - monologisch. Ijob scheint hier in Selbstreflexion zu verfallen. Das kann rhetorisch veranlaßt sein, denn KHS$_1$ gilt ja weiter.

(3) Der oben erwähnte - (1) b - Kommunikationsakt kann noch präziser beschrieben werden. Vor allem, wenn ein Dialog vorliegt, begegnen in der Regel eine ganze Reihe von Steuerungen, die den Sprecherwechsel regeln. Die ausgesagten Inhalte, die den Sprechern wichtig sind, sind durchsetzt von non-verbalen oder verbalen Signalen, die das Gelingen des Kommunikationsaktes "Dialog" sicherstellen.[80]

(4) Dagegen sind inhaltlich orientiert die dialog-thematischen Steuerungen.[81] Sie geben Einblick in die Argumentationsstruktur des Dialogs, indem sie z.B. erkennen lassen, wer "offensiv" daran beteiligt ist, indem er den eröffnenden Gesprächszug ausführt. Beim Reagierenden kann gefragt werden, ob er überhaupt auf die Gesprächsinitiative (z.B. Frage) inhaltlich befriedigend (= responsiv) eingeht, ob er nur eine Teilantwort (= teilresponsiv) liefert, oder eine Ausflucht (non-responsiv).

8.3 Orts- und Zeitdeixis

Nachdem die Sprache des Textes kritisch untersucht ist, kann nun sowohl das topologische wie das chronologische System rekonstruiert werden. Aber das ist im Grund bereits die erste Frage: realisiert der Text über alle expliziten und impliziten Angaben hinweg überhaupt ein kohärentes Orts- bzw. Zeitsystem (z.B. bei Erzählungen) oder tut er das nicht (z.B. manche Gedichte; Listen)?

(1) Wichtig ist, daß bei der Zeitdeixis nicht nur Datierungen und die Verbformen herangezogen werden, sondern sämtliche Sachverhalte, die - laut Text-in einem Zusammenhang miteinander stehen, auch in ihrem zeitlichen Zueinander dargestellt werden.

- Dabei ist jegliches Verbalsystem nicht als bloße Ansammlung einzelner Verbformen und -formationen zu begreifen, sondern als Relationengefüge.[82]

---

80 Zu Kriterien - nach SCHWITALLA - und Beispielen vgl. SCHWEIZER (1981) 273-275. Erläuterung an Gen 23: 279ff. Erläuterung an Gen 18,22ff: (1984a).
81 Vgl. SCHWEIZER (1981) 276-279.
82 Vgl. SCHWEIZER (1981) 245ff. Der Diskussionsstand bezüglich des Hebräischen ist gut zusammengefaßt bei GROSS (1982).

- Implizierte Informationen sind zu verwenden.[83] Im übrigen gilt hier, wie für alle andere Kategorien von Textinformationen: eine einmal eingeführte Information (Zeitangabe) gilt implizit so lange weiter, bis sie explizit durch eine Information der gleichen Kategorie abgelöst wird.

- Zuvor schon durchgeführte textlinguistische Korrekturen werden berücksichtigt, wenn also z.B. der Text Sachverhalte als lineares Nacheinander <u>verschiedener</u> Aktionen darstellt, inzwischen aber klar ist, daß das nur die Entfaltung von Aspekten einer <u>einzigen</u> Aktion ist. So, wenn es heißt: "Er erhob seine Stimme und sprach: (direkte Rede)".

(2) Die <u>Ortsdeixis</u> ist analog zur Zeitdeixis zu behandeln.[84]

(3) Für beide, Orts- wie Zeitdeixis, ist dann noch die Frage der jeweiligen <u>Qualität</u> zu stellen. Die sprachlichen Mittel sind nicht grundsätzlich verschieden, sondern vielfach identisch, wenn ein Autor einerseits die Geschichte von David, Abigajil und Nabal (1 Sam 25) erzählt, andererseits die Paradiesgeschichte, in der Gott auftritt, handelt, in Beziehung zu den Menschen tritt (Gen 2f). Es sind also mindestens Räume und Zeiten, die ganz der normal-erfahrbaren Lebenswelt angehören, von solchen zu unterscheiden, die entweder in ein "Jenseits" projiziert sind, oder die grundsätzlich immer und überall gelten (= mythisch), oder die vorgeben, ganz der alltäglichen Erfahrungswelt anzugehören, aber dann dadurch eine neue Qualität bekommen, daß Gott oder seine Boten in Beziehung zu Menschen treten.

8.4 Abstraktionen[85]

Ein Text, nach den skizzierten Schritten bis hierher beschrieben, ist in seinem gegebenen Wortlaut sehr genau erfaßt und auch schon kritisch befragt. Das erlaubt nun einige kontrollierende Abstraktionen, die erlauben, hinter der Vielfalt des anschaulich Berichteten einfachere Strukturen zu entdecken, die offenbar den Gesamttext prägen und organisieren.

8.4.1 Konstellation der Textaktanten

Waren im Rahmen der Textgrammatik die einzelnen Akteure beschrieben worden (vgl. Ziff.7.3), so soll nun das systematische Zueinander der u.U. vielfältigen Einzelakteure erkannt werden. Also nicht mehr die individuelle Zeichnung interessiert, sondern die Funktion des Akteurs im System der übrigen Akteure. Um diese neue Ebene auch terminologisch zum Ausdruck zu bringen, sprechen wir hier nicht mehr von "Akteur", sondern von "Textaktant" - wobei die Begrifflichkeit schon bekannt ist

---

83 Zu "Implikationen", s.u. unter Textpragmatik.
84 Vgl. SCHWEIZER (1981) 261ff.
85 Mir scheint, daß mit dieser Ebene Vergleichbarkeit mit dem möglich wird, was die französische Semiotik im Gefolge von GREIMAS als Beschreibung der Tiefenstrukturen entwickelt hat; vgl. GROUPE d'ENTREVERNES (^{4}1984) 113ff. Der andere Schritt ("Les structures de surface", 11ff) hat nichts mit unserer Ausdrucks-SYNTAX zu tun, sondern entspricht einem vereinfachten Verschnitt aus unserer SEMANTIK/PRAGMATIK. Sprachliche Nuancen, Ober- und Untertöne, werden nicht erarbeitet. Man versteht sich auch nicht linguistisch. Stattdessen wird die gegebene Bedeutung, unter Absehung auch von den KHSen, beschrieben und strukturiert.

(s.o. Ziff.5.1), nur die Anwendungsebene hat sich geändert. Es wird die Voraussetzung gemacht, daß die Einzelakteure eines Textes letztlich nicht beziehungslos zueinander sind, sondern in einer systematisch beschreibbaren Relation stehen.[86] Das heißt auch, daß z.B. mehrere unterschiedliche Einzelakteure einer Textaktant-Funktion zugehören können. Ausgangspunkt der Beschreibung ist die "Charakteristik der Akteure".

So wurde z.B. für 2 Kön 6,8-23*[87] erkannt, daß die Hauptkontrahenten des Textes Elischa und der König von Aram sind. Beide haben auch ihre Adjuvanten, wobei auf Seiten des Königs viele Einzelakteure in diese Kategorie fallen (Diener, Heer, Volk, Scharen). Auch Elischa hat einen Adjuvanten: den König, - worin sicher ein Element des Spottes liegt. Der König führt aus, was Elischa sagt. Elischa hat aber einen weiteren Adjuvanten: Jahwe (V.18.20), der als qualitativ verschieden vom König zu unterscheiden ist, der aber ähnlich mechanisch auf das Geheiß Elischas hin handelt. Im eigenen Land ist Elischa gegenüber dem König die Hauptfigur; und was die Auseinandersetzung mit dem fremden König betrifft, so gewinnt sie Elischa. Er ist auch der einzige, der diesen besonderen Adjuvanten (Jahwe) hat. Man kann somit Elischa als "Helden" der Erzählung betrachten, der über seinem Opponenten steht. Formulierbar ist dies mit Hilfe der Termini, die im Rahmen des 1.Aktanten vorgeschlagen wurden:

1. Aktant = "Held" - Elischa

$Adjuvant_{e1}$ = König von Israel

$Adjuvant_{e2}$ = Jahwe

Diese Partei steht gegenüber und ist überlegen der zweiten:

Opponent = König von Aram

Adjuvanten = Diener, Heer, Volk, Scharen[88]

8.4.2 Gedankenfortschritt: Thema - Rhema[89]

(1) Hinführung

Ein Text ist nicht lediglich als Ensemble von aphrastischen und phrastischen ÄEen zu begreifen. Als Zwischenglieder ist mit Teiltexten (= transphrastische Einheiten) zu rechnen, die je für sich ein einheitliches Thema haben, d.h. wo

---

86 Vgl. die Übersicht durch GROSSE in DRESSLER (1977) 160ff.
87 Vgl. zur vorausgesetzten Text- und Literarkritik: SCHWEIZER (1974) 213ff.; die "Akteur"-Untersuchung ist dort noch dem Schritt "Formkritik" zugewiesen, vgl. 244ff, die der Textaktanten der Semantik, vgl. 288ff.
88 In Weiterführung der Beschreibung der Textkohärenz im Rahmen der Textgrammatik (s.o. Ziff.2.4.2.2) können die neugefundenen Charakterisierungen an jeder Stelle eingesetzt werden, an der von diesen Textaktanten in irgendeiner Form (ob mit Namen, Titel, als Pronomen, nur in morphologischer Andeutung) die Rede ist. Das ist - nach GREIMAS - ein Schritt bei der "Objektivierung des Korpus"; vgl. SCHWEIZER (1974) 294ff.
89 Vgl. SCHWEIZER (1981) 294ff; MOSKALSKAJA (1984) 18ff. - Was METZELTIN, JAKSCHE (1983) 133ff unter "Das Thema und seine Ausführung" behandeln, hat nur entfernte Anklänge an die Thema-Rhema-Untersuchung.

verschiedene Neuaussagen zu einer eingeführten Größe gemacht werden.[90] Dieses ist folglich ein Teilthema des Gesamttextes:

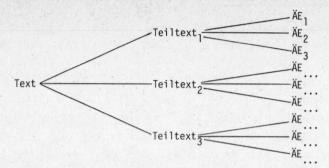

Ein solches Thema ist demnach eine Konstante, der dann als Gegenbegriff das Neue, die bislang noch unbekannte Aussage entspricht, hier = Rhema. Um das Erkennen dieser Faktoren im Rahmen der Textbeschreibung geht es. Sollten die Kriterien nämlich sicher genug sein, so ließe sich der Text abschließend in ein Modell verwandeln, das die Art der gedanklichen Weiterentwicklung anzeigt.[91]

Grundmodelle der Thema-Rhema-Kette:

1. Lineare thematische Progression (Thematisierung des Rhemas des Vorgängersatzes; vgl. 23f)

$$T_1 \rightarrow R_1$$
$$T_2 \ (= R_1) \rightarrow R_2$$
$$T_3 \ (= R_2) \rightarrow R_3 \text{ usw.}$$

> Dank der unermüdlichen Arbeit der Genossenschaftsbauern und Landarbeiter verfügt unsere Republik nicht nur über eine hochentwickelte Industrie, sondern auch über eine leistungsfähige Landwirtschaft.
> Die Leistungsfähigkeit unserer sozialistischen Landwirtschaft zeigt sich zum Beispiel in dem grundsätzlich steigenden staatlichen Aufkommen an tierischen Erzeugnissen.

2. Thema-Rhema-Kette mit durchgehendem Thema (vgl. 24)

$$T_1 \rightarrow R_1$$
$$T_1 \rightarrow R_2$$
$$T_1 \rightarrow R_3$$

> Im Restaurant war es hell, elegant und gemütlich. Es lag gleich rechts an der Halle, den Konversationsräumen gegenüber, und wurde, wie Joachim erklärte, hauptsächlich von neu angekommenen, außer der Zeit speisenden Gästen und von solchen, die Besuch hatten, benutzt. (Th. Mann)

---

90 Hier wird klar, daß "Neuaussage" nicht mit der Größe "finites Verb" identifiziert werden darf, wie überhaupt Inhaltskategorien nicht mit Ausdruckskategorien ineinsgesetzt werden dürfen.
vgl. "(1) Zuerst kam Mose,
(2) dann kam Aaron".
In Satz (2) ist die bekannte Information die Tatsache, daß jemand kommt (= Thema); der Neuheitswert liegt auf "Aaron" (= Rhema). Das semantische Subjekt (= 1.Aktant) kann textlinguistisch sehr wohl Rhema (= textlinguistisches Prädikat) sein. In Ps 150 liegt in V.1+2 das Rhema in den wechselnden Ortsangaben, ab V.3 in den verschiedenen Instrumentangaben (grammatikalisch wie musikalisch gemeint). Die Aussage "preiset ihn" ist durchgängiges Thema.
91 Das Folgende entstammt: MOSKALSKAJA (1984) 23ff. Vgl. SCHWEIZER (1981) 298.

3. Gemeinsames Thema (Hyperthema) - abgeleitete Themen (Implikation)

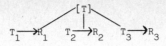

(2) Kriterien:
Die Erarbeitung von Thema-Rhema kann einerseits auf sprachliche Befunde und Mechanismen zurückgreifen, die bislang schon wichtig waren. Das verleiht der Untersuchung ein großes Maß an Überprüfbarkeit. Zum andern ist hier auch der Ort, sich von der unmittelbar greifbaren grammatischen Struktur zu lösen in Richtung auf gedankliche Einheiten - auch wenn es dafür nicht immer morphematische Indizien gibt. Der Verständigung dienen dann aber immer noch logische Grundmodelle, wie sie schon aus der Semantik bekannt sind.

a. Zur Erkennung des Themas dienen alle Mittel in der Sprache, die auf Bekanntes verweisen.[92] Ausdruckssyntaktisch ist jede Art von Wiederholung zu nennen.
Semantisch: ein z.B. morphologisch beim Verb nur angedeuteter 1.Aktant; definite Determination. Aus dem textgrammatischen Bereich: Anaphern (Pronomina, dei ktische Adverbien). Solche rückbeziehende und damit thematische Funktion haben oft auch Stellvertreter-Substantive ("Ding, Sache, Angelegenheit"). Textlinguistisch sind die Redefiguren zu beachten, die gleiches "mit andern Worten" aussagen, vgl. die verschiedenen Parallelismen, Synonyme.

b. Daneben fließt auch Sachverhaltswissen ein, das beurteilt, ob z.B. verschiedene Neuinformationen nur Spezifizierungen eines übergeordneten Themas sind.[93] Das ist das Terrain der in ihren Grenzen nie eindeutigen Wortfelder.

c. Dialoge als zusammengehörige Gesprächszüge von Frage und Antwort werden als thematische Einheiten (= Teiltext) genommen, deren Gedankenprogression natürlich intern nachgezeichnet werden kann.[94]

d. Zu einigen besonderen Erscheinungen: Negationen in ihren verschiedenen Formen [95] setzen ebenfalls eine Dialogsituation voraus. Mit dem, was er negiert (ganzer Satz oder Teil) zeigt der Sprecher, welche inhaltliche Erwartung er beim Adressaten vermutet. Diese Erwartung, dieses Rhema wird durchkreuzt. Stattdessen bietet der Sprecher eine unerwartete, echte Neuinformation. - Die Verwendung des Passivs hat kommunikativ den Sinn, etwas in die Subjektposition zu rücken (= besonders bevorzugt zum Ausdruck des Themas), das sonst nicht auf diese Weise betont wäre. - Existenzaussagen bringen kein Rhema, sondern sind emphatische Verstärkungen des Themas.

---

92 Vgl. auch BROWN, YULE (1983) 171.
93 Vgl. MOSKALSKAJA (1984) 22: im gewählten Beispiel folgen auf den Satz "Der kleine, flache, weiße Alsterdampfer biegt bei" eine Reihe von Sätzen, die im angeschlagenen Thema impliziert sind (Einzelakte beim Schiffsanlegen).
94 Vgl. SCHWEIZER (1981) 303f.
95 s.o. Kap.1 Anm.29

e. Eine Sonderstellung nehmen die texteröffnenden, u.U. auch die Teiltext-eröffnenden ÄEen ein: sie können aufgrund ihrer Position nirgends anknüpfen. Daher wird die ganze eröffnende ÄE als "Themasetzung" gewertet - ohne weiteres zu unterscheiden.

(3) <u>Beispiel</u>: Ps 125 (Einheitsübersetzung)

1a Wer auf den Herrn vertraut, b steht fest wie der Zionsberg, c der niemals wankt, d der ewig bleibt. 2a Wie Berge Jerusalem rings umgeben, b so ist der Herr um sein Volk, c von nun an auf ewig. 3a Das Zepter des Frevlers soll nicht auf dem Erbland der Gerechten lasten, b damit die Hand der Gerechten nicht nach Unrecht greift. 4a Herr, b tu Gutes den Guten, c den Menschen mit redlichem Herzen! 5a Doch wer auf krumme Wege abbiegt, b den jage, b_1 Herr, b samt den Frevlern davon! c Friede über Israel!

Nimmt man 1a als Themasetzung, so ist in 1b "steht fest" keine Neuinformation, sondern es umschreibt bildhaft synonym "vertraut" aus 1a; 1a wirkt ohnehin auch als Subjektsatz in 1b weiter. Neu ist der Vergleich "wie der Zionsberg". Dieses Rhema wird zu einer Art Seitenthema: 1c bekräftigt negierend das schon eingeführte Hauptthema (vertrauen/feststehen) am Seitenthema (Zion), 1d emphatisch-positiv durch All-Aussage. Eine rhematische Weiterentwicklung liegt nicht vor. Damit kommt ein erster Teiltext zu seinem Ende. Der zweite Teiltext hat zwar eine Verbindung zum ersten (Seitenthema: Zionsberg - Jerusalem / thematische Weiterführung), aber die gedankliche Aussage ist im wesentlichen neu. Von dem Seitenthema wird neu ausgesagt: "wie Berge... rings umgeben". In 2b greift der Gedanke des "Umgebens" die aus 2a schon bekannte Vorstellung auf. Das Rhema von 2a wird somit Thema. Nun kommt aber auch der aus 1a schon bekannte "Herr" wieder ins Spiel; außerdem darf Referenzidentität von "Volk" und dem generischen Subjekt von 1a angenommen werden. 2b kommt also auf das Thema vom Anfang zurück. 2c = Bekräftigung.

Teiltext 3 beginnt mit V.3. Nicht nur 3a ist Themasetzung; der finale Anschluß sowie synthetische Parallelität verlangen 3b hinzuzunehmen. Eine Verbindung mit den bisherigen Teiltexten ist nur schwach auszumachen (Gebietsbegriffe: Erbland, Jerusalem, Zionsberg - s.u. zu den ISOTOPIEN). Zweimal negierend hat der Sprecher mögliche Rhemata zurückgewiesen. Er hat somit erst zwei neue Themata vorgestellt. Was es mit diesen auf sich hat, ist noch offen. Sukzessiv setzt er nun seine angestrebten Aussagen ein, u.z. - auch das ist eine Neuinformation - in direkter Anrede. Nach den Negationen in V.3 bleiben als Thema für die weiteren ÄEen nur übrig - je metonymisch - die "Frevler" und die "Gerechten". Referenzidentisch mit letzteren sind die "Guten" (4b) und die in 4c Charakterisierten. Als Rhema bleibt: "der Herr soll Gutes tun den...". Analog wird mit dem 2.Teilthema aus V.3 in V.5 verfahren, mit kleiner, aber wichtiger Korrektur: 5a ist ein Subjektsatz, insofern die Antithese zu 1a. Die Leute von 5a sind nicht identisch mit den "Frevlern" (3a.5b). Sie können nur eine Teilmenge des in 2b genannten Volkes sein. Sie wurden bis jetzt noch nicht erwähnt, daher wird ihre Ersterwähnung als Themasetzung gewertet. Das adversative "doch" unterstützt diese Entscheidung. T_6

und $T_4 - T_4$ ist ja nun schon einige Zeit offen - werden kombiniert: Von beiden wird das "Davonjagen durch den Herrn" (als Bitte) ausgesagt (= R_5). Von den Ausdrücken her völlig neu ist V.5c. Inhaltlich aber ist anzunehmen, daß dies ein kondensierender Ausdruck für alles ist, was zuvor genannt wurde (auf den Herrn vertrauen, der nah beim Volk ist; auch der Herr muß seinen Beitrag leisten, indem er die Bösen entfernt - so entsteht der Friede über Israel). Demnach ist 5c eine Bekräftigung und Zusammenfassung der bisherigen Teilthemata, eine Themenangabe als Unterschrift. Trotz der nachgestellten Position - inhaltlich ist darin das Hyperthema zu sehen.

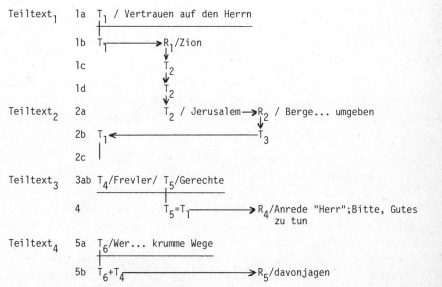

Beschreibung und Interpretation: Stark verankert im Text ist T_1 (Menschen, die auf den Herrn vertrauen, rechtschaffen sind). Dem dient illustrierend, also verstärkend, T_2+T_3 (Zion - Berge), und adversativ abgrenzend $T_4+T_6+R_5$ (Frevler und böse handelnde Volksgenossen). Die gedankliche Progression ist im ersten Teil linear, wobei aber kein wirklicher Fortschritt erzielt wird: T_3 führt auf T_1 zurück. Die scheinbare Progression entpuppt sich als Verweilen beim gleichen Gedanken. Variation in V.3-5. Das Teilthema T_5 ist noch stark auf T_1 bezogen. Aber R_4 enthält doch eine Reihe neuer Elemente. Dieser mögliche Beginn eines Aussagestrangs ist damit bereits wieder zu Ende. Eine gewisse Spannung entsteht, weil vom eingeführten anderen Teilthema T_4 noch keine Aussage gemacht ist und trotzdem bereits wieder eine Themasetzung (5a) folgt. Die Spannung löst sich, indem in 5b beide noch ausstehenden Themata verknüpft und mit R_5 versehen werden. Diese Spannungsweckung und eine solche Themaverknüpfung ist singulär im Text. Man kann daher einen besonderen Nachdruck auf V.5 unterstellen. Und wenn dann 5c das Gesamtthema nennt, so heißt das, daß "Friede" hauptsächlich durch "Verdrängung" der Bösen entsteht, und so die harmonische Gemeinschaft der Guten mit Jahwe ungestört ist.[96] Interessant ist, wie Teiltext 1+2 argumentativ den Leser in eine runde, geschlossene Bewegung hineinnehmen. Das beherrschende T_1 (Vertrauen auf den Herrn), das bildhaft mehrfach illustriert wird, ist so quasi als in sich ruhend vorgestellt. Dagegen sind Teiltext 3+4 "zerrissen". Die Menschengruppen T_{4-6} werden nicht nur begrifflich getrennt. Auch argumentativ bleiben sie unverbunden. Der "Friede", von dem hier die Rede ist, hat folglich nichts mit "Versöhnung" zu tun. Er hat einen aggressiven und militanten Hintergrund.

8.4.3 Zusammenspiel inhaltlicher Felder: Isotopien[97]

Wörter bringen immer eine Bedeutung zum Ausdruck (= Denotat) und sie verweisen auf ähnliche bzw. naheliegende Bedeutungen (= Konnotate). Ein inhaltlich homogener und kohärenter Text kann nur entstehen, wenn nicht jedes Wort auf ganz andere Konnotate verweist, sondern wenn sich u.a. redundante Felder ergeben. Dabei ist die Analyse "übertragenen Sprachgebrauchs", also das Erkennen von Mehrdeutigkeiten als bereits geleistet vorauszusetzen. z.B.

(1) Das Wort "Kohlen" konnotiert: "schwarz, Bergbau, Brennmaterial usw.". Begegnet in einem Satz explizit noch die Charakterisierung "schwarz", so entspricht diese denotativ <u>einem</u> Element aus der Gruppe von Konnotaten von "Kohlen", ist also redundant. Und auf diese Weise entsteht die Homogenität z.B. des Satzes "Die Kohlen sind ... schwarz ...".

(2) Heißt der ganze Satz aber: "Die Kohlen sind lange genug schwarz gewesen", so kommt übertragene Bedeutung ins Spiel. Hier scheint jemand die Tatsache, daß Kohlen schwarz sind, für veränderbar zu halten. Mit Bergwerkskohlen wird das nicht gehen. Lösung: das Denotat eröffnet noch ein zweites Feld von Konnotaten: "Geld, Finanzen, Handel usw." Um auch in dieser Hinsicht die Kohärenz und Sinnhaftigkeit zu wahren, muß "schwarz" auch in diesem neuen Feld unterzubringen sein. Dies ist der Fall. "schwarz" konnotiert: "konservative Politik, kapitalistisches Wirtschafts- und Finanzsystem, usw.".

(3) Bei den verschiedenen Formen von Humor und geistreicher Rede, ist immer das Pendeln zwischen, das Zueinander von zwei oder mehr derartigen inhaltlichen homogenen Ebenen (= Isotopien) im Spiel.[98]

(4) <u>Definitionen</u>:

- Unter <u>Isotopie</u> wird ein inhaltlich homogenes Feld verstanden, das denotativ und/oder konnotativ durch einen redundanten inhaltlichen Zug aufgebaut wird, und das wesentlich zur Kohärenz und Verständlichkeit des Textes beiträgt.[99]

---

96 Daß sich an ein solches Ergebnis nun weitere, auch ideologiekritische Fragen anschließen können, ist einsichtig. Wie verhält sich die theoretische und lebensferne Untersuchung von "Guten" und "Frevlern" zur theologischen Annahme der allgemeinen Schuldverfallenheit und Fehlerhaftigkeit der Menschen?
97 Vgl. LINK (1974) 71ff; GROUPE d'ENTREVERNES 123ff; SCHWEIZER (1981) 315ff.
98 Vgl. SCHWEIZER (1974) 422ff.
99 Es gibt Varianten im Verständnis. LINK (1974) 73 würde unsere "Isotopie" erst als rekurrierendes Klassem bezeichnen. I. ist bei ihm erst die nächste Stufe: das (hierarchisch zu kennzeichnende) Zueinander mehrerer Klasseme, also die Isotopiestruktur des Gesamttextes. - Unserem Verständnis entspricht GROUPE d'ENTREVERNES 123ff, wo aber zwischen semantischer und semiologischer I. unterschieden wird.

- Der ganze Text läßt sich somit verstehen als Nebeneinander weniger, verschiedener Isotopien mit unterschiedlicher Distribution. Aus der Verteilung läßt sich ablesen, welche Inhaltsbereiche je parallel begegnen, welche - immer im Sinn des Autors - sich auszuschließen scheinen. Gewiß lassen sich die Isotopien in ihrem Zueinander oft hierarchisch/binär ordnen.

(5) <u>Beispiel</u>: Ps 125 (s.o. Ziff.8.4 (3))

```
1a aaa         ccc           111
 b      bbb                  111
 c      bbb                  111
 d                           111
2a      bbb                        222
 b aaa                             222
 c                                 222
3a      bbb    ccc    ddd                333
 b             ccc    ddd                333
4a aaa         ccc                              444
 b             ccc                              444
 c             ccc                              444
5a      bbb           ddd                       444
 b aaa  bbb           ddd                       444
```
---
 c Friede über Israel / = Gesamtthema

<u>Beschreibung</u>: Mit <u>aaa</u> sind die Ausssagen markiert, die die Beziehung Gott-Mensch zur Sprache bringen. Sie sind sehr regelmäßig über den Text verteilt. <u>bbb</u> erfaßt Raumvorstellungen, <u>ccc</u> die Wertung "guter Mensch", <u>ddd</u> die Wertung "schlechter Mensch". Man sieht, daß Raumvorstellung und Wertungen zunächst nichts miteinander zu tun haben. Am Schluß (5a.b) werden sie verknüpft; die andere Bewegung: die konträren Wertungen, die in 3a.b zusammenstehen, werden entzerrt.

Mit Ziffern sind mehr abstrahierte Nenner erfaßt. <u>111</u> beschreibt den Gedanken des fest-, sicher-, stabil-seins. <u>222</u> drückt auch den Aspekt "Sicherheit" aus, leitet ihn aber mehr vom "umgeben-, beschütztsein" her. <u>333</u> charakterisiert "Unordnung", <u>444</u> die positive Lebensordnung. Übernimmt man von der Thema-Rhema-Untersuchung die Erkenntnis, daß 5c das Generalthema benennt, so lassen sich die Isotopien 1-4 folgendermaßen ordnen:

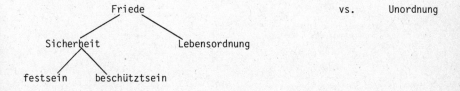

Interpretation: Von der Beziehung Mensch-Gott (aaa) ist nicht die Rede, wenn von Unordnung (333), dem Durcheinander der Wertungen gesprochen wird (ccc + ddd). An einem Textdetail meldet sich somit das Theodizee-Problem: Hat Gott nichts mit dem Bösen, Chaotischen in der Welt zu tun? Wenn Gott der gute Gott ist, woher stammt das Böse? Oder - selbstkritisch gefragt - ist es von vornherein illusionär, vermessen und das aktuelle Leben behindernd, wenn Menschen derartige "letzte" Welterklärungen suchen? - Textlich wichtig ist die Raumvorstellung (bbb), weil sie verschiedene Inhalte verbindet: die beiden Arten von Sicherheit (V.1+2), sowie die Themata der Unordnung (333), der guten Lebensordnung (444), der Beziehung Mensch-Gott (aaa) und auch die Wertung "schlechter Mensch" (ddd). Keine Einzelisotopie hängt mit bbb nicht zusammen. Aufgrund der logischen Opposition, aber auch wegen der Plazierung im Zentrum (V.3) ist die "Unordnung" (333) wohl der eigentliche Stachel des Psalms. Obwohl quantitativ nur schwach erwähnt, fällt doch auf, daß vorher (vgl. 111 + 222) und nachher (vgl. ccc + ddd; 444) die Isotopieverteilung sehr "ordentlich", d.h. blockweise, parallel oder im Nacheinander geschieht. Auf die Konstante aaa ist schon verwiesen worden. Der Blick wird im ersten Teil (111 + 222) auf Positives gelenkt, im letzten ebenso; zusätzlich ist die Verteilung der Isotopien recht geordnet: also eine inhaltliche und eine strukturelle Weise, die "Unordnung" im Lesen des Textes zu bewältigen, sie kaum "zur Sprache kommen zu lassen". Die Untersuchung machte zwei Ebenen sichtbar: Wer isoliert gedankliche Impulse des Psalms aufgreift, kommt möglicherweise zu einer intellektuell-theologischen Behandlung der Theodizee-Problematik; wer die Inhalte in ihrer gebotenen Struktur beläßt, erfährt und erlebt zugleich eine Form der Bewältigung des Bösen. Meist wird diese zweite Erlebensform im Lesen nicht bewußt. Sie dürfte aber nachhaltiger wirken als die erste. - Ob darin auch heute noch ein Modell für den Umgang mit negativen Erfahrungen liegt, kann kritisch diskutiert werden.

8.4.4 Denkmodelle, Handlungs- und Empfindungsmuster

Die Termini für diesen Beschreibungsschritt - wenn er denn überhaupt eigenständig durchgeführt wird - sind sehr verschiedenartig.[100] Wichtig ist zunächst - abseits aller Terminologie -, daß nun auf inhaltlicher Ebene eine feste Struktur erarbeitet wird (falls im Text belegt), die so auch in weiteren Texten zu finden ist.

---

100 Vgl. BROWN, YULE (1983) 238ff: Frames, Scripts, Scenarios, Schemata, Mental models. - HUBER in: FOHRER (^{3}1979) 99ff: Motive, geprägte Themen, geprägte Züge, Traditionen, - und jedes ist ein "geprägtes Bedeutungssyndrom". - SCHWEIZER (1979) 61ff: Erklärungs- bzw. Denkmodell. - Die französische Semiotik versucht von der figurativen zur diskursiven Tiefenebene vorzudringen, um schließlich die elementare Bedeutungsstruktur des Textes im "carré sémiotique" zu erfassen, vgl. GROUPE D´ENTREVERNES (´1984) 129ff. - Aber nicht nur auf Gedankenstrukturen ist zu achten, sondern auch auf Handlungsmuster. SCHREIBER (1977) 47 weist darauf hin, "daß menschliches Verhalten im allgemeinen und besonders in Gruppen geordneten oft ritualisierten Mustern der Interaktion folgt oder diese selbst schafft". ELSBREE (1982) 9 - mit ähnlich weitem "Ritual"-Begriff - zu den Wirkungen solcher Handlungsmuster: "Ritual certifies that something is being done correctly, appropriately, efficaciously. Thus it also certifies the doer, the actor, the agent: he or she... is a believable model, can be recognized as an authority. Ritual warrants our belief, and belief is usually concerned with questions of identity." - Vgl. - enger gefaßt - SEARLE (1969) 50-53: neben den sog. "bruta facta" der physischen Außenwelt und - auf der Gegenseite - der Welt der Gefühle, der geistigen Wirklichkeiten, gibt es "institutional facts", d.h. zahlreiche, je durch ein System von Regeln bestimmte, menschliche Umgangsformen (z.B. Spiel, Hochzeit, Geldverkehr, Kult,

Wenn wir bei der SYNTAX von "Schema" sprachen, so war damit ganz eng gemeint: eine Reihe von Formeln begegnet in dieser Reihenfolge noch in weiteren Texten. Ein solches ausdrucksformales Gerüst bekommt nun auf inhaltlicher Ebene ein Äquivalent.[101]

Ordnet der Verfasser seine Gedanken und Beschreibungen bzw. die Handlungen der im Text auftretenden Akteure nach einer festen Struktur, die somit die Hintergrundfolie für alle Einzelaussagen abgibt? Und ist diese Folie auch aus anderen Texten bekannt?

So stellt das sogen. Motiv vom "leidenden Gerechten" im Grund ein Kürzel dar für eine ganze Struktur, die in einer Gruppe von Texten in fester, "unlogischer" Form realisiert wird. Das gebräuchliche Denkmodell ist nämlich, daß ein Rechtschaffener belohnt, ein Frevler bestraft wird. Eine Gruppe von Texten behandelt nun die gegenläufige Kombination: ein Gerechter leidet, den Frevlern geht es gut.[102] - Es ist hier also möglich, daß Texte bezüglich ihrer Ausdrücke sowie der unmittelbar beschriebenen Inhalte nichts miteinander zu tun haben, daß sie aber dennoch nach dem gleichen Hintergrundmodell organisiert sind.[103]

Bezüglich "Handlungsmustern" ist Gen 47,29-31 in doppelter Weise einschlägig:
(1) Der Sprechakt: "Eid" teilt mit allen Sprechakten die Flüchtigkeit und Unsicherheit. Dem soll nach dem Willen Jakobs durch eine physische Geste entgegengewirkt werden. Der Griff zum Geschlechtsorgan (vgl. auch im Deutschen das doppeldeutige "zeugen") gehört somit zur großen Gruppe von Handlungen, die geistige Realitäten bekräftigen sollen.
(2) Wenn Jakob sich so klar mit Tod und Begrabenwerden beschäftigt, heißt das, daß ihn der physische Tod nicht als Zufälligkeit überrumpeln wird. Vielmehr hat Jakob zuvor schon bewußt, aktiv, auf psychischer Ebene sein Leben beendet, hat es selbst als beendet/vollendet erklärt. Nach der Typisierung von ELSBREE vollzieht Jakob damit einen von 5 möglichen Grundakten des Lebens: das Anstreben des Endes, der Vollendung. Die anderen 4 Grundakte: (a) "ein Heim einrichten". Damit sind alle Erzählzüge gemeint, die zum Thema haben: Ordnung schaffen (Schöpfungsberichte!), revolutionärer Umsturz (als Begründung neuer Lebensmöglichkeit), Entwicklung neuer

---

Höflichkeitsformen): das je (knapp) ins Wort gefaßte brutum factum bekommt seine eigentliche Bedeutung erst von seinem allgemein akzeptierten (und daher oft nicht ausformulierten) Platz im System her. z.B. weckt die äußere Beschreibung eines Ringtauschs vor dem Pfarrer zwangsläufig, weil systemhaft, in der BRD den Gedanken, daß sich die Partner des Ringtauschs in zweierlei Rechtssysteme hineinbegeben, das staatliche und das kirchliche. Nach beiden wird die begründete Gemeinschaft als sehr fest angesehen, z.T. - staatlicherseits - mit deutlichen finanziellen Vorteilen ausgestattet. Eine Auflösung ist nach dem staatlichen System möglich, nach dem katholisch-kirchlichen dann, wenn die Voraussetzungen gestimmt haben, nicht. Dies als Beispiel dafür, daß ein im Text genanntes brutum factum in den dazugehörigen Verständnisrahmen gestellt werden muß. Sofern weitere Elemente davon im Text realisiert sind, beschäftigt sich schon die Textlinguistik damit; fehlen diese zusätzlichen Texthinweise, verschiebt sich die Frage ganz zur Textpragmatik hin (vgl. Implikationen, Präsuppositionen).
101 Was in Berufungstexten gern als "Schema" dargestellt wird (die Elemente: Andeutung der Not, Auftrag, Einwand, Zusicherung des Beistandes, Zeichen), ist strenggenommen keines, da die meisten Elemente nicht-formelhaft sind. Vgl. RICHTER (1970) 136ff, der einerseits zwar den Terminus verwendet, daneben aber doch die Elemente kritisch auf ihre Formelhaftigkeit hin untersucht.
102 Vgl. zu weiteren Ausprägungen des Modells: SCHWEIZER (1979).
103 Auf die hier vielleicht erwartete und in der biblischen Exegese viel behandelte Frage nach der "Gattung" gehe ich nicht ein, da mir keine akzeptable Gattungsdefinition bekannt ist. Am ehesten: ein Ensemble ausgewählter Merkmale aller Methodenebenen. Vgl. zur Diskussion: SCHWEIZER (1985 Rez.) 246f.

ökonomischer, rechtlicher, technischer, sozialer usw. Lebensbedingungen. (b) Wettstreit, Kampf, jegliche Form von Auseinandersetzung, vgl. Spiele, Beleidigungen, Ideologien, Rätsel usw. (c) Durchführung von Reisen - als Abenteurer, Experimentierende, Suchende, Flüchtende, die in unbekanntes Gebiet kommen. (d) Leiden - wie es sich in Krankenhäusern, Protestmärschen, im Gebet, Schwüren zeigt. In dieser Linie ist (e) der letzte Grundakt alles, was dem, was war, ein Ende setzt; das gilt nicht nur für den Tod, sondern kann auch auf die Gebiete Politik, Kunst, Krieg, Liebe, Wissenschaft usw. übertragen werden.

9. TEXTPRAGMATIK (ars recte texendo agendi)

Nachdem bislang der gegebene Wortlaut sehr differenziert beschrieben wurde, wenden wir uns nun der "Rückseite des Mondes" zu. Diese ist ja nicht unmittelbar einsehbar, sondern nur mittels aufwendiger Technik zu erforschen. Trotzdem bedurfte es auch vor dem Satellitenzeitalter keines Nachweises, daß die Ganzheit "Mond" nur durch die Verbindung von unmittelbar sichtbarer Vorderseite mit der lange nicht zugänglichen Rückseite zustandekommt. Ähnlich ist es beim Kommunikationsgeschehen. Der gegebene Wortlaut ist nur ein Element. Von ihm ausgehend gilt es nun die weiteren Elemente zu erschließen. Zwar geraten wir hier zwangsläufig in Bereiche, die nicht gleich genau faßbar und beschreibbar sind, wie etwa ein vorgegebener Text. Jedoch sollte keiner der folgenden Teilschritte mit willkürlichen Mutmaßungen verwechselt werden: entweder wird auf früheren Analyseergebnissen aufgebaut, und/oder wird mit logischen Operationen die Argumentation strukturiert. Dennoch wird es an vielen Stellen die Möglichkeit unterschiedlicher Bewertung geben. Das hängt einerseits mit der Vielzahl der bislang gesammelten Erkenntnisse zusammen, die nicht mehr einfach "beherrschbar" sind; andererseits sind manche Kriterien (z.B. bei "Präsupposition") noch nicht derart "ausgegoren", daß sie mechanisch und problemlos anwendbar wären.

Die Textpragmatik hat - kurz gesagt - folgendes Ziel: die Zusammenfassung der Analyseergebnisse zum literarisch gegebenen Text und die Rekonstruktion der darin liegenden Implikationen und Präsuppositionen, sollen Rückschlüsse auf das gesamte synchrone Kommunikationsgeschehen erlauben, dem der Text entstammt, sodaß die LASSWELL-Formel besser beantwortbar ist: "Wer sagt was, in welchem Kanal, zu wem, mit welchem Effekt?"[104]

9.1 Implikationen

Wie der Terminus andeutet, sind damit Annahmen gemeint, die von der formulierten Botschaft nicht eigens benannt werden, die aber die Produktion und Rezepttion des Textes begleiten.

(1) Als erstes gehören die schon erwähnten (s.o.Ziff.6.4) Kommunikationsprinzipien hierher. Bis zum Erweis des Gegenteils (was es bei einem Text durchaus geben kann) wird ihre Gültigkeit angenommen.

---

104 Vgl. SCHWEIZER (1981) 211.

(2) Es wird die "Normalität der Welt"[105] angenommen, d.h. ein elementares Sachverhalts- und Erfahrungswissen gilt zu allen Zeiten. So ist in 2 Kön 6,1-5 die Reihe der Tätigkeiten leicht nachvollziehbar; im Widerspruch zum gegenwärtigen Kriterium (und daher erklärungsbedürftig) sind V.6f: Elischa bringt Eisen im Wasser zum Schwimmen.

(3) <u>Wechselbeziehung: wörtliche/gemeinte Bedeutung</u>: Es wird vorausgesetzt, daß ein Sprecher - aufgrund bestimmter Absichten - sich dieses Mechanismus' bedienen kann und daß ein Empfänger zur entsprechenden Entzifferungsprozedur fähig ist. Diese Implikation erfaßt also speziell die Beziehung unserer Schritte: Semantik und Textlinguistik.

(4) <u>Leerstellen und grammatisches System</u>: Der Bericht ausgeführter Taten schließt ein, daß die vielen möglichen mentalen Vorstufen (= Codes, = Modalitäten) bereits überwunden sind. 2 Kön 6,4: "Er ging also mit ihnen, und sie kamen an den Jordan und fällten Bäume". Die Sätze zuvor haben - und das ist noch Textlinguistik - Modalfunktion im Blick auf V.4: Wertung in V.1; Initiative in V.2f. Andere Codes kommen jedoch überhaupt nicht zur Sprache. Vom grammatischen System her kennen wir ihre Existenz, registrieren aber im vorliegenden Text (V.1-4) eine Leerstelle: dem Autor ist kein Problem, ob die Prophetenjünger zum Bäumefällen physisch in der Lage waren, bzw. ob die Bäume am Jordan gefällt werden durften (= Code ERMÖGLICHUNG); auch die Wahrnehmung, das Aussuchen der zu fällenden Bäume (= Code EPISTEMOLOGIE) wird impliziert, aber nicht verbalisiert. Auch ist nicht von imaginativ-hypothetischen Luftschlössern (= Code IMAGINATION) die Rede im Rahmen der Beschlußfassung zum Bau des Raumes. Derartige systeminterne Implikationen zusammenzutragen, hilft, das, was der Autor tatsächlich formuliert, noch stärker zu profilieren.

Im Reifezeugnis von L. Rinser stand der Satz: "Eine geistig frische Schülerin, die durch gute Begabung und rege Strebsamkeit recht schöne Erfolge erzielte. Wenn sich ihr lebendiges und regsames Wesen mehr ausgeglichen hat, berechtigt sie zu guten Hoffnungen". Sprachkritik <u>und</u> Situationsanalyse verlangen eine Übersetzung: "Auf gut deutsch heißt der dumme Satz so: Wenn diese allzu lebendige, allzu kritische, allzu eigenwillige Schülerin sich die Hörner abgestoßen hat an der Wirklichkeit, wenn sie der Gesellschaft an- und eingepaßt ist, wenn sie eine resignierte Jasagerin geworden ist, dann wird sie uns nützlich sein können und uns gefallen. **Dann. Nur** dann." (1984) 247.

9.2 Präsuppositionen

Der Terminus eignet sich als "Papierkorbkategorie", zumal er noch nicht in einer allgemein akzeptierten Theorie begegnet.[106] Um einem drohenden diffusen Verständnis zu entgehen,[107] sind einerseits Abgrenzungen, andererseits Tests notwendig. Die Abgrenzungen ergeben sich aus dem vorigen Punkt: alle Einzelmerkmale, die wir als

---

105 Vgl. BROWN, YULE (1983) 62.32
106 Vgl. LEVINSON (1983) 225: "We conclude that presupposition remains, ninety years after Frege's remarks on the subject, still only partially understood, and an important ground for the study of how semantics and pragmatics interact."
107 Vgl. mit gleicher Warnung LEVINSON (1983) 167.

"Implikation" vorgestellt haben, gehören nicht zu den Präsuppositionen.[108] Stattdessen sind <u>Annahmen gemeint, die der Sprecher über etwas macht und die der Hörer ohne Widerstreben zu akzeptieren geneigt ist.</u>[109] Wir können hier also auf inhaltlicher Ebene eine elementare Basis der Sprecher-Hörer-Beziehung erarbeiten. Die Frage nach Tests und Kriterien ist komplizierter zu beantworten:

(1) Verwendet ein Autor ein Substantiv als Subjekt in einem Satz, so kann er durch Zusatzbeschreibungen, z.B. Attribut und/oder Relativsatz, dem Leser signalisieren, daß der Autor die Referenz des Substantivs präsupponiert. Wer sagt: "Der blühende Baum, ein Kirschbaum, auf dem Grundstück Hakenweg 29 ...", der signalisiert überdeutlich, daß er - real oder fiktiv - die Existenz des Baumes voraussetzt. Definite Determination und Adjunktionen somit als Präsuppositionsindikatoren.

(2) Die sprachliche Aussage, die von einem solchen Subjekt gemacht wird, kann in den Augen des Hörers richtig oder falsch sein: "... ist aus Pappmaché". Lehnt der Hörer die Aussage ab, negiert er sie, so wird er doch nach wie vor von der Existenz des Baumes - vgl. (1) - ausgehen. Das ist mit dem Test gemeint, der einen Satz probehalber negiert um zu sehen, welches Element dabei konstant (= präsupponiert) bleibt.[110]

(3) Die Thema-Rhema-Untersuchung (s.o.Ziff.8.4.2) hängt eng mit den Präsuppositionen zusammen: das, was im Verlauf eines Textes als Thema erscheint, ist zugleich das, was an gemeinsamen Präsuppositionen aufgebaut wird.

(4) Explizite <u>Präsuppositionslöschung</u> liegt bei einem Element vor, das negiert ist. Nicht nur auf Negationswörter ist zu achten, sondern auch auf entsprechende (Modal-) Verben. Auch offenkundig und allgemein als falsch bekannte Sachverhalte verhindern Präsuppositionen.[111]

(5) Entschieden ist die Frage, auf welche Ebene die Präsuppositionen gehören: sie sind kein semantisches Problem, weil sie nicht absolut und fest mit bestimmten Ausdrücken verbunden sind (die Tatsache der Löschbarkeit zeigt dies); vielmehr handelt es sich um ein pragmatisches Problem bestimmter Sprachverwendung.[112] Unter diesem Vorbehalt stehen die hier genannten, isolierten Beispiele, die nur Art und Richtung der Fragestellung verdeutlichen sollen:[113]

---

108 Was bei einem entsprechend weiten Verständnis des Terminus durchaus möglich wäre.
109 Vgl. BROWN, YULE (1983) 29 nach GIVON. MÜLLER (1985) 123 zitiert WUNDERLICH: "Wenn ein Sprecher einen Satz s äußert, dann sind die Präsuppositionen t und (!) s diejenigen Voraussetzungen, die der Sprecher bei der Äußerung von s macht und die der Hörer nach grammatischen Regeln aus der Form der Äußerung von s rekonstruieren können muß; und der Sprecher verpflichtet sich mit der Äußerung von s, die Präsuppositionen t von s als gültig anzuerkennen und auf Befragen nachträglich in Behauptungssätzen zu explizieren."
110 Vgl. LEVINSON (1983) 178.219. Daß es bei Präsuppositionen nicht um Sachverhalte "an sich", sondern um (subjektive) Annahmen geht, die beiden Partnern gemeinsam sind, Annahmen, die von seiten des Sprechers also auch manipulierbar sind, zeigt die Befragung, die BROWN, YULE (1983) 30 erwähnen.
111 Vgl. LEVINSON (1983) 190.
112 Vgl. SCHWEIZER (1981) 322ff; LEVINSON (1983) 199ff.
113 Vgl. die Aufstellung bei LEVINSON (1983) 181-185, die wir aber nach unserem Grammatikmodell ordnen. Vgl. SCHWEIZER (1981) 99ff.

Verben, die kein Voll-Prädikat, sondern ein Element eines Code realisieren, der auf tatsächliche Sachverhalte hin orientiert ist, wobei das eigentliche Prädikat im Infinitiv nachfolgt, setzen positiv wie negiert den Sachverhalt des Infinitvs voraus:
- Verben der Wahrnehmung[114] (= EPISTEMOLOGIE) haben nur Sinn, wenn das Wahrgenommene auch existiert. z.B. Frankenstein nahm wahr/nicht wahr (= Negationstest, s.o. (2), daß Dracula dort war: Pr. = Dracula war dort.
- Verben aus dem Code Stadium/Aspekte.
z.B. Er hörte auf/hörte nicht auf, über Präsuppositionen zu schreiben: Pr. = er schrieb über Präsuppositionen.
- Wertende Verben (= AXIOLOGIE): die Wertung hinge in der Luft, könnte man das Bewertete nicht voraussetzen.
z.B. Er beschuldigte/beschuldigte nicht die Studenten, sie arbeiteten zuviel: Pr. = die Studenten arbeiten zuviel.

Der andere Teil der Codes blockiert und verhindert Präsuppositionen:[115]
- EPISTEMOLOGIE, sofern Unsicherheit des Wissens ausgesagt ist. Auch jedes Redeverb verhindert die in der direkten Rede anklingenden Präsuppositionen: die Sachverhalte erscheinen ja "nur" als geistig-sprachliche Konstrukte.
- INITIATIVE: der ganze Code hat nur Sinn, wenn die unter seinem Schirm auftretenden Sachverhalte noch nicht existieren.
- IMAGINATION: was nur erträumt und vorgestellt ist, hat keine Realexistenz.[116]

(6) Definite Determination (s.o. (1)),[117] Zeitsätze,[118] Themasetzung[119] werden in der Regel auf Präsupposition verweisen.

(7) Emphatische Sprechweise zeigt dagegen an, daß gerade <u>keine</u> Präsupposition zwischen Redner und Hörer gegeben ist. Sie soll erst etabliert werden.[120]

Eine Argumentation bezüglich der Josephsgeschichte könnte etwa Folgendes zusammentragen: explizite Datierungen fehlen; der Pharao bleibt namenlos; über weite Passagen dominieren Reden, d.h. die betreffenden Sachverhalte liegen auf geistiger Ebene, der Autor konzediert ihre Subjektbezogenheit; die Josephsgeschichte ist offenbar von einem Spannungsbogen bestimmt, d.h. der Autor will viel stärker den Leser in eine entsprechende Leseerfahrung hineinnehmen als lediglich "harte Fakten" übermitteln; die Gruppe der Brüder ist eine schematisierte Einheit, nur zum kleineren Teil treten die Brüder als individuelle Akteure vor Augen. Die bisher - erst überblickhaft - genannten Kriterien sprechen alle gegen die Annahme, die Josephsgeschichte präsupponiere die Existenz der betr. Akteure. Am ehesten noch kann man dies für die unmittelbar im Vordergrund (und mit Eigennamen) handelnden Figuren annehmen: Joseph, Jakob/Israel, Juda/Ruben, Benjamin, Manasse (Literarkritische Implikationen sind hier ausgeklammert).

9.3 Textstruktur/Auswertung

So schwer es sein mag, die Fülle der inzwischen gewonnenen Daten zu bündeln: der Versuch dazu steht nun an. Und wenn die hier vorgestellte Methodik den Interpreten vor eine - wie ihm zunächst scheinen mag - kaum lösbare Aufgabe stellt, so sei daran erinnert, daß dieser Effekt hermeneutisch erwartet und auch erwünscht worden ist. Nur über diese Praxis wird das Postulat konkret, Textinterpretation dürfe nie

---

114 Damit ist erstens nur eine Untergruppe aus dem Code EPISTEMOLOGIE gemeint; zu den Verben, die subjektive Unsicherheit des Wissens aussagen s.u. Zweitens ändert sich die Präsupposition z.B. beim Verb "wissen", sobald es in 1. Person verwendet wird. "Er weiß, daß p" = p ist präsupponiert. "Ich weiß, daß p" = Ausdruck nur subjektiver Gewißheit. Keine Präsupposition.
115 Vgl. LEVINSON (1983) 195.
116 Vgl. SCHWEIZER (1981) 321.
117 Vgl. SCHWEIZER (1981) 160f.
118 2 Kön 8,16: "Im fünften Jahr Jorams..., während Joschafat noch König von Juda war, wurde Joram...König von Juda." Präsupponiert: der während-Satz.
119 s.o.Ziff.8.4.2 (2) e; vgl. cleft-sentences: LEVINSON (1983) 182f.
120 Vgl. SCHWEIZER (1981) 308f.322.

abgeschlossen sein. Die zusammenfassende Beschreibung und vor allem die interpretative Auswertung der Textstruktur wird also allenfalls tentativen Charakter haben, wird revidiert werden können.

Zweierlei Hilfestellungen erleichtern die Aufgabe:

a) man kann grafisch und synoptisch (und manche Befunde vergröbernd) die Deskriptionsergebnisse auf <u>einem</u> Blatt zusammenstellen. Akzentstellen und Gliederungen lassen sich so leicht ablesen.[121]

b) Wenn zuvor bei jedem Einzelschritt der Befund auch interpretiert worden war, so sind diese Zwischeninterpretationen nun eine wichtige Basis für die Gesamtinterpretation.

Wichtig ist hier, nicht wieder bei den Befunden hängen zu bleiben oder bei den metasprachlichen Termini. Beides sollte überwunden und das "Wagnis der Interpretation" versucht werden.

STERNBERG (1985) stellt in seinem Buch eine Reihe wichtiger Interpretationsgesichtspunkte vor. Welche vorbereitende Analyse am Einzeltext er durchgeführt hat, wird in der Regel nicht deutlich. Aber die darauf aufbauende Interpretation, dem Text entlangehend, sehr aufmerksam Nuancen beachtend, ist oft faszinierend. Vgl. z.B. zu 2 Sam 11 (David und Batseba) S.190ff.

9.4 Textproduzent - Textrezipient

Der vorige Punkt hat vorwiegende Tendenzen und Merkmale des Textes erkennen lassen: werden vorwiegend äußere Dinge oder Aktionen beschrieben? Oder dominiert die psychisch-subjektive Ebene? Dort wieder sind die verschiedenen Problemkreise möglich, das Problem des Wahrnehmens oder des Wertens, das oft als Autoritätsproblem sich zeigende Feld der INITIATIVE. Ist relativ oft eine Kluft zwischen wörtlicher und gemeinter Bedeutung belegt - was dann heißt, daß der Textempfänger ebensooft eine Entschlüsselungsprozedur durchführen muß? Begegnen "offizielle" Sprechakte (explizit performativ)? Ist eine klare Thema-Rhema-Struktur bei relativ wenigen Isotopien belegt, mit zugleich vielen expliziten logischen Unterordnungen? Das könnte auf einen argumentierenden Stil schließen lassen.[122]

Derartige Ergebnisse[123] dienen nun dazu, die Intention des Textproduzenten zu erschließen und ebenso - weil das unmittelbar zusammenhängt - seine Einstellung zum Textrezipienten.[124]

---

121 Wenn die Daten z.B. elektronisch gespeichert sind, kann man sich die Ebenen synoptisch in Form von Verlaufskurven ausgeben lassen.
122 Die zusätzliche Anreicherung mit einigen Symbolausdrücken und vielen Abstrakta ergibt dann den intellektualistisch-argumentierenden Stil, wie ihn z.T. Paulus pflegt.
123 Vgl. auch die hier nicht näher zu diskutierende Vermutung, die Stilmerkmale der Priesterschrift erinnerten an kindertümliche bzw. katechismusartige Sprache.
124 Also nicht die äußerlich-historische Autorgestalt läßt sich so ermitteln. METZELTIN, JAKSCHE (1983) 162ff nennen elementare Beweggründe der Textproduktion. Sie mögen weiterer Konkretisierung zugrundeliegen: "a. Um Gegenstände und Sachverhalte zu erkennen und zu erfassen. Die Vernunft verarbeitet die durch den Kontakt mit der Wirklichkeit hervorgerufenen sensoriellen Eindrücke, indem sie sie symbolisch bindet und insbesondere verbalisiert und die Symbole aufeinander bezieht. So werden die einem Menschen wichtig erscheinenden Strukturen der Wirklichkeit ins Bewußtsein gehoben und in neuen Situationen immer wieder erkannt... b. Um die Wirklichkeit zu bewältigen, d.i. um die widersprüchlichen Phänomene der Welt, in der wir

9.5 Kommunikationssituation

Wurde ein Textstadium untersucht, das ursprünglich in eine längst vergangene Kommunikationssituation gehört, so stößt die Rekonstruktion der näheren historischen Bedingungen des Kommunikationsgeschehens, bis hin zur Identifizierung der Kommunikationspartner, auf z.T. erhebliche Schwierigkeiten.

Bei der KHS-Untersuchung (s.o.Ziff.8.2) ist die jetzt interessierende Kommunikationssituation mit all ihren Elementen schon einmal aufgetaucht (als KHS_I) - dort vorerst allerdings nur als theoretische Größe. Um weitere Konkretisierung zu erzielen, bieten sich folgende Schritte an:

(1) Der - seltene - Idealfall ist gegeben, wenn ein Autor sich selbst nicht-fiktiv in seinem Text zur Sprache bringt, also historisch verwertbare Informationen nennt.[125]

(2) Schon die ausdruckssyntaktische Untersuchung geprägter Sprache läßt ein relatives zeitliches Bezugssystem erkennen.[126] Außerdem lassen Formeln Rückschlüsse auf den jeweiligen institutionellen Rahmen einer Kommunikation zu.[127]

(3) Wichtige Eingrenzungen können sich aus der Geschichte des Gebrauchs einzelner Wörter ergeben,[128] oder über den Vergleich von Stileigentümlichkeiten verschiedener Texte.

(4) Aus den Texten lassen sich soziologische Erkenntnisse ableiten, die sich wiederum in eine relative Chronologie bringen lassen.[129]

---

leben, erträglich zu machen, indem sie benannt oder in die Form einer Geschichte gebracht wird... c. Um das Erkannte mitzuteilen. Damit will der Sender entweder an der Reaktion des Empfängers die gewonnene Erkenntnis kontrollieren oder sie beim Empfänger antizipieren. Typische Vertreter dieser Textsorte sind die wissenschaftlichen Abhandlungen. d. Um den Empfänger zu bestimmten Handlungen oder Haltungen zu bewegen... e. Um den Empfänger zu unterhalten. Der Sender kann - insbesondere durch Verfremdung der Wirklichkeit und/oder durch Einladung zur Auffindung der (lautlichen, rhythmischen, propositionellen usw.) Bezugssysteme und durch jede andere Art von Spannung... - den Empfänger von einem 'unangenehmen' Zustand ablenken." - Eine solche Typologie hat nur heuristische Funktion: ein Text wird oft mehrere Motive vereinen.

125 Nur noch gebrochen (Vermittlung durch Schüler) liegt ein solcher Befund in Am 7,10f vor.
126 Vgl. die Horizontuntersuchung nach RICHTER (1971) 117f. In diesem Kontext - nur zur Illustration der Argumentation (ohne auf implizierte Probleme einzugehen) - z.B. die Verwunderung, daß das prophetische Berufungsschema 200 Jahre **vor** seiner Bezeugung in prophetischen Texten beggnen soll, nämlich dann, wenn man in Ex 3 eine jahwistische Schicht ansetzt und diesen Jahwisten sehr früh datiert (um 950). Ob die Formeluntersuchung nicht eine Späterdatierung nahelegt?
127 So verweist in 2 Kön 3 der Formelgebrauch auf eine Auseinandersetzung: Propheten - Priester, obwohl in der expliziten Thematik von Priestern nicht die Rede ist, vgl. SCHWEIZER (1974) 169ff.
128 Gen 11,31 besagt, Abram sei von "Ur in Chaldäa" weggezogen. Da damit die ganze Vätergeschichte beginnt, ist man zunächst geneigt, auch den Text "in grauer Vorzeit" anzusiedeln (um 1800 v.Chr?). Dies wäre ein Kurzschluß. Nicht nur, weil es einem Autor möglich ist, sich fiktiv in jede beliebige Zeit zu versetzen. Vielmehr verrät sich der Autor: "Chaldäa" ist ein Wort, das erst in neuassyrischer Zeit gebräuchlich wurde (ca. 900-600 v.Chr.).
129 So war es WELLHAUSEN, der in den verschiedenen Literaturblöcken (Jahwist, Deuteronomium, Propheten, Priesterschrift) die Beschreibung der Kultorte, Opfer und Feste untersuchte und z.B. zum Ergebnis kam, die Priesterschrift (Kultzentralisation durchgeführt) müsse jünger sein als die meisten Propheten.

(5) z.T. helfen weitere historische Disziplinen, zumindest in einer Art Negativ-kontrolle.[130]

Diese Kriterien werden auch weiterhin bei vielen biblischen Texten nicht dazu führen, daß die individuelle historische Kommunikationssituation rekonstruiert werden kann. Oft können nur allgemeinere Rahmenbedingungen angegeben werden.

---

130 Vgl. den bekannten Befund zu Jos 6: der Text beschreibt die wunderbare Einnahme Jerichos, die dann wohl - folgt man der Fiktion des Kontextes -, etwa im 13. Jh. anzusetzen wäre. Die Archäologie weist nach, daß die Stadt in jener Zeit gar nicht besiedelt, folglich nur ein Schutthügel war.

LITERATUR ZU KAPITEL 3

BROWN, G./YULE, G.	Discourse analysis. Cambridge 1983.
DRESSLER, W.U. u.a.	Current Trends in Textlinguistics. Berlin 1977.
ELSBREE, L.	The Rituals of Life. Patterns in Narratives. Port Washington, N.Y. 1982.
FAUST, M.u.a. (Hg.)	Allgemeine Sprachwissenschaft, Sprachtypologie und Textlinguistik (FS P.Hartmann). Tübingen 1983.
FOHRER, G. u.a.	Exegese des Alten Testaments. UTB 267. Heidelberg ^{3}1979.
FRITZ,G./MUCKENHAUPT, M.	Kommunikation und Grammatik. Texte - Aufgaben - Analysen. TBL 163. Tübingen 1981.
GROSS, W.	OTTO RÖSSLER und die Diskussion um das hebräische Verbalsystem: Biblische Notizen 18 (1982) 28-78.
GROUPE d'ENTREVERNES	Analyse Sémiotique des Textes. Introduction - Théorie - Pratique. Lyon ^{4}1984.
HINDELANG, G.	Einführung in die Sprechakttheorie. Tübingen 1983.
KALVERKÄMPER, H.	Antike Rhetorik und Textlinguistik. Die Wissenschaft vom Text in altehrwürdiger Modernität: FAUST (1983) 349-372.
KEEL, O.	Deine Blicke sind Tauben. Zur Metaphorik des Hohen Liedes. SBS 114/115. Stuttgart 1984.
LEVINSON, S.C.	Pragmaticś. Cambridge 1983.
LINK, J.	Literaturwissenschaftliche Grundbegriffe. Eine programmierte Einführung auf strukturalistischer Basis. UTB 305. München 1974.
METZELTIN, M./JAKSCHE, H.	Textsemantik. Ein Modell zur Analyse von Texten. TBL 224. Tübingen 1983.
MOSKALSKAJA, O.I.	Textgrammatik. Leipzig 1984.
MÜLLER, B.L.	Der Satz. Definition und sprachtheoretischer Status. RGL 57. Tübingen 1985.
RICHTER, W.	Die sogenannten vorprophetischen Berufungsberichte. Eine literaturwissenschaftliche Studie zu 1 Sam 9,1-10,16, Ex 3f. und Ri 6,11b-17. FRLANT 101. Göttingen 1970.
RICHTER, W.	Exegese als Literaturwissenschaft. Entwurf einer alttestamentlichen Literaturtheorie und Methodologie. Göttingen 1971.
RICHTER, W.	Transliteration und Transkription. Objekt- und metasprachliche Metazeichensysteme zur Wiedergabe hebräischer Texte. ATS 19. St.Ottilien 1983.
RINSER, L.	Den Wolf umarmen. Frankfurt 1984.
SEARLE, J.R.	Speech Acts. An essay in the Philosophy of Language. Cambridge 1969.
SÖKELAND, W.	Indirektheit von Sprechhandlungen. Eine linguistische Untersuchung. RGL 26. Tübingen 1980.
SCHREIBER, A.	Die Gemeinde in Korinth. Versuch einer gruppendynamischen Betrachtung der Entwicklung der Gemeinde von Korinth auf der Basis des ersten Korintherbriefes. Münster 1977.
SCHWEIZER, H.	Elischa in den Kriegen. Literaturwissenschaftliche Untersuchung von 2 Kön 3; 6,8-23; 6,24-7,20. STANT 37. München 1974.
SCHWEIZER, H.	Zur Systematisierung der Theologie. Ein Beitrag zur Methodendiskussion in der Theologie. Dargestellt anhand von 1 Kön 15 und 2 Chr 14-16: ThQ 159 (1979) 58-67.

SCHWEIZER, H.	Metaphorische Grammatik. Wege zur Integration von Grammatik und Textinterpretation in der Exegese. ATS 15. St.Ottilien 1981.
SCHWEIZER, H.	Prädikationen und Leerstellen im 1.Gottesknechtslied (Jes 42,1-4): BZ NF (1982) 251-258.
SCHWEIZER, H.	Das seltsame Gespräch von Abraham und Jahwe (Gen 18,22-33): ThQ 164 (1984) 121-139. = (1984a)
SCHWEIZER, H.	Wovon reden die Exegeten? Zum Verständnis der Exegese als verstehender und deskriptiver Wissenschaft: ThQ 164 (1984) 161-185. = (1984b)
SCHWEIZER, H.	Der Sturz des Weltenbaumes (Ez 31) - literarkritisch betrachtet: ThQ 165 (1985) 197-213.
SCHWEIZER, H.	Rezension: Aufstieg und Niedergang der römischen Welt. Geschichte und Kultur Roms im Spiegel der neueren Forschung. Hrsg. v. H. Temporini u. W. Haase. II. Prinzipat. Bd. 25: Religion. T. 2. Hrsg. v. W. Haase. Berlin 1984: ThQ 165 (1985) 246-248: (1985 Rez.)
SCHWEIZER, H.	"Ein feste Burg..." Der Beitrag der Prädikate zur Aussageabsicht von Ps 46: ThQ 166 (1986) H. 2.
STERNBERG, M.	The Poetics of Biblical Narrative Ideological Literature and the Drama of Reading. Bloomington 1985.
TUGENDHAT, E./WOLF, U.	Logisch-semantische Propädeutik. Stuttgart 1983.

KAPITEL 4

"Kindersprache"

Beschreibung und Interpretation des Grundtextes von Hosea 1

1. HINFÜHRUNG

Die Intentionen dieser Arbeit sind sehr verschiedenartig. Der äußere Anlaß ist ein doppelter: es sollen methodische Reflexionen in vereinfachter Form (damit allerdings auch vergröbernd) geboten werden, die anderweitig differenzierter (und komplizierter) vorgeschlagen werden.[1] Andererseits sollen die verschiedenen Schritte an **einem** Einzeltext exemplarisch durchgeführt und erprobt werden, so daß am praktischen Beispiel deutlicher wird, was mit ihnen interpretatorisch erreicht werden kann. Isolierte Beispielsätze für linguistische Einzelphänomene können nicht mehr befriedigen. - Aber diese äußeren Gesichtspunkte sind zugleich Ausdruck von mehr "inneren" Orientierungen. Sie sind mir im Grund wichtiger - gleichgültig, mit welcher Methodik oder welchen Termini sie verwirklicht werden: der erste Eindruck bei dieser Arbeit wird zweifellos der sein, daß bei "nur" einem einzigen kurzen Kapitel (Hos 1) ein großer Aufwand getrieben wird, d.h. die terminologische Anstrengung ist groß, damit auch der Zeitaufwand. Negativ gewendet zeigt sich dies als lästige Mühe, gelegentlich wohl auch als Überdruß. Aber darin liegt auch die Chance für wichtige positive Einsichten, die **erfahren** werden müssen und deren bloß theoretische Kenntnis wenig nützt: man kann bei derartigem Vorgehen vieles im Text erkennen und bewußt machen, was sonst überlesen wird; im Gegensatz zum einfachen, naiven Lesen wird die Hintergründigkeit des Textes deutlich, die Anspielungen auf andere Texte, z.T. auch die begleitenden Assoziationen; während ich beim einfachen Lesen schnell fertig bin, wird nun deutlich, daß ein Text - nimmt man ihn ernst - nie fertig interpretiert ist; wer der Meinung ist, es lasse sich komplett d e r Sinn des Textes erarbeiten, läuft einer Illusion nach; wenn somit Behutsamkeit und viel Zeit gefordert sind, dann kann als Endergebnis allenfalls die Beschreibung einiger klar hervorgetretener Aussageintentionen erwartet werden, nicht aber eine alles einschließende Zusammenfassung; das wiederum hat Auswirkungen auf die "Verwertbarkeit" der exegetischen Ergebnisse: Hauptziel ist es, den Text selbst wieder zum Sprechen zu bringen, und nicht, ihn irgendwelchen Zwecken, ungeschichtlichen theologischen Axiomen unterzuordnen.[2] - Neben diesen textbezogenen, möglichen positiven Erkenntnissen hat ein Nachdenken über Methoden auch in sich einige Vorteile, die noch angesprochen werden sollten - dies umso mehr, als "Methodenreflexionen" sich selten großer Beliebtheit erfreuen. Der wichtigste Vorteil liegt in wachsender Selbständigkeit: man traut immer mehr dem eigenen Augenschein, dem eigenen Kritikvermögen und ist somit nicht mehr nur den inhaltlichen Ergebnissen eines anderen Forschers, einer "Autorität", ausgeliefert. Und schließlich: methodische Reflexion heißt immer auch Einsicht gewinnen in die Relativität jeder Methodik. Denn jede Methodik ist Konstruktion. Keine Konstruktion kann beanspruchen,

---

[1] Vgl. SCHWEIZER (1981) und Kapitel 3 der vorliegenden Arbeit.
[2] Vgl. Kapitel 2 dieser Arbeit.

dem komplexen Ganzen gerecht zu werden, das man mit "menschlicher Kommunikation" umschreibt.[3]

Die voraufgegangenen Kapitel haben einerseits eine Erläuterung der Methodik gebracht,[4] andererseits - neben hermeneutischen Überlegungen - in Kapitel 2 den für die "Konstituierung des Textes" wichtigen Begriff des "Textbildungsprozesses".[5] D.h. wir versuchen nicht mehr in der Opposition: Urtext vs. Abweichung zu verharren, sondern jeder synchronen und positiv faßbaren Überlieferungsschicht eines Textes soll ihr Recht eingeräumt werden. Sie ist nie nur "Abweichung", sondern immer auch Ausdruck eines bestimmten Text-, auch Lebens- und Glaubensverständnisses von Menschen, die - genauso wie wir - über die Zeiten hinweg zur einen großen "Gemeinschaft der Glaubenden" gehören.[6] Die Kriterien zur Identifizierung einer solchen Textschicht werden vorausgesetzt.
Für die eigentliche INTERPRETATION[7] ist - da das Interpretieren ohnehin zu den facettenreichsten Betätigungen des menschlichen Geistes gehört - ein großer Begriffsapparat nötig, also wesentlich mehr als solche - gemessen an der traditionellen Grammatik bereits etwas 'modern' klingenden Begriffe wie Lexem[8], Aktant[9], Anapher.[10] Auch die Einsicht in die Zirkularität des Interpretierens[11] ist zwar richtig, aber in dieser Allgemeinheit noch zu praxisfern. Da es in der Literaturwissenschaft und Linguistik kein Lehramt gibt, bleibt dem einzelnen Forscher kein anderer Weg, als sich in möglichst starkem Austausch mit anderen ein Interpretationskonzept zusammenzustellen, - was v.a. in Zeiten des Umbruchs sicher auch zu Verunsicherungen und Begriffsproblemen führt.

2. KONSTITUIERUNG DES TEXTES[12]

Das Untersuchungsobjekt, das später beschrieben werden soll, muß erst gefunden, bestimmt und abgegrenzt werden (Literarkritik). Hier soll als Ziel angestrebt werden, den Text von Hos 1 in seiner intakten, d.h. ursprünglich redaktionell

---

3 Explizites und andauerndes Suchen nach angemessener Methodik wäre somit als Grundhaltung der Exegeten zu erwarten, ebenso die Auseinandersetzung mit den anderen textverarbeitenden, -interpretierenden Wissenschaften. Aber genau dieses 'Image' hat die Exegese - von Ausnahmen abgesehen - im allgemeinen nicht. Der Eindruck des methodischen Ghetto's herrscht vor.
4 Bei der späteren Textanalyse von Hos 1 folgt dann je eine etwas ausführlichere Beschreibung. Für detaillierte Diskussion sei verwiesen auf: SCHWEIZER (1981). Die Kurzfassung im voraufgegangenen Kapitel 3 unterscheidet sich - neben mancher Korrektur im Detail - von der früheren Arbeit vor allem durch eine bessere Strukturierung der "Pragmatik". Die in Kapitel 4 gebotene Hosea 1-Analyse gehört noch dem früheren Erkenntnisstand an. Anhand der Überschriften lassen sich die Abschnitte der Pragmatik leicht den Teilbereichen (Textgrammatik, Textlinguistik, Textpragmatik) zuordnen. Aber abgesehen davon: die präsentierte Textbeschreibung wollte von Anfang an einen Mittelweg gehen: einerseits sollte ein guter Einblick in die Methodik gegeben werden; andererseits sollten nicht sämtliche (terminologischen) Möglichkeiten ausgeschöpft werden, damit v.a. beim Einstieg trotz der Bäume der Wald sichtbar bleibe.
5 Vgl. PLETT (1975) 92. Vgl. zur Geschichte des alttestamentlichen Textes die Übersicht bei FOHRER u.a. (^{2}1976) 39.
6 Für Kriterien der Textkritik vgl. NOTH (^{4}1962) 309ff; FOHRER u.a. (^{2}1976) 40ff; für Kriterien der übrigen Schritte vgl. RICHTER (1971); FOHRER u.a. (^{2}1976).
7 Am Zeichenbegriff orientiert: Ausdrucksseite des Zeichens (= SYNTAX), seine Inhaltsseite (=SEMANTIK) und sein Gebrauch (=PRAGMATIK).
8 Lexem: "Freies Morphem..., das kontextunabhängig auf best. Gegenstände und Erscheinungen der außersprachl. Wirklichkeit bezogen ist, oder entsprechende Morphemkonstruktion, sofern sie eine nicht auflösbare semantische Einheit bildet; Bauelement des Wortschatzes, Einheit des Lexikons": ULRICH (1972) 70.
9 Aktant = Hilfsbegriff, der die unterschiedlichen, von einem Prädikat **unmittelbar** abhängigen Glieder meint. Traditionell (und unpräzis) sprach man von: Subjekt, Objekt, Dativobjekt.
10 Anapher: im Text zurückweisendes sprachliches Element (z.B. "**er** regierte" - nämlich der im Satz vorher genannte König). Kataper: im Text vorausweisendes Element (z.B. "Jeremia sprach **folgendermaßen:** ...").
11 Vgl. hierzu die weiteren Ausführungen: SCHWEIZER (1981) 24f und oben Kapitel 2.
12 Der Schritt würde entfallen, wenn - nach den vorigen Bemerkungen - z.B. die Version von Hos 1 nach einer der gegenwärtigen deutschen Übersetzungen der Beschreibung zugrundegelegt würde. Ich hielte es - wenn ich etwa schulische und pastorale Praxis im Blick habe - für verfehlt, mit dem Pathos des Wissenschaftlers aufzutreten und die Arbeit am hebräischen Text als die "alleinseligmachende" darzustellen - und geschehe dies unterschwellig. Nach den vorigen Darlegungen wäre dies hermeneutisch schief und hätte nur den Effekt, andere zu entmutigen. Daran kann mir auch als Wissenschaftler nicht gelegen sein.

unveränderten Form der weiteren Interpretation zugrunde zu legen. Das ergibt
- selbst im Idealfall der Erforschung - wie bei jedem AT-Text ein Auseinanderklaffen: vielleicht werden - bei guter Literarkritik - alle späteren Textzusätze richtig
erkannt und ausgeschieden. Das wäre dann eine synchrone Textebene, die nahe beim
Urtext liegt. Dagegen bleibt unser Sprachverständnis doch auch sehr mit der
Sinngebung der Masoreten (festgemacht an deren Vokalisierung) verbunden. Diese ist
zwar an anderen Textversionen überprüfbar (z.B. Septuaginta). Das ändert jedoch
nicht die Diastase, die zwischen Urtext-Umfang und späterer für uns erst faßbarer
Textsinngebung besteht bleibt.

2.1 Grobabgrenzung

Wir suchen im Hosea-Text erste Signale, die uns Textabgrenzungen erlauben. Es geht
darum, möglichst auf in sich zusammenhängende und ursprüngliche Texte zu stoßen, und
sie zunächst zum Gegenstand der Analyse zu machen. Anschließend soll sukzessive
gefragt werden, inwiefern Erweiterungen des Textes von späteren Händen seine
ursprüngliche Intention verändert haben.
Die Überschrift in 1,1 ist offenbar nicht mit dem verbunden, was dann in V.2
beginnt. V.2 signalisiert, daß nun der Beginn der Worte des Hosea vorliegt. Das
schafft für das, was ab V.2 folgt, einerseits einen Zusammenhang. Zu V.1 hin ist
dies aber eine Abgrenzung. Wir nehmen somit V.2 als Beginn einer Texteinheit.
Intuitiv, im Blick auf die Forschungsgeschichte, sowie im Blick darauf, daß in 4,1
eine Aufmerkformel[13] begegnet: "Hört das Wort des Herrn, ihr Söhne Israels!" - ein
im Hos-Buch sehr seltenes, daher auffallendes Signal - auf Grund dieser drei
Gesichtspunkte können wir den Zusammenhang 1,2 - 3,5 für sich nehmen.
3,1 heißt: "Der Herr sagte zu mir". Das klingt ähnlich - nur eben in Ich-Form wie
1,2: "Der Herr sagte zu Hosea". Sonst kommt dieser Ausdruck im verbliebenen Kontext
nicht mehr vor. 3,1 kann somit in Parallele zu 1,2 als mögliches Anfangssignal einer
neuen Texteinheit verstanden werden. Nimmt man die inhaltliche Situation hinzu, dann
ergeben sich ohnehin Parallelen, Entsprechungen von dem, was auf 1,2 folgt und dem,
was auf 3,1 folgt. In beiden Fällen ist von Hoseas Verhältnis zu einer Frau die
Rede; es ist eine Dirne. Und dieses Verhältnis scheint ein Sinnbild zu sein für das
Verhältnis Israels zu Jahwe. Allerdings sind auch starke Differenzen festzustellen.
Kap.1 ist offenbar an den Kindern besonders interessiert, die dieser Verbindung
entspringen; sie spielen in Kap.3 überhaupt keine Rolle. Kap.3 klärt auch nicht, wie
sich die Geschehnisse in Kap.1 zu der neuen Situation verhalten. All dies spricht
dafür, 3,1-5 im Rahmen von 1,2 - 3,5 als Text für sich zu nehmen.
Beim verbliebenen Teil ist - so nennt es mit Recht SCHREINER[14] - zwischen 2,3 und
2,4 eine Fuge. 2,3: "Nennt eure Brüder: Ammi (Mein Volk), und eure Schwestern: Ruchama (Erbarmen)"! Die beiden Ausdrücke, mein Volk, Erbarmen, haben im vorhergehenden Text eine gute Verankerung. In 2,1 ist von Nicht-mein-Volk die Rede; ebenso
in 1,9. Ähnlich verhält es sich mit ruchama/Erbarmen. Die Frage des Erbarmens oder

---

13 Vgl. SCHWEIZER (1974) 388ff.
14 Vgl. SCHREINER (1977) 169, von ihm auch weitere Anregungen zu diesem Punkt.

Nicht-Erbarmens liegt schon in 1,6f vor. Dagegen wird in 2,4 eine neue Situation sichtbar. Das Thema wechselt abrupt. Die Heilsworte sind zu Ende. Es ergeht die Aufforderung, schwere Vorwürfe zu erheben. Die Rede vom Dirnenzeichen (2,4), den Dirnenkindern (2,6), dem vorenthaltenen Erbarmen ist offenbar nicht beziehungslos zum vorhergehenden. Aber es ist ein in sich stimmiges Bild, das keinen Anschluß an 2,3 hat.

Damit ist der große Textblock 1,2 - 3,5 noch weiter eingegrenzt.
Die vorläufigen Blöcke sind: 1,2 - 2,3
             2,4 - 2,25
             3,1 - 5

Die terminologischen Rückbezüge von 2,3 zum vorausliegenden Text wurden schon angesprochen. Liest man den Block zusammenhängend, fällt ein schroffer Stimmungsumschwung auf. In 1,2 ergeht an Hosea ein ausführlicher Imperativ: "Geh, nimm dir eine Dirne zur Frau und (zeuge) Dirnenkinder!" Diesen Auftrag hat Hosea mit 1,9 erfüllt. 2,1-3 hat damit nichts mehr zu tun. Die kommende Rettung, von der hier die Rede ist, ist in 1,2-9 nicht verankert oder angedeutet. Allenfalls in 1,7, wo davon die Rede ist, daß Jahwe mit dem Haus Juda Erbarmen haben wird, ihnen Hilfe bringen wird. Dann bleibt aber immer noch die Spannung mit 2,1: hier ist nicht vom Haus Juda die Rede, sondern von den "Söhnen Israels", die so zahlreich sein werden wie der Sand am Meer. 2,1 fügt sich also auch nicht problemlos zu 1,7.

Ähnlich wird nicht deutlich, warum der Name des Sohnes in 1,9: Nicht-mein-Volk nun in 2,1 korrigiert wird in: "Söhne des lebendigen Gottes". In 1,9 war zudem von **einem** Sohn die Rede. Nun sind es im Plural "die Söhne". Der Wechsel vom Singular zum Plural wird nicht erklärt. Somit eine Spannung. In 1,4 wird angedeutet, daß das Königtum in Israel untergehen wird. Das ist wohl auch so zu verstehen, daß Israel selbst untergehen wird. In 2,2 ist vorausgesetzt, daß die Söhne Israels sich mit den Söhnen Judas zusammenschließen werden. Was wurde aus dem angedrohten Untergang des Königtums Israel, sowie von ganz Israel? Diese Spannung wird nicht durch den Textzusammenhang erklärt.

Während in 1,2-9 Hosea eine offenbar wichtige ausführende Funktion hat, spielt er in 2,1-3 überhaupt keine Rolle, obwohl doch terminologisch Bezüge zu Kap.1 mehrfach da sind. Läßt sich dieses neue Geschehen so einfach und radikal von Hosea lösen?

Wir sehen uns also mehrfachen literarkritischen Spannungen gegenüber. Sie legen eine letzte Grobabgrenzung nahe: es ist wenig wahrscheinlich, daß 1,2-2,3 ein in sich homogener Text sind. Einige interne Bezüge sind zweifellos vorhanden. Aber zwischen 1,9 und 2,1 ist offensichtlich eine weitere Fuge. Es ist legitim, zunächst 1,2-9 für sich zu betrachten, dann 2,1-3. Nachdem beide Blöcke für sich untersucht sind, kann man sich später der Frage nach dem Verhältnis von beiden zueinander stellen. Dieses Verhältnis kann - nach der jetzigen Vorentscheidung nur ein sekundäres sein, ein kompositorisches oder redaktionelles.

2.2 Sprachliche Probleme in Hos 1
2.2.1 Übersetzungsprobleme

In 2a begegnet die eigenartige Erscheinung, daß ein Nomen im st.cs. (tḥillat) von einem finiten Verb gefolgt wird. Die LXX lesen offenbar dbar, da sie es mit λόγου wiedergeben. Aber das sieht ganz nach Vereinfachung aus. Der masoretische Text dürfte die ursprünglichere Lesart bieten. Der st.cs. dient als Anzeiger dafür, daß noch etwas folgt. Nur ist es nicht ein Nomen im st. abs., wie sonst gewöhnlich, sondern ein finites Verb.[15] - Die Konstruktion DBR/D mit Präposition b= kann zwar als "reden zu" verstanden werden. Besser ist aber: "in" und insofern "durch".[16]

In 2d sieht das zweimalige znūnīm nach einem Plural aus. Stattdessen ist ein Abstraktum gemeint: "Hurerei". Die Gesamteinstellung ist gemeint, nicht nur einzelne Aktionen.[17] - Am Verb ZNH/G hat sich eine umfangreiche kulturgeschichtliche Diskussion entzündet, die aber hier noch nicht aufgegriffen werden muß.[18]

In V.6 ist einmal der Doppelungsstamm/akt., einmal (bei der Namengebung) der D-Stamm/pass. von RḤM belegt. Im ersten Fall = "sich jemandes erbarmen", im zweiten = "Erbarmen empfangen, finden". - Die Konstruktion in V.6g ist ungewöhnlich: für das Verb "entziehen" wird kein Objekt genannt. Auch sonst ist nś' rḥmym l nicht mehr belegt.[19]

Zu 9d steuert GUTHE[20] die textkritische Erwägung bei, ob es nicht statt:

"und nicht bin ich da für euch"

heißen müsse: "und nicht bin ich euer Gott".

Vom hebr. Konsonantenbestand her sähe dies so aus:

gegeben: ' h y h l k m

als ursprünglich
vermutet: ' Ø Ø l̄ h k m

Die heutige, gegebene Version wäre demnach entstanden, indem ein Abschreiber versehentlich zwei Konsonanten vertauscht und zusätzlich den Ausdruck mit h + y aufgefüllt hätte. Da es aber für die vermutete Version keine Textzeugen gibt, ist die freie Konjektur als problematisch, und auch unnötig zurückzuweisen.

2.3 Gliederung in Äußerungseinheiten

Da der Text weitgehend aus Sätzen besteht, deren Prädikat in einem finiten Verb realisiert ist, bereitet die Gliederung in Äußerungseinheiten meist keine Probleme. Drei Stellen müssen jedoch angesprochen werden:

---

15 Vgl. als bekannteste Parallele: Gen 1,1. Vgl. zu dieser Konstruktion GESENIUS-KAUTZSCH § 130d; KÖNIG § 385h. ANDERSEN-FREEDMAN (1980) 153.
16 Hinweis von GUTHE z.St. unter Verweis auf 1 Kön 22,28; Sach 1,9. 13f.
17 Vgl. SCHREINER (1977) 178.
18 Vgl. für weitere Belege der Bedeutung "huren, Hurerei treiben": Hos 3,3; 4,13f (Frau als 1.Aktant); Jer 3,6 (Israel als 1.Aktant) bildlich vom Götzendienst; vgl. die große Allegorie in Ez 16 (bes. V.15; Jerusalem als Treulose). s.u. Ziff.3.3.10/3.3.11.
19 Aber das sind keine hinreichenden Gründe für Textänderungen. So auch RUDOLPH Komm.38f und WOLFF Komm.7, der noch ergänzend auf ntn rḥmym l (Gen 43,14; Dtn 13,18; Jer 42,12) und śīm rḥmym l (Jes 47,6) verweist. CLEARY (1978) 17 verweist für nś'/entziehen besonders auf Am 5,14; Jer 49,29; Mich 2,2. - Anders - aufgrund platter Statistik (es gebe keinen weiteren Beleg) - JEREMIAS (1983) 24: "vergeben".
20 GUTHE (1971) 4.

(1) Die begründend-drohende Zeitangabe - 4c - ist aphrastisch isoliert. Das **kī** trennt sie vom vorausgehenden Imperativsatz, die Verbindung von w + finitem Verb schließt sie vom folgenden Satz aus. Ohne Zweifel ist das aphrastische 4c rhetorisch sehr effektvoll: es verzögert und läßt bei dieser ersten Begründung die Spannung wachsen.

(2) In V.7, am Schluß, werden die Mittel, mit denen Jahwe Juda retten wird, aufgeteilt: eine Dreiergruppe und eine Zweiergruppe sind je in sich durch kopulatives w= verbunden. Vor der Zweiergruppe ist eine kleine Zäsur, der Rechnung getragen werden muß (=7d).

(3) Ganz zum Schluß wird das selbständige Personalpronomen (1.Person) adversativ dem "ihr" entgegengesetzt. Im Rahmen des finiten Verbs wird die 1.Pers. noch einmal realisiert. Gehört diese doppelte Bezeugung in **eine** ÄE? Die Masoreten trennen das Pronomen ab. Dafür spricht auch das Verständnis des "ich aber" als Themasetzung: war eben von "ihr" die Rede, so sichert das "ich" nun adversativ, daß der gedankliche Schwenk, den der letzte Satz voraussetzt, auch in aller Deutlichkeit vollzogen wird.

Bei Verwendung des selbständigen Pronomens ist zu berücksichtigen, ob Kontaktstellung zum Verb besteht, ob das Pronomen vor- oder nachgestellt ist. Die Funktion kann emphatisch, adversativ oder eben die Themasetzung sein. Die adversative Nuance kann auch bei Nachstellung enthalten sein (vgl. 2 Sam 17,5). Die Voranstellung wird zunächst je auf Emphase deuten. Das Zueinander von 1 Sam 10,18 und 19 (in 19 keine Kontaktstellung) entspricht Hos 1,8+9: das "ihr" in V.19 geht über adversative Funktion hinaus (=betonte Themasetzung). Auch dort wird diese Deutung durch die masoretischen Akzente unterstützt. Vgl. auch 1 Kön 21,7.

2.4 Der Text Hos 1,2-9

Hos 1,2-9 transkribiert 21, in Äußerungseinheiten gegliedert, textkritisch überprüft, Arbeitsübersetzung, **ohne** Literarkritik

tḥillat dibbär YHWH b=HWŠ^c	2 a	Anfang (daß) sprach JAHWE durch HOSEA
wa=yō(')mär YHWH 'äl HWŠ^c	2 b	und es sprach JAHWE zu HOSEA:
[h]lek	2 c	geh
[l]qah l=ka 'ešät znūnīm	2 d	nimm dir eine Hure
w=yaldē znūnīm		und Hurenkinder
kī zanō tiznā ha='äräṣ me[n]='aḥrē YHWH	2 e	denn das Land hat von JAHWE weggehurt
wa=ye[h]läk	3 a	da ging er
wa=yi[l]qaḥ 'ät GMR bat DBLYM	3 b	und nahm GOMER, Tochter des DIBLAJIM
wa=tahar	3 c	und sie wurde schwanger
wa=te[y]läd l=ō ben	3 d	und sie gebar ihm einen Sohn
wa=yō(')mär YHWH 'el-a(y)=w	4 a	und es sprach JAHWE zu ihm:

---

21 Zu den Kriterien für die Transkription vgl. SCHWEIZER (1981) 28ff. Die Übersetzung wertet das Prinzip der Wörtlichkeit höher als das der "Schönheit" und "Eleganz". Die Kriterien für die Abtrennung von ÄEen: ein Satz mit finitem Verb (und den davon abhängigen Gliedern) wird abgetrennt. Ausdrücke (z.B. Partikeln), die eine Funktion in sich haben, also nicht notwendig zum folgenden Satz gehören, werden abgetrennt. Vgl. in unserem Text als nichtsatzhaftes Element: 4c. Vgl. stärker spezifiziert, auch was das Problem der Einbettung betrifft: SCHWEIZER (1981) 31ff.

qrā(') šm=ō YZR^C'L	4 b	ruf seinen Namen JESREEL!
kī ^{C}ōd m^{C}aṭ	4 c	denn noch weniges
w=paqadtī 'ät dmē YZR^C'L ^{C}al bēt YHW'	4 d	dann werde ich die Blutschuld JES-REELs am Haus JEHUS ahnden
w=hišbattī mamlkūt bēt YŚR'L	4 e	und ich werde dem Königtum des Hauses ISRAEL ein Ende setzen
w=hayā b=[h]a=yōm ha=hū	5 a	und an jenem Tag wird es sein,
w=šabartī 'ät qäšät YŚR'L b=^{C}emäq YZR^C'L	5 b	da werde ich zerbrechen den Bogen ISRAELs in der Ebene JESREEL
wa=tahar ^{C}ōd	6 a	und sie wurde wiederum schwanger
wa=te[y[läd bat	6 b	und sie gebar eine Tochter
wa=yō(')mär l=ō	6 c	und er sprach zu ihm:
qrā(') šm-a=h L' RḤMH	6 d	ruf ihren Namen "NICHT-HAT-SIE-ERBARMEN-EMPFANGEN"!
kī lō 'ōsīp ^{C}ōd	6 e	denn nicht werde ich weiter fortfahren
'raḥem. 'ät bēt YŚR'L	6 f	indem ich mich erbarme des Hauses ISRAEL
kī našō 'ä[n]šā la=häm	6 g	denn [auf jeden Fall] entziehe ich [es] ihnen
w='ät bēt YHWDH 'raḥem	7 a	des Hauses JUDA aber werde ich mich erbarmen
w=hōša^{C}tī=m b=YHWH 'lohē=häm	7 b	und ich werde sie retten durch/als JAHWE, ihr GOTT,
w=lō 'ōšī^C-e=m b=qäšät w=b=ḥäräb w=b=milḥamā	7 c	und nicht werde ich sie retten durch Bogen und durch Schwert und durch Krieg
b=sūsīm w=b=parašīm	7 d	durch Rosse und durch Reiter
wa=tigmol 'ät L' RḤMH	8 a	und sie entwöhnte die "NICHT-HAT-SIE-ERBARMEN-EMPFANGEN"
wa=tahar	8 b	und sie wurde schwanger
wa=te[y[läd ben	8 c	und sie gebar einen Sohn
wa=yō(')mär	9 a	und er sprach:
qrā(') šm=ō L' ^{C}MY	9 b	ruf seinen Namen "NICHT-MEIN-VOLK"
kī 'attäm lō ^{C}amm=ī	9 c	denn ihr seid nicht mein Volk
w='anokī	9 d	und ich,
lō 'ähyä la=käm	9 e	nicht bin ich da für euch

2.5 Feinabgrenzung innerhalb von 1,2-9

Zwischen V.2a und dem, was ab V.2b beginnt, besteht eine literarkritische Spannung. Während in 2a ein Sprechen Jahwes **durch** Hosea angezeigt ist, spricht Jahwe in 2b, aber auch in 4a.6c.9a, zu Hosea. Im ganzen Kap.1 wird nicht dargestellt, daß Jahwe **durch** und **in** Hosea spricht. Es ist ein Fremdbericht. Wir hören von Jahwes Reden zu Hosea und davon, wie Hosea darauf reagiert. Inwiefern das Verhalten Hoseas für andere, für seine Zeitgenossen, als Wort Jahwes verstanden werden konnte - das wird im Text nicht problematisiert. Wenn so also das Verhältnis von 2a zu 2b schwierig ist, dann muß wohl das doppelte Nennen eines Redens Jahwes eher als Doppelung verstanden werden, also als literarkritisches Indiz, und weniger als stilistisch legitime Wiederholung. 2a trat somit sekundär vor den Er-Bericht, der dann ab 2b beginnt. In 2a hat ein Sammler und Bearbeiter seine Spur hinterlassen, der zu unterscheiden ist von dem Endredakteur, dem V.1 zuzuschreiben war. Denn auch V.2a und V.1 sind nicht aufeinander abgestimmt. Vgl. z.B.

    V.1   DBR 'äl   Sprechen zu
    V.2a DBR b=   Sprechen durch
    V.2b 'MR 'äl   Sprechen zu

Wenn außerdem V.2 sich so ausdrücklich als "Anfang" versteht, dann ist hier der Vorspann von V.1 nicht vorgesehen. Der gibt sich ja auch schon als thematische Überschrift über das folgende.

In 2d macht die Erwähnung der **Hurenkinder** Schwierigkeiten. Im wörtlichen Verständnis müßte man annehmen, Hosea solle die Frau und die Kinder nehmen und würde dann noch weitere drei Kinder zeugen. Aber daß diese 3 Kinder zusätzliche Kinder sind, wird auch nicht gesagt. Die Nennung der Kinder in 2d scheint auf jeden Fall verfrüht zu sein. SCHREINER registriert diese Spannung und fügt die Beobachtung hinzu, im folgenden Gang der Geschichte würden nicht die Kinder als "Hurenkinder" eine Rolle spielen. Vielmehr ziele alles auf die Namengebung. Er folgert daraus: "Die Worte sind mit Bezug auf 2,6b 'denn sie sind hurerische Söhne' in den Text gekommen, wobei wohl mit Rücksicht auf die Tochter statt $b^e n\bar{e}$ das offenere $jald\hat{e}$ gewählt wurde".[22]

Aber Skepsis ist geboten. SCHREINER nennt kein Motiv, weshalb einer das Verständnis des Textes nachträglich erschwert haben sollte, indem er "Hurenkinder" einfügte.[23] Die umgekehrte Bewegung, daß ein schwieriger Text im Verständnis erleichtert wird, ist viel besser vorstellbar. Es gibt neben der literarkritischen Deutung eine stilistische. Traditionell wird von einem "Zeugma" gesprochen, d.h. der Ausdruck "Hurenkinder" ist aktuell zwar Objekt/2.Aktant des Verbs "nehmen"; im Grund muß aber das eigentlich gemeinte Verb ergänzt werden, so daß **davon** dann "Hurenkinder" das eigentliche Objekt wäre. In der Vollform müßte 2d also heißen:

    "Nimm dir eine Hure
    und sie soll dir Hurenkinder gebären"

oder bei gleichbleibendem 1.Aktanten:

    "Nimm dir eine Hure
    und zeuge Hurenkinder".

2d ist damit - wie WOLFF z.St. bemerkt - eine abkürzende Redeweise. Sie ist eher anzunehmen. Denn genuin literarkritische Gesichtspunkte liegen nicht vor.

---

22 SCHREINER (1977) 171ff.
23 Der Verweis auf Hos 2,6b, der ohnehin noch eine Modifikation annehmen muß ("Kinder" statt "Söhne"), kann literarkritisch nicht überzeugen - vgl. SCHREINER (1977) 171 -, weil damit allenfalls redaktionelle Intentionen angedeutet sind. Mit ihnen kann man aber erst operieren, wenn die Literarkritik gesichert ist.

Durch eine große Zahl guter Beobachtungen aber durch problematische Auswertungen fordert SCHREINER weiterhin zur Stellungnahme heraus: Er meint, der Begründungssatz 2e habe dtr Charakter. Sowohl
- der Ausdruck (m'ḥrj jhwh) wie auch
- "huren hinter anderen Göttern her" Ri 2,17;
 "huren hinter den   Baalen her" Ri 8,33

seien dafür typisch. Daher gehöre der denn-Satz in den dtr-Bereich[24]. - Dagegen müssen die sprachlichen Differenzen hervorgehoben werden: An den beiden Stellen ist ausgesagt: "anderen Göttern/den Baalen nachhuren" im Sinn von "ihnen nachlaufen, anhängen". In 2e dagegen dominiert die Präposition min/weg: von Jahwe weghuren.

"Sachlich" mag sich beides ergänzen (von Jahwe weg - zu den Baalen hin). Aber diese Frage ist falsch gestellt. Es geht nicht um das, was sachlich paßt, sondern um die sprachliche Rede von den Sachverhalten. Und solange die sprachliche Differenz so groß ist, hat SCHREINER keine Formel nachgewiesen, auch keine dtr. - Im übrigen ist Formelhaftigkeit kein literarkritisches Kriterium. Ein Autor kann Formeln verwenden, so viel er will. Das ist seine Sache. Wir fragen allein danach, ob die begegnenden Sätze nachvollziehbar und ohne Verständnisschwierigkeit in den Text eingefügt sind.

Die SCHREINERsche Argumentation wurde inzwischen ausgeweitet. Die Beifügung znūnīm/ Hurerei wird nicht mehr nur bei den Kindern in 2d in Frage gestellt, sondern auch bei der Frau. vgl. RUPPERT (1982 FS) 165: "Auch Gomer selbst erscheint in Kap.1 in keiner Weise in schlechtem Licht; sie ist nur als Mutter von Hoseas Kindern wichtig, so daß die Vermutung zur Gewißheit wird: auch ['ešät znūnīm] dürfte eine redaktionelle Angleichung sein und zwar an 2,4." So auch RICHTER (1978) 100. JEREMIAS (1983) z.St. mit nicht recht durchsichtiger Argumentation. Vgl. RUPPERT (1982 BZ) 214f: zweimalige Hinzufügung der Kennzeichnung "hurerisch" durch eine zweite, judäische Redaktion.

Es sind zwei Argumente und ein Vorverständnis im Spiel, wenn bei den "Kindern" oder auch bei der "Frau" das beschreibende Element weggenommen wird: (1) Es habe eine Angleichung an 2,4.6 stattgefunden. - Dieses Argument aber ist nicht textintern angelegt, wie es sich für Literarkritik gehört. Vielmehr denkt es in Redaktionskategorien. Die Literarkritik, die ja erst geleistet werden müßte, wird stillschweigend vorausgesetzt. Daher kann das Argument im literarkritischen Sinn nicht anerkannt werden. - (2) Innerhalb von V.2-9 liege das thematische Gewicht auf den Kindern und der Namengebung. Das Thema "Hurerei" sei dem Text kein Problem, folglich seien diese Aussagen in V.2 funktionslos. - Aber auch das ist keine eigentlich literarkritische Argumentation. So ist - rein inhaltlich betrachtet - V.2 gut vorstellbar als Einleitung, Überschrift, Richtungsangabe für die nachfolgenden Einzelangaben. Kap.1 ist generell stilistisch sehr karg und knapp. Der Autor scheint sich mit Abstrakta (znūnīm) zu begnügen. Damit weiß der Leser, welche generelle Thematik ihn erwartet (Treulosigkeit). Und daß beide Aussagen, V.2 und V.3-9, sehr wohl aufeinander abgestimmt sind, werden wir noch sehen. Also im literarkritischen Sinn ist dieses Argument schwach, weil es zu sehr nur Inhalte diskutiert und zu wenig auf Verständnisschwierigkeiten und Brüche im Lesevorgang achtet. - (3) Es scheint gelegentlich ein Vorverständnis hereinzuspielen. RICHTER (1978) 99: "Selbstverständlich kann es kein Motiv für eine wissenschaftliche Exegese sein, etwas für unser Empfinden Anstößiges in einem Text eliminieren zu wollen". Der Gefahr, die er selbst sieht, erliegt RICHTER denn auch, indem er nämlich doch die ungeheure Behauptung des Textes eliminiert, der Prophet "habe im Auftrag Jahwes mit einer Hure verkehren müssen". - Literarkritik auf dieser Basis hat also den Effekt (und wohl auch das Motiv), den Text wesentlich genießbarer zu machen. Literarkritik soll aber nicht lediglich Ausdruck unserer theologischen Biederkeit sein.

Da die zitierten Positionen alle nicht dazu beitragen, an Ort und Stelle wenigstens zwei deutliche literarkritische Verständnisschwierigkeiten bzw. Brüche nachzuweisen, belasse ich den Text von V.2 ab 2b.

Eine gewisse Schwierigkeit besteht darin, daß in 2e Jahwe von sich in der 3.Person redet. Da ja eine Jahwe-Rede vorliegt, würde man erwarten: "denn das Land hat **von mir** weggehurt". Belege dafür gibt es aber bei Hos noch weitere[25]. Das mag ein Indiz

---

24 Vgl. SCHREINER (1977) 172.
25 Vgl. WOLFF Komm.17. - ANDERSEN-FREEDMAN (1980) 170: Stammt nicht von einem Kompilator: "It is not uncommon in exalted address to speak about oneself in the third person".

dafür sein, daß das empfangene Jahwewort - so deutet WOLFF - schon überspringt in den Verkündigungsstil, d.h. die Jahwe-Rede ist nicht mehr nur im Blick auf Hosea als Adressaten formuliert, sondern schon im Blick auf die Empfänger von Hoseas Botschaft. Gerade bei einem Begründungssatz ein gut vorstellbarer Vorgang.

V.3 + 4 sind in sich gut lesbar. Eine Textstörung, die eine literarkritische Arbeit notwendig machen würde, liegt nicht vor[26].

V.5 insgesamt wird weitgehend als sekundär angesehen. Schon GUTHE z.St. verweist auf den neuen Eingang des Verses. 5a berührt deshalb seltsam, weil auf einen bestimmten Tag verwiesen wird: "und an jenem Tag wird es sein"; man hat aber vorher von einer speziellen Datierung überhaupt nichts erfahren. Im Gegenteil: 4c - "denn noch weniges" -ist ausgesprochen unpräzis. - Weitere Spannungen kommen hinzu. In 5b ist von Israel, vom "Bogen Israels" die Rede. Von der gleichen Größe wird aber in 4e und 6f anders gesprochen, nämlich immer als "Haus Israel". Das ist also genau das literarkritische Argument: eine Sache wird unterschiedlich benannt. Es liegt auch eine Ausweitung vor, denn 4de beziehen sich offenbar auf das Königtum, auf die Dynastie des Jehu; 5b dagegen spricht Israel ganz direkt an, ohne das Bindeglied des Königtums. Das gleiche gilt für die enthaltenen Ortsangaben. In 4d ist die Stadt Jesreel gemeint. Dort ereignete sich die Revolte des Jehu. 5b dagegen weitet aus, meint nicht mehr speziell die Stadt, sondern die große Ebene Jesreel. Auch insofern eine Spannung. Unser literarkritisches Ergebnis besteht also darin: V.5a + b sind im Verhältnis zu 2b - 4e sekundär[27].

Gegen 6g - "denn [auf jeden Fall] entziehe ich [es] ihnen" - gab es schon Einwände, weil man den Satz, genauer das Verb nś' l=, durch "vergeben" übersetzen zu müssen glaubte: "denn ich werde ihnen völlig vergeben". Das wäre eine Heilszusage und nicht eine Drohung. Dann auch wäre der glossenhafte Charakter deutlich. Aber die oben vorgestellte Übersetzung läßt sich halten.

---

26 SCHREINER (1977) 171 glaubt zwar, in 4e einen späteren Zusatz zu entdecken. Aber dies nur durch eine vage Horizontbestimmung: durch den Bezug auf die Ebene Jesreel könne nur das Haus Jehu gemeint sein, nicht aber das Königtum insgesamt. Aber das ist Hypothese. Der Vorteil, 4d+e beieinander zu lassen, besteht übrigens auch darin, daß wir erfahren, worin denn das "ahnden" besteht, nämlich das Königtum wird ein Ende gesetzt. Zumal dann V.5 ohnehin wegfällt.

27 Meist werden in der exegetischen Literatur derartige Textbeobachtungen mit weiterführenden Fragen verknüpft, die aber in unserem Verständnis bereits nicht mehr zur Literarkritik gehören. So meint WOLFF z.St., hier sei ein selbständiges Hoseawort nachträglich der alten Erzählung eingefügt worden. Das mag sein, oder auch nicht. Die Literarkritik hat keine Handhabe, den Autor des betr. Textes oder eines Textteils zu identifizieren. Uns genügt somit die Auskunft, hier sei nachträglich etwas eingefügt worden, der Text sei an dieser Stelle uneinheitlich. Wer der Verfasser war, wird auf dieser methodischen Ebene nicht behandelt, kann auch nicht behandelt werden. - I. WILLI PLEIN (1971) 116f schreibt - legt man **unsere** Terminologie zugrunde - Widersprüchliches. Man muß nur sehen, daß sie etwas anderes meint: Sie glaubt auch, daß V.5 nachträglich hier eingefügt wurde und betont zugleich, V.5 sei literarisch nicht sekundär. Beides gleichzeitig kann man eigentlich nicht behaupten. Denn "literarisch sekundär" heißt: der Textteil ist nicht von Anfang an Bestandteil des zugrundeliegenden Textes, sondern kam erst nachträglich dazu. Das Problem löst sich, wenn man sieht, wie WILLI-PLEIN - wie WOLFF - die Verfasserschaft mit heranzieht. Sie geht aus - ohne eigene Analyse - davon aus, daß auch V.5 von Hosea stamme, V.4, die Jahwerede, sei ebenfalls hoseanisch, und diese direkten Reden seien durch Kompositionsarbeit, durch einen Verfasser des Fremdberichtes zusammengestellt und in den Fremdbericht eingebettet worden. Aber auch damit ist die Literarkritik völlig überlastet. Hypothesen über Verfasserschaft und Entstehung des Textes gehören nicht hierher. - ANDERSEN-FREEDMAN (1980) 185ff belassen V.5 im Text, ohne allerdings Argumente wie die hier genannten zu diskutieren.

V.7 ist ein klassischer Fall einer Glosse. Sprachlich plump bringt ein Späterer eine Korrektur dessen, was bis dahin im Text gelaufen war. Von Juda ist sonst nirgends im Text die Rede, nur in 7a. Juda aber, im Gegensatz zu Israel, wird gerettet werden. Das soll mit der Glosse betont werden. Sprachlich erreicht dies der Verfasser durch Lexem-Wiederaufnahme, durch Übernahme von Elementen, die der vorherige Text schon enthält. 7a ist nahezu identisch mit 6f, nur daß "Israel" durch "Juda" ersetzt ist. 7c hat Anklänge an 5b, was die Erwähnung des "Bogens" betrifft, und allgemeiner den Kontrast: in 5b wird eine Kampfhandlung zur Vernichtung Israels angedeutet; in 7c wird Rettung Judas ohne Krieg angesagt. In 7b und c wird je das Wort YŠ^c/H mit der Präposition b= gebraucht. In 7c ist das Verständnis unumstritten: "retten durch". Und auf Grund der Parallele ist diese Bedeutung - "retten durch Jahwe" - auch in 7b anzusetzen. Das ergibt dann aber eine ganz starke Spannung zu dem "Ich" der Gottesrede, denn es ist ja ohnehin Jahwe, der spricht. Dieses Vorgehen ist nur verständlich aus dem Bemühen, daß der Glossator Jahwe für zu selten im Text erwähnt hält. Jahwe wird ja ursprünglich nur in 2b eingeführt, und dann jweils als Redender vorausgesetzt. Das scheint dem Glossator zu wenig zu sein. Er ist erst zufrieden, wenn Jahwe nochmals ausdrücklich genannt wird. Dieses ängstliche Bedürfnis wird noch dadurch bestätigt, daß eben nicht nur der Gottesname "Jahwe" auftaucht, sondern zusätzlich die Adjunktion ʼlohē=häm "ihr Gott", als ob nicht klar wäre, daß Jahwe der Gott des Volkes ist. Eine solche Adjunktion wäre am absoluten Beginn der Texteinheit am ehesten zu tolerieren. Hier, mitten im Text, befremdet sie. Man sieht am Beispiel von V.7, daß Glossen immer auch etwas mit Rücksichtslosigkeit zu tun haben. Eigene Interessen werden in bestehende organische Zusammenhänge hineingezwängt, ohne Rücksicht auf diese Zusammenhänge. Folglich sind solche Glossen auch leicht wieder zu entlarven, damit in ihrer Wirkung aufzuheben. Auch bei unkritischen Lesern wirken sie - unbewußt - irritierend, so daß sie die Kraft der ursprünglichen Texteinheit schwächen. Die eigenen inhaltlichen Akzente der Glosse sind nur punktuell verwirklicht, so daß sie auch keine große Aufmerksamkeit gewinnen. Glossen haben etwas mit den Schmarotzern aus dem biologischen Bereich gemeinsam.

Mit Hinweisen zur Rhetorik wollen ANDERSEN-FREEDMAN (1980) 188ff die Ursprünglichkeit von V.7 beweisen, anstatt daß sie die inhaltlichen Verständnisschwierigkeiten diskutieren. Man kann nicht mit Rhetorik/Stilistik literarkritische Beobachtungen neutralisieren. Die beiden Fragestellungen liegen auf verschiedenen Ebenen.

Im weiteren sind keine literarkritischen Probleme mehr, so daß wir diesen methodischen Schritt hier abschließen können. Ich fasse zusammen: wir klammern als literarkritisch sekundär aus: 2a. 5ab. 7abc.

2.6 Uneinheitlichkeit von Hos 1,1?

Text:

1 a Wort JAHWEs
  b das war/erging zu HOSEA, Sohn des BEERI,
     in den Tagen des USIJA, JOTAM, AHAS, HISKIJA, den Königen von JUDA
     und in den Tagen von JEROBEAM, des Sohnes des JOASCH, des Königs von ISRAEL.

In Hos 1,1 ist es merkwürdig, daß die Zeitspanne, in der das Wort Jahwes an Hosea ergangen sein soll, sehr verschiedenartig datiert wird. Es werden 4 Könige von Juda genannt, aber nur einer von Israel. Vergleicht man zusätzlich die Daten der jeweiligen Regierungszeit - soweit wir sie trotz einiger Unsicherheiten rekonstruieren können - so ist zu sehen, daß die Spannweite der judäischen Könige viel weiter reicht als die des israelitischen Jerobeam II. Die Regierungszeit Jerobeams geht von 787 - 747, die des Usija von Juda (ein anderer Name von ihm ist Asarja) über Jotam, Ahas, Hiskija, umfaßt ca. 90 Jahre. Unerwähnt bleiben auf Seiten Israels Secharja, Schallum, Menahem, Pekachja, Pekach, Hoschea und dann der Untergang Samarias, d.h. der Untergang des Nordreiches.

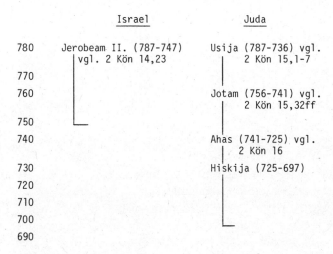

Man kann aus dieser Einseitigkeit zweifellos folgern, daß sich der Verfasser mehr an der judäischen Chronologie orientiert. Sie wird für diesen Zeitraum zusammenhängend geboten. WOLFF[28] hält es aufgrund dieser Spannung für möglich, daß nur die Nennung Jerobeams II. einmal Bestandteil der Überschrift zu Kap.1-3 war, so daß ein judäischer Bearbeiter später diese Überschrift mit den zusätzlichen Angaben über die judäischen Könige aufgefüllt habe. Die Lösung befriedigt aber nicht. Bei der Betrachtung der redaktionellen Probleme, der Sprachgestalt des einleitenden Verses, der Wortereignisformel kommt man ohnehin schon auf einen exilischen Standort des Verfassers von Hos 1,1. Es ist schlecht vorstellbar, daß ein solcher judäischer Bearbeiter nicht auch von sich aus schon die judäischen Könige genannt haben sollte.[29]

---

28 Vgl. WOLFF Komm.1f.
29 Hier kann nur verwiesen werden auf die Erarbeitung der drei Grundformen der Wortereignisformel durch IRSIGLER (1977) 431ff. Demnach stimmt Hos 1,1 mit dem Buchbeginn von Mich, Zeph, Joel überein (auch Jer/LXX). Berücksichtigt man zusätzlich die Datierung - vgl. SEIDL (1977) 438f - so schälen sich als vergleichbar Hos 1,1; Mich 1,1 und Zeph 1,1 heraus: in deuteronomistischen Kreisen gab es offenbar eine einheitliche Bearbeitung vorexilischer Prophetenschriften (etwa 1.Hälfte des 6.Jh.). - Zum genaueren Vergleich der Eröffnungsverse von Prophetenbüchern siehe ANDERSEN-FREEDMAN (1980) 144ff, die zudem glauben, daß die Datierung auf eine noch lebendige Erinnerung zurückgehe, also recht alt sei. Sie haben aber doch Schwierigkeiten, die Diskrepanz in der Datierung zu erklären, vgl. 148f.

Eine andere Lösung versucht RUDOLPH, Komm.36. Er macht einen literarkritischen Rückschluß: "Die alleinige Nennung Jerobeams weist vielmehr darauf hin, daß sich diese Zeitangabe von Haus aus nur auf einen Teilabschnitt des Buches, Kap.1-3 oder gar nur Kap.1 bezog, ursprünglich also in 1,2 enthalten war, von wo sie der Verfasser der Gesamtüberschrift heraufnahm, weil sie die einzige Zeitangabe darstellte, die sich ihm bot".[30] Das ist im Grund genau die entgegengesetzte Lösung zu WOLFF: V.1,1 habe ursprünglich nur die Reihe der judäischen Könige enthalten. V.2-9 habe die Nennung Jerobeams als König enthalten. Bei der redaktionellen Überarbeitung sei dann Jerobeam aus V.2 in V.1 herübergenommen worden. Eine verführerisch geistreiche Konstruktion, die aber mehr Fragen aufwirft, als sie beantwortet. Wo soll Jerobeam in V.2 genannt gewesen sein? Gibt es sprachliche Indizien? Wäre nicht zu erwarten, daß der judäische Bearbeiter Jerobeam in V.1 dann um die weiteren israelitischen Könige ergänzt hätte? Ihm muß doch auch aufgefallen sein, daß der Zeitraum Jerobeams viel kürzer ist. - Im Grund wird mit diesem Vorschlag die Spannung der unterschiedlichen Zeiträume der Könige von Juda und von Israel auch nicht erklärt, sondern das Problem wird nur verlagert. Der eigentliche Einwand gegen WOLFF und RUDOLPH kommt jedoch aus einer anderen Richtung. Nicht die unbefriedigende Erklärung ist das Hauptproblem. Manche Textprobleme müssen einfach ungeklärt bleiben. Vielmehr ist die Freizügigkeit gegenüber dem literarischen Befund die Hauptschwierigkeit. Beide Komm. denken sich ihren Lösungsvorschlag in eigener Kreativität aus - aber ohne Bindung an die Sprachbeobachtungen.

Der Vers enthält zwar eine sachlich-inhaltliche Spannung. Aber im Sinn der literarkritischen Kriterien ist ihm schwer beizukommen. Die inhaltliche Spannung prägt sich nicht in literarisch faßbaren Textproblemen aus. Weder ein syntaktischer Bruch, noch eine Doppelung, noch sonstige Indizien liegen vor. Der Vers ist zwar sehr aufgebläht, aber - wie es scheint - nicht uneinheitlich. Alle, die ihn also in Bestandteile zerlegen und mit diesen separat weiterarbeiten, haben zunächst die Beweislast. Weder WOLFF noch RUDOLPH werden dieser gerecht.

2.7 Rückblick und Ergebnis

Das Interesse dieser Arbeit besteht darin, die bezüglich des Umfangs[31] frühest mögliche Gestalt des Textes der Beschreibung zugrunde zu legen. Um das Untersuchungsobjekt überhaupt zu finden, war ein ziemlicher Aufwand an Einzelbeobachtungen und -diskussionen nötig. Auch die Argumentationsebene mußte je eingehalten werden (z.B. Textkritik, Literarkritik, Sachkritik), wenn man der Gefahr von Fehlschlüssen entgehen wollte. Es ergaben sich verschiedene Teile bei Kap.1:

V.1	V.2a	V.2b-4e	V.5	V.7
		V.6		
		V.8-9		

Die Zusammengehörigkeit der mittleren Gruppe ist noch nicht "bewiesen". Es stehen

---

30 RUDOLPH Komm.36.
31 Die Einschränkung bezieht sich darauf, daß wir bezüglich der sprachlichen Gestalt des hebräischen Textes der Handschrift verhaftet bleiben, auf der BHK/BHS beruhen (Codex Leningradensis, 10.Jh.n.Chr.). Das Postulat synchroner Textbeschreibung erfährt somit eine Einschränkung.

ihr aber auch keine Gesichtspunkte entgegen. Dieser Text soll der weiteren Untersuchung zugrundeliegen. Die weitere Behandlung der übrigen Elemente wird hier ausgeklammert werden.

Trotz aller angestrebter Sorgfalt beansprucht die voranstehende "Konstituierung des Textes von Hos 1" nicht, nun alle bislang diskutierten Probleme gelöst zu haben. Das wäre ungerechtfertigt und vermessen. Die folgende Interpretation baut zwar auf den Ergebnissen dieser Ziff.2 auf. Aber wer manches text- oder literarkritische Problem anders lösen zu müssen meint, für den verschieben sich eben manche Einzelbefunde beim Interpretationsdreischritt. Methodologisch betrachtet ist dieser Dreischritt natürlich völlig eigenständig im Blick auf Einzelentscheidungen bei der "Konstituierung".

Folgende erarbeitete, synchrone Textschicht liegt der weiteren Beschreibung zugrunde:

Hos 1,2-9 transkribiert, in Äußerungseinheiten gegliedert, textkritisch überprüft, Arbeitsübersetzung, **mit** Literarkritik

	[ ]		
wa=yō(')mär YHWH 'äl HWŠᶜ	2	b	und es sprach JAHWE zu HOSEA:
[h]lek	2	c	geh
[l]qaḥ l=ka 'ešät znūnīm	2	d	nimm dir eine Hure
w=yaldē znūnīm			und Hurenkinder
kī zanō tiznā ha='araṣ me[n]='aḥrē YHWH	2	e	denn das Land hat von JAHWE weggehurt
wa=ye[h]läk	3	a	da ging er
wa=yi[l]qaḥ 'ät GMR bat DBLYM	3	b	und nahm GOMER, Tochter des DIBLAJIM
wa=tahar	3	c	und sie wurde schwanger
wa=te[y]läd l=ō ben	3	d	und sie gebar ihm einen Sohn
wa=yō(')mär YHWH 'el-a(y)=w	4	a	und es sprach JAHWE zu ihm:
qrā(') šm=ō YZRᶜ'L	4	b	ruf seinen Namen JESREEL!
kī ᶜōd mᶜaṭ	4	c	denn noch weniges
w=paqadtī 'ät dmē YZRᶜ'L ᶜal bēt YHW'	4	d	dann werde ich die Blutschuld JESREELs am Haus JEHUS ahnden
w=hišbattī mamlkūt bēt YŚR'L	4	e	und ich werde dem Königtum des Hauses ISRAEL ein Ende setzen
	[ ]		
wa=tahar ᶜōd	6	a	und sie wurde wiederum schwanger
wa=te[y]läd bat	6	b	und sie gebar eine Tochter
wa=yō(')mär l=ō	6	c	und er sprach zu ihm:
qrā(') šm-a=h L' RḤMH	6	d	ruf ihren Namen "NICHT-HAT-SIE-ER-BARMEN-EMPFANGEN"!
kī lō 'ōsīp ᶜōd 'raḥem 'ät bēt YŚR'L	6	e	denn nicht werde ich weiter fortfahren
	6	f	indem ich mich erbarme des Hauses ISRAEL
kī naśō 'ä[n]śā la=häm	6	g	denn [auf jeden Fall] entziehe ich [es] ihnen
	[ ]		

wa=tigmol 'ät L' RḤMH	8	a	und sie entwöhnte die "NICHT-HAT-SIE-ERBARMEN-EMPFANGEN"
wa=tahar	8	b	und sie wurde schwanger
wa=te[y]läd ben	8	c	und sie gebar einen Sohn
wa=yō(')mär	9	a	und er sprach:
qrā(') šm=ō L' ᶜMY	9	b	ruf seinen Namen "NICHT-MEIN-VOLK"
kī 'attäm lō ᶜamm=ī	9	c	denn ihr seid nicht mein Volk
w='anokī	9	d	und ich,
lō 'ähyā la=käm	9	e	nicht bin ich da für euch

3. INTERPRETATION: DREISCHRITT ZU HOS 1,2b - 4e. 6. 8-9

Die folgenden Schritte wollen den Einzeltext genau abhorchen, um ihm die nötigen Informationen zu entnehmen, er soll also weder dadurch nivelliert werden, daß zugleich die Gesamtbotschaft des Hoseabuches erarbeitet wird, noch soll er durch religionsgeschichtliches Vergleichsmaterial zugedeckt werden.[32] Alle drei Interpretationsschritte sind literarisch orientiert. Erst bei der Pragmatik ist der Ort, zugleich auch die weitere geschichtliche, außerliterarische Einordnung und Funktion des Textes zu beschreiben.

3.1 SYNTAX

Der hier als Ausdruckssyntax konzipierte Schritt geht davon aus, daß allein schon die Anordnung der Zeichenformen, der Ausdrücke, also der optisch oder akustisch wahrnehmbaren Sprachelemente "sprechen" kann, Hinweise zur Intention gibt. Inhaltliches Verstehen ist daher **nicht** gefordert. Um dies zu erproben, führe ich den Schritt nur am hebr. Text durch, indem ich aber gleichzeitig die des Hebräischen Unkundigen einlade, ihn mitzuvollziehen! Denn daß diese Untersuchung auch an einem mir **bedeutungs**mäßig verschlossenen Text möglich sei, gehört ja zu den Grundvoraussetzungen dieser Art von "Syntax"!

3.1.1 Bezüge textimmanent

(1) in V.2 liegt ein starker Akzent, denn 4x begegnen Wörter,
   die offenbar verwandt sind: znūnīm (2x), zanō, tiznā
(2) In 6c-e begegnet 6x ō (auch L' = lō).
(3) Bemerkenswert ist, daß 8x über den Text verstreut l + ō belegt ist:

```
        1=ō           lō
        3d
        6c
                      6d
                       e
                      8a
                      9b
                       c
                       e
```

---

[32] Gern tut man das anhand der ca. 500 Jahre älteren ugaritischen Texte.

In der zweiten Texthälfte ist die Häufung wesentlich dichter, mit ihrem Höhepunkt in 9bce.

(4) Einige Strukturen können anhand einer tabellarischen Schreibung sichtbar gemacht werden:

```
2b  wa=yō(')mär YHWH 'äl ()   c    lek    d      qaḥ ()                                    e kī ()
3                              a wa=yeläk  b wa=yi[l]qaḥ () c wa=tahar  d wa=te[y]läd ()
4a  wa=yō(')mär YHWH 'el ()                                 b qrā(') šm=ō          YZR^C'L
                                                                                   c kī ()
                                                                                   d   () YZR^C'L
                                                                                   e   () YŚR'L
6                                                a wa=tahar  b wa=te[y]läd ()
c   wa=yō(')mär  Ø l=ō                                       d qrā(') šm=()
                          L' RḤMH
                                                                                   e kī ()
                                                                                   f   () YŚR'L
                                                                                   g kī ()
8a  ()                    'ät L' RḤMH            b wa=tahar  c wa=te[y]läd ()
9a  wa=yō(')mär Ø Ø                                          b qrā(') šm=ō      L' ^CM
                                                                                   c kī () L' ^CM
```

- Über den Text verteilt: 4x wa=yō(')mär, wobei die sich anschließenden Elemente immer weiter abgebaut werden.
- 3x gleichförmig wiederkehrend die Kombination von Ausdrücken:
  wa=tahar wa=te[y]läd () qrā(') šm=
- ebenfalls regelmäßig wiederkehrend: kī (5x)
- bezüglich der großgeschriebenen, transliterierten Elemente (weil Namen) ist eine Täuschungsmöglichkeit gegeben: auf zweimaliges YZR^C'L folgt zweimal das sehr ähnlich klingende YŚR'L.

Wenn wir kurz die Ebene der SYNTAX verlassen und die äußerlich abgelesenen Befunde mit den daran haftenden Inhalten verknüpfen, ergeben sich folgende Erkenntnisse:
ad (1): V.2 legt einen starken Akzent auf die Aussage des "Hurens"
ad (2): Der Kontext des ausgesetzten, suspendierten "Erbarmens" ist auffallend gestaltet.
ad (3): bei l=ō/lō setzt sich eine Bedeutungsverschiebung durch, nachdem die Adressatangaben aufhören (3d. 6c = "zu ihm" (sprechen)), setzt das "nicht" (= lō) ein. Die Negation wird immer dichter und erreicht am Textschluß auch die größte Dichte.

ad (4): zyklisch wiederkehrend ist die Rede vom schwanger sein/ gebären/nennen. 4x spricht Jahwe. 5x wird begründet (kī). Die Namen Jesreel und Israel begegnen je doppelt. Das Spiel mit ihrer Ähnlichkeit entbehrt also der Zufälligkeit. Offenbar wird - schon rein lautlich - auf ihren inneren Zusammenhang betont hingewiesen.

3.1.2 Bezüge über den Text hinaus[33]

Die Frage, ob denn die Sprachausdrücke unseres Einzeltextes gleich, oder zumindest ähnlich, sich auch in anderen Texten finden lassen und ob der Hörer von Hos 1,2-9 sich assoziativ an diese Texte erinnert fühlte, führt auf schwieriges Terrain. Denn nicht jeder Hörer hat die gleichen Assoziationen wie ein anderer. Subjektive Verfassung, unterschiedlicher Bildungsgrad spielen herein. **Wir heute** haben es ungleich schwerer: wir haben nur das Sprachmaterial des AT zur Verfügung, nur einen winzigen Ausschnitt aus der damaligen Sprachwelt. Außerdem kennen wir bei vielen Texten nicht die genaue Entstehungszeit. Daher gelten die folgenden möglichen Bezüge zunächst für **uns** als Hörer, mit dem Literaturkomplex AT als Basis.

(1) Legt man bei der Konkordanzarbeit 2d: qaḥ + 'iššā zugrunde ("nimm eine Frau"), so ergeben sich bemerkenswerte Bezüge zu den Patriarchengeschichten, ohne daß die Ausdrücke so festgefügt wären, daß man eine Formel annehmen könnte. In Gen 12,19 gibt der Pharao Sara an Abram zurück, nachdem Abram so getan hatte, als sei Sara seine Schwester. In Gen 19,15 soll Lot seine Frau (und seine Töchter) nehmen: Lot wird vom Engel gedrängt wegzugehen, um nicht mit Sodom unterzugehen. Im Heiratskontext: Gen 24,51. Rebekka soll mit Labans Einverständnis Isaaks Frau werden. Sprachlich relativ eng ist der Bezug auf Gen 34,4: nach Vergewaltigung Dinas durch Sichem, fordert dieser seinen Vater auf:

    qaḥ l=ī   'ät   ha=yaldā   ()   l='iššā
    nimm mir   das Mädchen   zur Frau

Bezüglich dieses Mädchens wird nach Beendigung des folgenden Konflikts von den Jakobsöhnen Simeon und Levi gefragt: "Durfte er unsere Schwester wie eine Dirne behandeln?" (V.31) Dirne = zōnā - es ist der gleiche Wortstamm, der 4x in Hos 1,2 verwendet ist.

Auf festgeprägten, formelhaften und dann auch institutionell verankerten Sprachgebrauch sind wir also nicht gestoßen. Aber - zumindest nach der Sammlung der AT-Texte - könnte ein Hörer von Hos 1 sich an die häufige Heiratsthematik bei den Patriarchen erinnert fühlen. Bemerkenswert ist der Anklang an die Vergewaltigung Dinas.

(2) Interessant, aber dünn - weil darüber hinaus noch häufiger belegt - ist der Hinweis von WILDBERGER, qaḥ l=ka ("nimm dir") gehöre zur Formensprache der Zeichenhandlungen: Jes 8,1; Hos 1,2; Ez 4,1; 4,9; 5,1.[34]

---

33 Vgl. methodisch: SCHWEIZER (1981) 14-16. 70f.
34 Vgl. WILDBERGER Jes-Komm. 314f.

(3) Eindrucksvoller ist die Verwandtschaft mit dem Verkündigungsorakel[35]: in Gen 16,11 und Jes 7,14 stimmt die Abfolge "Schwanger sein/ gebären/nennen/Begründung" auffallend mit Hos 1,3f. 6. 8f überein. Die Ausdrucksformen sind zwar noch so verschieden, daß keine Formel oder Schema[36] anzunehmen sind. Jedoch sind die Anklänge stark. In Ri 13,4 fehlt das Element QR' šem/"nennen".

(4) zu 4c: kī ^{c}ōd m^{c}aṭ/"denn noch weniges" - "is a characteristic expression in warnings of the punishment of evil".[37]

(5) zu 9de: Sowohl vom hebr. Wortlaut, wie auch - noch stärker - vom griechischen her sind Anklänge an Ex 3,14[38] zu hören:

wa=yō(')mär 'LHYM 'äl MŠH	Ex 3,14a	Und es sprach Elohim zu Mose
'ähyā	b	Ich werde sein
'šär 'ähyā	b$_1$	der ich sein werde
......		
'ähyā šlaḥ-a=nī 'lē=käm	e	"Ich werde sein" hat mich geschickt zu euch
w='anokī	Hos 1,9d	und ich,
lō 'ähyā la=käm	e	nicht bin ich da für euch.

LXX: Ex 3,14   Ἐγώ εἰμι ὁ ὤν
LXX: Hos 1,9   καὶ ἐγὼ οὐκ εἰμι ὑμῶν

Zur Auswertung:
RUDOLPH wirft zum Verhältnis Hos 1,9 und Ex 3,14 die Frage auf, ob schon Hosea diese Anspielung "beabsichtigt" habe (und nicht erst LXX)[39]. Dieser Einwand wird häufig bei detaillierten Sprachbeschreibungen gemacht: es sei doch unwahrscheinlich, daß der Autor all dies "bewußt gewollt" habe. In der Tat ist ein derart bewußtes Schreiben vielleicht meist unwahrscheinlich. Aber das ist für die Sprachbeschreibung auch völlig unwesentlich: ob bewußt gestaltet, oder intuitiv, spontan verfaßt - der Verfasser hinterläßt ein Sprachgebilde, das gründlich beschrieben werden kann. - Und der Untersuchende kann legitimerweise auf Intentionen stoßen, die dem Verfasser nicht bewußt waren, die ihn aber gleichwohl leiteten. Das bedeutet hier: spätestens z.Zt. der Buchwerdung von Thora und Propheten (wenig nach dem Exil) muß Hos 1,9 als starker Anklang an Ex 3,14 verstanden worden sein. Es kann nur vermutet werden, daß dieser literarische Effekt auch schon einige Zeit früher wirksam war (war die Namensinterpretation zu "Jahwe" schon z.Zt. Hoseas bekannt?).

3.1.3 Zusammenfassung

Textimmanent liegt ausdruckssyntaktisch eine Spannung von großer **Gleichförmigkeit** und daneben starker **Zuspitzung** vor. Einem starken Anfangssignal (4x ZNH) entspricht ein starkes Schlußsignal (3x lō; 2x ^{c}amm=ī). Dazwischen 3x nur wenig variierte

---

35 Vgl. WILDBERGER Jes-Komm. 289
36 Zu den Termini vgl. RICHTER (1971) 99ff. 117ff.
37 BUSS (1969) 93. Die Belege, auf die B. in Anm. 80 verweist, sind - er vermerkt es nicht - später als Hosea: Jes 10,25; 29,17; Jer 51,33; Hag 2,6; Ps 37,10.
38 Zur Interpretation des Verses: SCHWEIZER (1981) 308ff.
39 Vgl. RUDOLPH Komm.54. R. geht auf die Schwierigkeit ein, daß wir die zeitlichen Entstehungsbedingungen vieler Texte nicht kennen. Aber das haben wir oben schon erwähnt. - ISBELL (1978) verweist - mit vielen anderen - zurecht darauf, daß die Verbalform 'hyh als Eigenname, als

Blöcke: schwanger werden/gebären/ nennen. Alle Teile werden durch durchlaufendes kî /denn verbunden. Dazwischen kleinere Effekte. Gegen Schluß eine deutliche Steigerung (Häufung von lō):

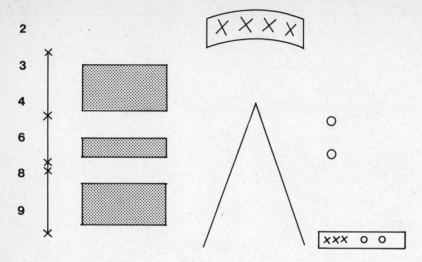

Textüberschreitend stellten wir Formeln im strengen Sinn nicht fest. Insofern ist der Text kreativ formuliert, ohne Wiederverwendung von geprägtem Material. Die sprachlichen Ausdrücke ließen aber eine ganze Reihe von Anklängen vermuten, so daß der geäußerte Wortlaut wohl absichtlich und gezielt den Boden für Assoziationen bereitet. Die literarisch erhebbare Botschaft besteht somit:
- im Zusammenhang der geäußerten ÄEen
- und in dem, was der Hörer/Leser assoziativ "mithören" soll.

Später wird die Pragmatik auf einen dritten Faktor verweisen: die literarische Botschaft in ihrer Bezogenheit auf die außerliterarische Situation. Erst daraus ergibt sich die Gesamtbotschaft. Starke Bezüge ergaben sich zu den Patriarchengeschichten, bes. Abram und Isaak (Gen 12. 16. 24). Auffallend der sprachliche Bezug zur Dina-Geschichte Gen 34. Man könnte in vielem die Dina-Geschichte als Interpretationsfolie zu Hos 1 nehmen.[40] Ein anderer Bezug ging zur Namenoffenbarung an Mose in Ex 3.

Diese Feststellungen sind auf der Basis **unseres** AT getroffen. Ungeklärt ist, in welcher Form die Vätergeschichten z.Zt. der Entstehung von Hos 1 bekannt waren. **Daß** sie von früher Zeit her, in verschiedenen Versionen, tradiert wurden, ist wohl nicht zweifelhaft. Eine solche Vermutung ist nicht identisch mit der Behauptung alter, zusammenhängender (und heute zweifelhaft gewordener) Pentateuchquellen. Die Vereinigung solcher Erzählungen im Pentateuch nach dem Exil bedeutet nur zum geringen Teil Neuschöpfung, vielmehr Sammlung und redaktionelle Bearbeitung.[41] - Der Verfasser von

---

Allomorph für YHWH gelesen werden kann, und nennt biblische und nach-biblische Belege, vgl. 102ff. "Clearly the prophet could not have chosen a more emotional term by which to express the 'Nein' of God to his people"(110).
40 Bemerkenswert ist, daß die Dina-Geschichte (Gen 34) in dem Raum spielt, in dem auch Hoseas Wirken anzusiedeln ist.
41 Sehr vieles ist heute - was Pentateuchfragen angeht - im Fluß. Blickt man von Hosea her auf das (Pentateuch-)Material, so legt die Studie von BRUEGGEMANN (1968) materialreich (wenn auch

Hos 1 redet also nicht explizit davon, daß er auf alte Traditionen Bezug nimmt. Faktisch tut er es aber und bringt damit beim Hörer/Leser zusätzliche Saiten zum Klingen.

3.2 SEMANTIK

Wie in der Methodenübersicht schon angedeutet (s.o.Kapitel 3) beschäftigt sich die Semantik je mit der einzelnen ÄE, mit ihrer wörtlichen Bedeutung. Das Ganze, das eine ÄE ist, wird durch die Semantik schichtenweise auf einzelne Aspekte hin befragt und untersucht. Es wird dabei zunächst der Eindruck des Zergliederns entstehen. Hält man bei jedem Einzelschritt die Ergebnisse zu allen ÄEen nebeneinander, lassen sich semantische Tendenzen für den Gesamttext erkennen.[42]

3.2.1 Wertigkeiten

Die beste Art, eine ÄE aufzuschlüsseln, ist die Frage nach der Prädikation.[43] Eine Prädikation ist die Verbindung von einem Prädikat mit wenigstens einem nominalen Element. Je nach Bedeutung des Prädikats sind zur Sinnerfüllung wenigstens eine (= Subjekt, = 1. Aktant), oder noch weitere Informationen logisch unmittelbar abhängig.[44] Ein letztes, bevor wir den Text untersuchen: der Verfasser eines Textes ist nicht Sklave der Logik. Die Informationen, die an sich gefordert wären, kann er weglassen, wenn sie ihm nicht wichtig genug sind. Der Verfasser kann also Leerstellen "produzieren". - Im vorliegenden Text sieht der Befund wie folgt aus:

(1) 'MR/reden, sprechen gibt sich als Prädikat, als Kern der ÄE aus in 2b. 4a. 6c. 9a. "Sprechen" läßt sich - logisch - nicht verwirklichen,
- ohne daß es von **jemandem** vollzogen wird (= 1. Aktant)
- ohne daß **etwas** gesprochen wird (= 2. Aktant/Objekt)
- ohne daß es - wenigstens potentiell - einen **Adressaten** erreicht (= 3. Aktant).

Wie ist die tatsächliche Verwirklichung im Text und je im Rahmen der einzelnen ÄE? - Genannt werden:

2b: 1. Aktant   ∅   3. Aktant: Adressat[45]
4a: 1. Aktant   ∅   3. Aktant: Adressat
6c: ∅   ∅   3. Aktant: Adressat
9a: ∅   ∅   ∅

---

in einigem inzwischen überholt: B. argumentiert genau von den formgeschichtlichen Positionen her, die inzwischen zweifelhaft geworden sind, z.B. kleines geschichtliches Credo, Bundeserneuerungsfest/Jos 24, starre Form-Inhalt-Gebundenheit im damaligen Reden) nahe, daß Hosea vieles der späteren Pentateuchmaterialien gekannt haben muß. Vgl. das Urteil von CASSUTO (1973) 100: "...the Book of Hosea contains passages that cause us to believe that much of what we read in the Torah today already existed in its present form in Hosea's time and was known to broad circles of the people... These ancient sections often served as model to Hosea, and often he alluded to them or borrowed phrases and ideas from them".

42 Vgl. SCHWEIZER (1981) 80ff.
43 Sie ist nicht identisch mit der Frage nach dem finiten Verb! Letzeres ist eine Ausdruckskategorie, keine semantische. Im Fall von Nominalsätzen muß eine Prädikation angenommen werden, von der man auch die Wertigkeit bestimmen kann, ohne daß auf der Ausdrucksseite ein eigenständiges Pendant vorliegen würde. Vgl. SCHWEIZER (1981) 112-115. 120-122.
44 Im Gegensatz zu den freien Adjunktionen = fakultative Zusatzbeschreibungen der "Kernelemente". s.u. Ziff.3.2.4.
45 Der Ausgangspunkt der angenommenen Bewegung, der "Defizient", ist mit dem 1. Aktanten identisch.

Der "Sättigungsgrad" der ÄEen nimmt also immer mehr ab, kann es semantisch auch, weil pragmatisch das Verständnis dennoch gesichert bleibt. Auf den je nicht genannten 2. Aktanten wird später noch zurückzukommen sein. - Man kann so schon vermuten, daß der Verfasser Einsparmöglichkeiten (Sprachökonomie) nutzt, ansonsten hätte er die Leerstellen ausformuliert.

N.B. 'MR wurde bis hierher wie ein Voll-Prädikat beschrieben, also so, als würde damit ein Sachverhalt der Außenwelt beschrieben. Es sei hier jedoch notiert, daß es nötig sein wird, diesen Schein aufzulösen. Denn in der Außenwelt begegnet mir nur eine Reihe von Lauten. Daß diese Laute eine sinnvolle Sprache sind, kann ich nur durch geistige Kompetenz erkennen. Genaugenommen ist 'MR/Sprechen primär eine Angelegenheit der Codes (Epistemologie: diktiv).

(2) HLK/gehen in 2c. 3a. Hier genügt die Vorstellung von nur einem Aktanten, der in beiden ÄEen aber nicht ausformuliert wird (er ist morphologisch erschließbar):

    2c: Ø

    3a: Ø

Verben der Ortsveränderung lassen natürlich Ortsangaben erwarten. Das könnte die Frage aufwerfen, ob Ortsangaben nicht "Aktantenstatus" haben. Daher sei hier daran erinnert, daß die Frage der Orts- und Zeitangaben hier grundsätzlich bei jeder Prädikation aufgeworfen wird. Es handelt sich um so elementare Denkkategorien, daß man ihnen nicht gerecht werden würde, wenn sie nur bei Bewegungsverben beachtet würden bzw. wenn man mit diesem Maßstab dieser Verbgruppe einen Sonderstatus einräumen würde.

(3) LQH/nehmen fordert 3 Aktanten.[46] Explizit realisiert sind:

2d: Ø	2. Aktant	Defizient: Ø	
			3. Aktant
		Adressat	
3b: Ø	2. Aktant	Ø	

(4) ZNH/huren ist in 2e fast wie ein Prädikat der Ortsbewegung verstanden: sich in Bezug auf Beziehungen, sexuellen Ausdruck falsch verhalten und dabei von X entfernen. Der räumliche Aspekt, offenbar integral zu dieser Verbbedeutung gehörend,[47] wird auch explizit realisiert, ebenso wie der

1. Aktant: das Land

Raum: von Jahwe weg

(5) HRH/schwanger werden: 3c. 6a. 8b, ein einwertiger Prozeß: 3x Leerstellen beim 1. Aktanten (er ist morphologisch erschließbar).

(6) YLD/gebären: 3d. 6b. 8c. Der Prozeß des Gebärens wird offenbar als dreiwertig verstanden. "er" ist nicht nur unbeteiligter Nutznießer (wäre: Benefiziat), sondern Empfänger, (patriarchalischer) Adressat

3d: Ø	2. Aktant	3. Aktant: Adressat
6b: Ø	2. Aktant	Ø
8c: Ø	2. Aktant	Ø

---

[46] Zum Problem dieser Prädikate: vgl. SCHWEIZER (1981) 140f. Das l=ka kann nicht im Sinn des dativus commodi, also eines nicht unmittelbar beteiligten Nutznießers, interpretiert werden. Es ist Adressatangabe.

[47] Im Blick auf solche Verben möchte ich den früheren Vorschlag weiterentwickeln, vgl. SCHWEIZER

Mit der grammatischen Erfassung werden somit auch soziologische Einstellungen explizit gemacht - was zur Absicherung Begleituntersuchungen erfordern kann.

(7) QR'/nennen: 4b. 6d. 9b. Das Verhältnis von "sein/ihr Name" zum dann genannten Eigennamen ist schwierig. Ersteres ist zweifellos Objekt, also 2. Aktant. Der Eigenname ist aber nicht - etwa geistig gemeinter - "Effekt". Vielmehr besteht eine Identitätsbeziehung weiter: z.B. Jesreel ist auch weiterhin = sein Name. Damit erweist sich der jeweilige Eigenname als Zusatzbeschreibung und nicht als Aktant.[48] Zur Ebenenzugehörigkeit gilt das Gleiche wie bei 'MR/Sprechen, s.o.

  4b: Ø   2. Aktant ()
  6d: Ø   2. Aktant ()
  9b: Ø   2. Aktant ()

(8) GML/entwöhnen: 8a, zweiwertig
  8a: Ø   2. Aktant

(9) NS'/entziehen, dreiwertig
  6g: Ø   Ø   3. Aktant: Defizient

(10) In 9ce beeinflussen die Negationen den Prädikationstyp nicht.[49] In 9c liegt im Hebr. ein nominaler Identifikationssatz vor, der als einwertig gilt.[50] Dagegen ist 9e ein verbaler, zweiwertiger Zuordnungssatz.[51]

(11) Es sind nun noch einige finite Verben übrig, die uns keine vorstellbare, selbständige Beschreibung eines außersprachlichen Sachverhalts liefern, vielmehr subjektive Einstellungen oder Aspekte von Sachverhalten:

  4d: PQD/ahnden
   e: ŠBT/ein Ende setzen in allen Fällen ist der 1. Aktant "ich" morphologisch angedeutet,
  6e: YSP/fortfahren aber nicht explizit realisiert
   f: RḤM/sich erbarmen

Es liegen somit Prädikat-Operatoren vor, d.h. es sind Verben, die von ihrer morphologischen Erscheinung (konjugiert) und ihrer wörtlichen Bedeutung her (mit ihnen als offensichtlichem Prädikat hat sich ein 1.Aktant verbunden) sich als vollgültiges Prädikat präsentieren. Mit diesem ersten wörtlichen Eindruck begnügt sich die Semantik. In solchen Fällen begnügen wir uns mit der Frage nach dem 1. Aktanten.[52] Die Pragmatik wird weiterfragen: bezeichnen diese vermeintlich vollgültigen Prädikate denn wahrnehmbare Tätigkeiten, Prozesse oder Zustände? Antwort: nein. Worin das "Ahnden" besteht, wird nicht gesagt. Würde eine Stadt durch Feinde

---

(1981) 123ff: das Stichwort "Wertigkeit" bezieht sich nicht mehr nur eng auf die beteiligten Aktanten(gruppen). Es kann auch die elementaren Raum-/Zeitkategorien einbeziehen, wenn diese integraler Bestandteil der Verbbedeutung sind. Das beschriebene Verb wäre somit zweiwertig, ohne daß ein 2. Aktant logisch anzunehmen wäre.
48 Paraphrase: ruf seinen Namen, indem du, dadurch daß du Jesreel rufst. Der Beschreibungstyp ist der der Explikation, vgl. SCHWEIZER (1981) 166.
49 Negationen sind auf der Ebene der Pragmatik einschlägig, vgl. SCHWEIZER (1981) 310ff. s.u. Ziff.3.3.8.
50 Zur Problematik vgl. SCHWEIZER (1981) 121f. Anm.107.
51 Auch hier Zweiwertigkeit aufgrund des mitschwingenden räumlichen Verständnisses, und ohne 2. Aktanten; s.o. Anm.47.
52 Vgl. SCHWEIZER (1981) 87f Anm.18. - s.u. Ziff.3.3.1.

eingenommen und zerstört, so könnte diese Aktion beschrieben werden. "Ahnden" dagegen ist unanschaulich, weil es eine **innere** Einstellung anzeigt. Analoges gilt für die anderen Verben. - Der Ausblick auf die pragmatische Fragestellung war nötig, weil bei diesem Typ von Verben sich oft Probleme einstellen, wenn man die semantische Aktantenbestimmung auch über den 1.Aktanten hinausführen will.

(12) Für alle Prädikationen zusammen die Frage: werden die elementaren Kategorien von Raum und Zeit explizit realisiert?[53] Mit dieser Fragestellung sind wir bei Hos 1 schnell am Ende:
- Zur Zeitbeschreibung eines geschilderten Sachverhalts begegnet keine Angabe. Nur außerhalb einer Prädikation:
  4c kī ^{c}ōd m^{c}aṭ/denn noch weniges.
- die einzige Stelle, wo eine räumliche Vorstellung in den Blick kommt, ist 2e: "von Jahwe weg" (bzw. in der negativen Entsprechung: 9e).

Zur Interpretation:

Wenn wir voraussetzen, der Text liefere - unter dem Gesichtspunkt "Wertigkeiten" - wenigstens soviel an Informationen, daß er noch als sinnvolles Ganzes aufgefaßt wird, dann gilt zugleich als Gegenbeobachtung: der Verfasser war sehr sparsam. Von ca. 51 Wertigkeitsstellen + 26 Raumhinweisen + 26 Zeitangaben, also ca. 103 Informationsmöglichkeiten hat er nur 22 Wertigkeitsstellen (darin eingeschlossen 2 Raumhinweise) + 0 Zeitangaben, also 22 Informationsmöglichkeiten explizit genutzt. Lediglich die morphologischen Andeutungen des 1. Aktanten (im Hebräischen, im Deutschen steht dafür ein Pronomen) mildern diesen Eindruck etwas. Insgesamt ein sehr karger Text mit vielen Leerstellen, der somit viele Fragen aufwirft. Durch die geringe Informationsmenge ist es ein Unruhe stiftender Text. Kann der Verfasser nichts Genaueres sagen? Will er sich mit knappen Andeutungen zufriedengeben? Setzt er ergänzendes Wissen bei den Hörern voraus? Oder behandelt er diese absichtlich schroff und knapp? Ist auch die Kargheit eine Form von Züchtigung?

3.2.2 Sprechakte (Illokution)[54]

Was der Verfasser mit den Prädikationen, die wir beschrieben haben, eigentlich erreichen will, worauf er hinaus möchte, ist erst ungenügend erfaßt. Die Bestimmung der Wertigkeiten verrät noch nicht alles über den faktischen Gebrauch der Prädikate im Text.

Fragen wir hier nach den Sprechakttypen. Die Behandlung der Beispiele erläutert das Vorhaben am schnellsten:
(1) 21x werden Prädikationen **darstellend** eingebracht, d.h. die Sachverhalte sollen einfach beschrieben werden; man kann hierbei unterscheiden:

---

53 Die logische Prämisse: für uns ist ein Sachverhalt nur im Rahmen dieser Grundkategorien vorstellbar. Vgl. SCHWEIZER (1981) 262.
54 Vgl. SCHWEIZER (1981) 94ff.

- die beschriebenen Sachverhalte liegen in der Vergangenheit:
  2b. 3a.b.c.d. 4a. 6a.b.c. 8a.b.c. 9a = 13x (narrativ)
- die Sachverhalte werden als gegenwärtig konstatiert:
  2e. 9c.e. = 3x (konstativ)
- die Sachverhalte werden als zukünftige vorhergesagt:
  4d.e. 6e.f.g = 5x (praedictiv)

(2) 5x sollen die Sachverhalte erst **ausgelöst** werden. Der Sprecher will den Hörer veranlassen, diese Sachverhalte zu verwirklichen. In 2c.d. 4b. 6b. 9b liegt ein Imperativ vor.

(3) Nun gäbe es - theoretisch - noch den Sprechakt der Kundgabe: ein Sprecher äußert seine innere Einstellung zum Sachverhalt. Aber **semantisch** ist ein solcher expressiver Sprechakt nicht belegt, weder auf seiten Jahwes noch Hoseas. Weder ein positives noch ein negatives Gefühl wird auf direktem Weg artikuliert.

Zur Interpretation:

Als Information erfährt der Leser in 6f, daß Jahwe sich nicht weiterhin des Hauses Israel erbarmen wird. Hier ist von einer Gefühlsaussage, allerdings negiert und in **darstellendem** Sprechakt, die Rede. Was in 6f punktuell explizit angesprochen wird, nämlich, daß Jahwe erbarmungslos sein wird, das wird durch die gesamte Reihe der Sprechakte des Textes genauso erläutert: eine gefühllose, unerbittliche, weil völlig sachliche Redeweise. Sowohl in den Rede- wie in den Erzählteilen wird anscheinend emotionslos registriert. Die fünf "Auslöser", einseitige, immer von Jahwe ausgehende, knappe Befehle verstärken den "harten" Ton.[55]

3.2.3 Codes (Modalitäten)[56]

Es steht nun noch die Skizzierung des Wirklichkeitsbezuges der Prädikationen aus: Modifikationen sehr unterschiedlicher Art sind möglich, die mit den bisherigen Bestimmungen noch nicht erfaßt wären. Und umgekehrt: werden keine Prädikat-Operatoren eingesetzt, so "spricht" dies auch. Dann wird nämlich die Wirklichkeit und Tatsächlichkeit des Sachverhalts fraglos vorausgesetzt.

(1) Die uneingeschränkte Geltung des Sachverhalts[57] ist anzunehmen für: 3a.b.c.d. 6b. 8a.b.c. 9e. Eine größere Zahl von Prädikationen hat also keine modale Färbung. Es sind fraglos sichere Vergangenheits- oder Gegenwartsaussagen. Das Gewicht des Faktischen dominiert.

(2) Bei zukünftigen Sachverhalten ist die Situation anders: man kann als Sprecher zwar sicher futurische Aussagen treffen, aber - per definitionem - ein Wirklich-

---

55 4c blieb hier - wie vorhin schon - als aphrastisch ausgeklammert.
56 Vgl. SCHWEIZER (1981) 82f. 86f. 171ff.
57 Die Referenz wird präsupponiert.

keitsbezug kann nicht vorausgesetzt werden. Der Sachverhalt existiert erst auf sprachlicher Ebene[58]: Der Code IMAGINATION tritt in Kraft.
- in 4d.e ist der Wirklichkeitsbezug ein prospektiver (w=qatal)
- der gleiche Fall liegt wohl in 6e.f.g vor. Ausgedrückt wäre er dann aber anders (yiqtol-x; x-yiqtol).[59]

(3) Der Code INITIATIVE ist realisiert in 2c.d. 4b. 6d. 9b.
Dabei kann man in allen Fällen sagen:

X veranlaßt Y, den Sachverhalt auszuführen (= kausativ)[60]

Unnötig zu betonen, daß auch hier ein Wirklichkeitsbezug noch aussteht. Auf andere Weise, nämlich durch kausale Konjunktion "denn", bekommen weitere ÄEen diese Modalitätsfärbung: 2e. 6e.g. 9c (4c bleibt hier noch - weil aphrastisch - außer Betracht, stößt aber pragmatisch hinzu).

(4) In 6a.e steht je $^c\bar{o}d$/wiederum, weiter, aus dem Code: Stadium/Aspekte: iterativ bzw. durativ.[61]

(5) Schließlich sind die Redeverben zu nennen: 2b. 4a. 4b. 6c.d. 9a.b. Sie gehören primär auf die Ebene geistiger Auseinandersetzung (Epistemologie).

Zur Interpretation:

Als erstes kann man registrieren, welche Nuancen **nicht** vertreten sind: es ist dem Text kein Problem, ob dieser oder jener Sachverhalt überhaupt erkannt werden kann.[62] Was erwähnt wird, ist fraglos klar oder ist problemlos mitteilbar. Auch die Ermöglichung der Sachverhalte ist kein Problem:[63] was erwähnt wird, ist uneingeschränkt möglich. Damit bekommt der Text - nimmt man die Informationen dieses Punktes zusammen - einen radikalen Anstrich. Die Macht des Faktischen, der Eindruck des Klaren und Sicheren dominiert völlig. Nirgendwo ein Anzeichen von Zweifel, Schwierigkeit, Einschränkung. Die prospektiven Aussagen sind in die Überzahl harter 'facts' eingebettet - nimmt man zu Ziff.(1) den Eindruck der Redeeinleitungen hinzu. Der Blick in die Zukunft hat eine sichere Basis. Mehrfach begegnet der Verweis auf eine enge Akteurgemeinschaft: zwingend ist die Befehlsstruktur. Ähnlich eng ist die wiederholte Verknüpfung von Sachverhalten ("denn"). Den kurzen Text prägt somit eine sehr strenge Logik, die offenbar kaum Freiräume läßt.

3.2.4 Beschreibende Elemente (Adjunktionen)

Die Aktanten, Orts- und Zeitangaben, also die logisch notwendigen Glieder der Prädikation, können je zusätzlich noch weiter beschrieben werden. Wenn dem Verfasser

---

58 Vgl. SCHWEIZER (1981) 102f. 182ff.
59 Von den Beobachtungen der Ausdrucksseite, wie auch von der Theorie her ist eine Bemerkung nötig: futurische Sachverhalte sind offen für viele modale Nuancen, eben weil es sie "faktisch" noch nicht gibt. Wo dagegen die Referenz gesichert ist, bleibt kein Raum für subjektive Einschätzungen.
60 Vgl. SCHWEIZER (1981) 192.
61 Vgl. SCHWEIZER (1981) 206. Bezüglich des oben schon bestimmten Wirklichkeitsbezugs entstehen hierdurch keine Einschränkungen.
62 Frage der Sicherheit des Wissens: Code EPISTEMOLOGIE. Vgl. SCHWEIZER (1981) 171ff.
63 Vgl. SCHWEIZER (1981) 195f.

an größerer Anschaulichkeit liegt und wenn er damit zugleich dem Hörer/Leser einen plastischen und sicheren Eindruck der Wirklichkeitsnähe dessen vermitteln will, was er sagt, dann füllt er die semantisch notwendigen Positionen mit Adjunktionen auf.[64]
- Einem sonderlich aufgeblähten Stil begegnen wir in Hos 1 nicht. Dennoch lassen sich einige interessante Beobachtungen machen:

(1) In 4b šem/Name
      6d šem/Name   2. Aktant
      9b šem/Name
      9b ᶜam/Volk   Zusatzbeschreibung[65]
      c   ᶜam/Volk

wird je eine semantische Größe durch ein Pronomen weiter beschrieben: seinen/ihren/ seinen/mein/mein. Immer also geschieht die Beschreibung durch Verweis auf eine Person. Der semantischen Größe (Name/Volk) wird eine Person zugeordnet.

(2) Solche zuordnenden Beschreibungen finden sich noch weitere, d.h. wo zwei semantisch unterschiedene Größen miteinander in Beziehung gesetzt werden:
    3b bat/Tochter   wird zugeordnet auf DBLYM/Diblajim
    4d dmē/Blutschuld   wird zugeordnet auf YZRᶜ'L/Jesreel
    4d bēt/Haus   wird zugeordnet auf YHW'/Jehu
    4e mamlkūt/Königtum wird zugeordnet auf bēt/Haus
    4e bēt/Haus   wird zugeordnet auf YŚR'L/Israel
    6f bēt/Haus   wird zugeordnet auf YŚR'L/Israel

(3) Eine einzige identifizierende Adjunktion begegnet:
    3b: Gomer (ist die) Tochter des Diblajim

(4) Eine einzige Adjunktion fällt aus dem bisherigen Rahmen heraus:
    znūnīm/Hurerei in 2d.
  - nur hier wird ein Satzteil kopulativ erweitert: Frau **und** Kinder. Das gibt es sonst im ganzen Text nicht mehr.
  - nur hier begegnet ein Abstraktum in beschreibender Funktion (in 4d dmē/Blutschuld wird dagegen das Abstraktum beschrieben)
  - nur hier wird die Adjunktion sogar wiederholt - angesichts der Kargheit und Schmucklosigkeit des Textes geradezu ein Luxus.

Diese drei Gesichtspunkte wie auch die Tatsache, daß es das einzige nicht eingegrenzte Abstraktum des Textes ist, heben znūnīm/Hurerei als deutlichen Akzent heraus.

Zur Interpretation:

Die Sprache des Textes ist schmucklos. Ausmalende Attribute oder Relativsätze, die

---

[64] Traditionell bekannt ist die Erscheinung als: Attributs-, Appositions-, Genitiv-Verbindung, Relativsatz, Annexionsverhältnis. Aber die Termini lassen sich - in Analogie zum Prädikationsmodell - präzisieren. Außerdem gibt es zwischen Beschriebenem und Beschreibendem ein unterschiedlich enges Verhältnis: Deskription, Explikation, Parenthese. Vgl. SCHWEIZER (1981) 161ff.
[65] S.o. Anm.48.

der Phantasie Nahrung geben würden, begegnen nicht. Der Text ist von dieser Seite her kalt und nüchtern, auf die wesentlichsten Informationen beschränkt. Ein deutliches Interesse zeigt er darin, die ins Spiel kommenden semantischen Größen klar zu identifizieren, bzw. noch stärker: die personbezogene Beziehung aufzuzeigen, in denen sie stehen. Relativ oft wird in diesem Bereich wiederholt, also verstärkt. Die Zahl z.B. der durch Zuordnung angezeigten Beziehungen ist spürbar geringer als die Zahl der entsprechenden Adjunktionen. - Auch unter diesem semantischen Aspekt fällt znūnīm/Hurerei in 2d als starker Akzent auf.[66]

3.2.5 Prädikationen

Die Beschreibung der Prädikationen - an sich im Zusammenhang mit den Wertigkeiten fällig - kann hier kurz geschehen.

Stattdessen soll noch ein Einzelproblem herausgegriffen werden. Geht man grundlegend von der Unterscheidung statischer bzw. dynamischer Prädikationen aus[67], wobei man bei den dynamischen noch fragen kann, ob es nicht-willensabhängige Prozesse sind (= fientisch), oder eben willentlich bestimmte Taten (= initiativ), so entpuppt sich der Text als sehr dynamisch:

2b	initiativ		6b	fientisch
2c	initiativ		6c	initiativ
2d	initiativ		6d	initiativ
2e	initiativ		6e	initiativ
3a	initiativ		6f	initiativ
3b	initiativ		6g	initiativ
3c	fientisch		8a	initiativ od. fientisch
3d	fientisch		8b	fientisch
4a	initiativ		8c	fientisch
4b	initiativ		9a	initiativ
4c	/		9b	initiativ
4d	initiativ		9c	statisch
4e	initiativ		9d	/
6a	fientisch		9e	statisch

Der fast ausschließlich dynamische, dabei vorwiegend willensbestimmte Text (Verhältnis zu fientisch: 3:1), hat einen statischen Schlußakzent. "Statisch" schließt die Vorstellung von Dauer, Ruhe ein. Die ganze vielschichtige, z.T. wiederholte Bewegung mündet in ein festes und dauerhaftes Ergebnis: ihr seid nicht mein Volk, ich bin nicht da für euch. Das zwischen beiden Teilen stehende aphrastische Element (d) - quasi ein Atemholen - verstärkt den Eindruck, daß nun eine Bewegung zu ihrem Ende kommt. Der ganze vorangegangene Text hat - weil einheitlich "dynamisch" - eine

---

66 Damit wird - aus ganz anderer Richtung - ein Eindruck verstärkt, der sich schon bei der SYNTAX ergab: s.o. Ziff.3.1.1 Punkt (1). - Daß die Kinder das gleiche Epithet wie die Frau bekommen, soll bade auch symbolisch verbinden, - wie es zusätzlich die Namen tun: sie sollen das Volk repräsentieren; vgl. ANDERSEN-FREEDMAN (1980) 168.
67 Nicht zu verwechseln mit: aktiv vs. passiv! Vgl. SCHWEIZER (1981) 111ff.

breite Interpretationsfolie etabliert, von der 9c+e abrupt abweichen. Wir haben es
- über die semantische Struktur - mit einer Negation zu tun (ergänzend zu denen, die
explizit ausgesprochen sind): 9c+e negieren die bis 9b aufgebaute Erwartung bzw.
Wahrscheinlichkeit, mit derartigen dynamischen Aussagen werde der Text fortfahren.
Der Umschwung ist sogar noch schärfer: nach den beiden statischen Aussagen bricht
gar der Text ganz ab. Die sprachlich ausgesagte Nicht-Beziehung wird zugleich auch
kommunikativ verwirklicht und erfahrbar gemacht.

Der Satz 2e "denn das Land hat von Jahwe weggehurt" hat einen seltsamen 1.Aktanten:
Subjekt ist das "Land". Im eigentlichen Sinn ist dies kein Kollektivbegriff wie
"Volk". Letzterer wäre leichter verständlich, denn dem Volk, also den vielen
Einzelnen, wird ja ein Vorwurf gemacht.[68]

Ein anderer, sicher oberflächlicher Gesichtspunkt betrifft das grammatische
Geschlecht: "Land" wird im Hebr. als Femininum behandelt; ^{c}am/Volk dagegen als Mas-
kulinum. Die Bedeutung des Verbs "huren" verlangt jedoch nach einem Femininum,
deshalb käme "Land" als 1.Aktant zum Zug.

Ich glaube, daß wir über diese Sicht hinausgehen müssen: semantisch wird in 2e von
einem 1.Aktanten eine Tat ausgesagt, wozu dieser "eigentlich" gar nicht fähig ist
(das Land hat keinen Willen). Will man nicht bei der Aporie bleiben und dem
Verfasser Nonsens unterstellen, so ist weiter nach Lösungsmöglichkeiten Ausschau zu
halten. Eine solche liegt in 2e darin, daß der Verfasser das "Land" offenbar
sprachlich behandelt wie eine Person, also personifiziert. Das "Land" ist sicher in
seiner symbolischen Bedeutung zu sehen. Interkulturell wird "Land, Erde" als
weiblich empfunden. Das kann anhand eines Zitats illustriert werden (das nicht im
Blick auf Hosea formuliert wurde):[69]

"Die Erde (= das Land, 'äräṣ; H.S.) ist Basis schlechthin, Grund alles menschlich
bezogenen Daseins... Der Urgrund ist die uns verborgene Tiefe mit ihren Quellkräften
und Schätzen. Damit wird das Symbol erweitert zur Bedeutung unermeßlichen Reichtums
und der Voraussetzung für alles Wachsen, alle Fruchtbarkeit... Alles Lebendige wird
ernährt von dem, was die Erde hervorbringt. ... So kommt es zur Vorstellung von der
nährenden, helfenden, allgegenwärtigen Mutter Erde und ihrem fruchtbaren Schoß. Die
großen weiblichen Gottheiten sind nicht nur Projektionen des weiblichen Geschlechts
und der Mutterschaft, sondern ebenso Personifizierungen der Erde als Magna Mater,
der Hohen Frau, der Gattin des (männlich empfundenen) Himmels mit seiner (ebenfalls
männlichen) Sonne, der in ewiger Hochzeit über ihr gelagert ist. Sie ist fruchtbar,
weil sie von ihm beständig empfängt: Licht und Regen. Die Götterpaare und
Götterhochzeiten stellen diese Beziehung dar".

Auf der Basis einer derartigen Beschreibung wird offenkundig, wie wenig zufällig,
vielmehr wie "geladen" 2e ist: "denn das Land hurt andauernd von Jahwe weg". Um dem
semantischen Befund gerecht zu werden, müssen wir somit mythisches, symbolisches
Denken zulassen. Der Verfasser sagt: im Rahmen eines solchen Denkens ist für Jahwe

---

68 Nur indirekt kann man sagen, mit dem "Land" sei ja wohl das "Volk" gemeint, folglich sei
"Land" ebenfalls als Kollektivbegriff verstanden. So schreibt GUTHE (1971) 3 mit Verweis auf
Jer 22,29: "Land" als bevölkertes Land. Bei dieser Argumentation ist dem pragmatischen Schritt
der Auflösung der Stilfiguren bereits vorgegriffen. - Gegen eine mythologische Konnotation
wenden sich ANDERSEN-FREEDMAN (1980) 169; sie erklären aber das unmittelbare Satzverständnis
nicht.
69 KIRCHGÄSSNER (1968) 166.

kein Platz (vgl. die Präposition: min/weg). Jahwe hat in einer derart auf "Fruchtbarkeit", sexuelle Beziehung fixierten Ausrichtung keinen Platz.[70]

3.3 PRAGMATIK

Wie entsteht ein Text? Werden einfach mehrere ÄEen - in unserem Fall sind es 28 - hintereinandergestellt? Das wäre denn doch ein zu dürftiges Verständnis. Oder ist ein "Text" eine Größe für sich, die eben gegeben ist, und die man als Größe für sich einfach zu akzeptieren hat? So daß es nichts zu analysieren und zu erklären gäbe? Text so verstanden wäre eine fast numinose, weil unantastbare Größe. Das kann auch nicht befriedigen. Zur Vergötzung von Texten besteht kein Anlaß. - Jeder Text ist im wörtlichen Sinn "ein Machwerk", d.h. er wurde vom Verfasser gemacht, u.z. mit Hilfe von Mechanismen, die durchaus der Analyse zugänglich sind. Text verstanden als "textum", als Gewebe, Textil: eine ganze Reihe von Fäden, Fäden unterschiedlicher Farbe, Dicke, Länge ergeben durch ihr Verwobensein den Gesamttext.

Diese Größe "Text" betrachtet nun die Pragmatik als **ein** Element des gesamten Kommunikationsgeschehens. Die anderen, nichtliterarischen Faktoren werden nun ebenfalls in die Untersuchung einbezogen, also - so weit eben erschließbar - die Frage nach Sender und Empfänger, der im Text uns vorliegenden Botschaft, nach den geschichtlichen/religiösen/kulturellen Bedingungen, in denen diese Botschaft formuliert wurde, ob anzunehmen ist, daß die Botschaft durch non-verbale Signale begleitet war.[71]

3.3.1 Zusammenhang der ÄEen

Es wäre eine große Vereinfachung, wenn die Kategorien, die im Rahmen **einer** ÄE bei der Semantik galten, nun auch auf den Zusammenhang von ÄEen angewandt werden könnten.[72] Wenn das möglich ist, dann müßte es auch möglich sein, den Text in pragmatische Makro-Sätze zu gliedern. Einige Hinweise und Beispiele sollen dies erläutern:

(1) Vorweg die Empfehlung, je auf einheitlicher Ebene zu interpretieren, also z.B. erzählte Sachverhalte und direkte Reden separat darzustellen.[73]

---

70 Nur kurz zwischendurch eine Erinnerung und eine Überlegung: Bei der SYNTAX war **ein** Ergebnis, das stereotyp immer wiederkommt: wa=tahar wa=teläd und sie wurde schwanger und sie gebar... 3x nahezu gleich. Das jeweilige Ergebnis, also die Kinder, sind wandelnde Unheilsnachrichten, Negativ-Aussagen (vgl. bei PRAGMATIK). Die Überlegung: Mir scheint, daß der Verfasser in V.3-9 aufgefächert erlebbar macht, was er in 2e zusammenfassend kritisiert. 3x wird sexuelle Verbindung - Fruchtbarkeit angesprochen; das Ergebnis ist jeweils erschreckend: die Trennung von Jahwe (illustriert durch die Namen). Genau das gleiche besagt 2e.
71 Vgl. SCHWEIZER (1981) 212. Freie Hypothesenbildung wird - bei fehlenden Anhaltspunkten - aber besser unterlassen. - Sinn dieser Studie ist allerdings schon, auf die vielfältigen Fragemöglichkeiten hinzuweisen, die sich angesichts von Texten ergeben. Insofern kann eine methodisch breit und transparent durchgeführte Exegese auch die Funktion eines "Sensibilitätstrainings" haben, wovon dann Bereiche profitieren, in denen zwar interpretiert werden muß, wo aber je kein großer wissenschaftlicher Aufwand möglich ist (z.B. Schule, Katechese, Liturgie).
72 Vgl. SCHWEIZER (1981) 223f. 283ff.
73 Das berührt sich mit der späteren Darstellung der Isotopien: s.u. Ziff. 3.3.9. - Direkte Reden verstehen wir auch nicht als Objekt/2. Aktant zum Verb des Sagens in der Redeeinleitung. Hierzu vgl. SCHWEIZER (1981) 291f.

(2) Auf erzählter Ebene entsteht im Zusammenhang mit den Informationen über das Sprechen (2b. 4a. 6c. 9a) kein Zusammenhang mehrerer ÄEen.

(3) 3a: "da ging er" ist eine in sich sehr blasse Information. Auf ihr liegt kein Eigengewicht. Nach Ausweis von 2c.d. ist das "Nehmen" wichtig. Wenn dennoch das "Gehen" erzählt wird, dann offenbar deshalb, weil nur so das "Nehmen" möglich wird. 3a ist also ein pragmatischer Prädikat-Operator[74] für das Hauptprädikat in 3b.

(4) Die Zielangabe in 2d ("Kinder") prägt auch die weitere Entscheidung vor: in 3d. 6b. 8c ist je das "gebären" die pragmatisch wichtige Information, das "schwanger werden" in 3c. 6a. 8b hat lediglich ermöglichende Funktion.[75]

(5) Die Rede in 2c.d.e ist nur ein einziger Makrosatz. 2c ist wieder Ermöglichung, s.o. (3). Und der kī/denn-Satz 2e begründet das "Nehmen" in 2d, d.h. es wird gesagt, das "Nehmen" sei initiiert, ausgelöst durch den Sachverhalt des "Weghurens". Dann liegt aber die Aussagespitze auf 2d, und 2e realisiert den Code INITIATIVE.[76]

(6) **zu 4d.e:** Jede der beiden ÄEen hat ein finites Verb, scheint damit semantisch selbständig zu sein. Das finite Verb scheint jeweils einen außersprachlichen Sachverhalt zu benennen, den ich referentiell identifizieren kann. Aber achten wir auf die Bedeutungen:

    4d: PQD/ahnden   - Tätigkeit (welche? bleibt offen)
                            = einstellungsanzeigend: X bewertet Y negativ
    4e: ŠBT/beenden   - Tätigkeit (welche? Wie vollzieht sich dies?)
                            = Aspektaussage: Prozeß/Aktion X wird beendet[77]

Verständlich wird das Verb in 4e nur im Zusammenhang mit mamlkūt/Königtum. Der Prozeß des Königseins wird beendet. Das finite Verb für sich besagt - außer dem Aspekt - nicht viel. 4e ist also komplex.

Was erfahren wir nun zusammenhängend durch 4d + e?

      ahnden - Tätigkeit   Tätigkeit   - beenden
             - negative Wertung[78] Königtum beendet -

Die Bedeutung beider finiter Verben gibt also den Hinweis, eine Tätigkeit Jahwes sei zu erwarten. Insofern verstärken sie sich. Präziseres als diesen Hinweis auf die Tätigkeit kann man den Verben aber nicht entnehmen. Auch der weitere Kontext wird nicht präziser. Insofern beläßt uns der Text bei einem Abstraktum: "Tätigkeit", Jahwe wird aktiv werden. Was er genau tun wird, bleibt dunkel. Zusätzlich wird seine Einstellung genannt: er bewertet negativ; und das Ergebnis wird genannt: das Königtum wird von ihm beendet. Offen bleibt, welcher Art die Tätigkeit ist, was er

---

[74] Der Code, der hier in Kraft tritt: ERMÖGLICHUNG. Vgl. SCHWEIZER (1981) 195f, das Sem: possibile.
[75] Der Einwand, ein solches Ergebnis sei auch rein biologisch nicht anders zu erwarten, zieht überhaupt nicht: hier ist Sprachuntersuchung angestrebt und nicht (z.B. naturgesetzliche) Sachverhaltsuntersuchung. Es könnte einem Autor durchaus wichtig sein, z.B. das "schwanger werden" als Hauptinformation herauszustellen. Dann gälte es, ihm in der Beschreibung darin zu folgen.
[76] Zu "kausal" vgl. SCHWEIZER (1981) 193f.
[77] Vgl. SCHWEIZER (1981) 203ff. - ANDERSEN-FREEDMAN (1980) 182: Das Verb gibt keinerlei Hinweis auf die Art und Weise, wie das Königtum zu Ende kommt.
[78] Vgl. SCHWEIZER (1981) 196ff.

konkret unternimmt. Semantisch dargestellt ist beides als Nacheinander: "ich werde...ahnden, und ich werde...ein Ende setzen". Pragmatisch ist dies aber sicher kein Nacheinander, sondern ein Ineinander: indem Jahwe dem Königtum ein Ende setzt, ahndet er die Blutschuld Jesreels. 4e ist also in Bezug auf 4d eine Adjunktion, näher: eine Explikation.[79] 4e erläutert das, was in 4d schon angesprochen wurde - ohne allerdings alle Fragen zu klären.

(7) zu 6e.f: Auch 6e liefert keine eigenständige Sachverhaltsbeschreibung. YSP/H = "wiederum tun, wiederholen". Wiederholen kann man alles Mögliche. Es muß zusätzlich genannt sein, was wiederholt wird. Es ist also das zentrale Prädikat zu suchen. Für sich genommen nennt YSP nur ein Sem aus dem Code der Aspekte. "wiederum tun" = iterativ.

6f führt etwas weiter. RḤM = sich erbarmen. Das "wiederum tun" in 6e bezieht sich auf "sich erbarmen". 6e fungiert also als Prädikat-Operator (Aspekt iterativ) für 6f ("sich erbarmen"/als zentrales Prädikat).

Aber genau besehen genügt dies immer noch nicht. Benennt "sich erbarmen" einen außersprachlich identifizierbaren Sachverhalt? Wohl kaum. "Sich erbarmen" meint eine innere Einstellung, die sich dann in verschiedener Weise zeigen kann. Für sich genommen sagt "sich erbarmen" nur etwas über die Einstellung Jahwes, nichts aber darüber, **wie** sich dieses äußert. Für die je negative Wendung gilt das gleiche. Somit auch hier eine Nullstelle: es bleibt offen, was Jahwe konkret tun wird.

(8) zu 6g: Analoges gilt hier: Wir erfahren von einer Umwertung, von einer Änderung der Einstellung Jahwes: Die Haltung des Erbarmens gegenüber dem Haus Israel wird auf jeden Fall entzogen, ins Gegenteil verkehrt. Wie dieser innere Prozeß sich äußert, in welche Taten und Geschehnisse er mündet, erfahren wir nicht.

(9) zu 9c.d.e: Das "und", das 9c+d.e verbindet, darf nicht additiv oder chronologisch verstanden werden. Geht man von der Bedeutungsebene aus, dann sagen die drei ÄEen im Grund das gleiche; es ist auch eine Art Chiasmus gegeben, wenn man auf die Personalpronomina achtet:

Aus der Struktur wird ersichtlich, daß 9d.e adversativ anschließen. Insofern hat 9d.e auch die Funktion einer Adjunktion, einer zusätzlichen Erläuterung. - Die Einheit schließt somit mit einer interessanten stilistischen Figur.

(10) kī: Bereits syntaktisch war die durchlaufende Reihe von kī/denn-Sätzen aufgefallen. Als Begründungssätze, also als abhängige Sätze - übrigens der einzige explizit markierte Typ von Nebensätzen in Hos 1 - lassen die denn-Sätze von vornherein erwarten, daß sie bezogen sind auf die umgebenden ÄEen, also pragmatisch wichtig sind.

Offenbar hat das kī/denn in 2e eine andere Funktion als in den übrigen Fällen: "denn das Land hat von Jahwe weggehurt". Diese Begründung verweist auf Vergangenes bzw.

---

[79] Das paßt gut zu der häufig begegnenden Erscheinung, daß eine negative Wertung ausgedrückt werden kann durch die Aussage des Beendens, Vernichtens, Zerstörens. Vgl. SCHWEIZER (1981) 197. 206.

Gegenwärtiges, s.o. (5). Alle anderen kī/denn (4c.6e.g.9c) beziehen sich auf Zukünftiges.

- 4c: Die Begründung umfaßt auch d + e: das "Rufen" in 4a hat zu geschehen wegen der Sachverhalte 4d + e, die bald (4c) einsetzen.
- 6e.g: Die Begründung wird doppelt geliefert; ansonsten wie vorher.
- 9c: wieder liegt auf dem "Rufen" der Aussageakzent.

Zur Interpretation: kī/denn/Begründung zeigt ein Denken nach dem Muster von Ursache-Wirkung - es sollen damit Zusammenhänge hergestellt werden. Die Vereinzelung eines Sachverhalts wird aufgehoben; er wird in seinem zwingenden Verhältnis zu anderen Sachverhalten gesehen. Der Aspekt des "zwingend" ist wichtig. Begründung steht gegen Zufälligkeit. Damit entsteht für den Hörer auch der Eindruck, er bekomme für die eigentliche Prädikation ("rufen") Hintergrundinformationen. Das geforderte Verhalten wird rational durchsichtig gemacht. Damit verstärkt sich aber auch der Eindruck des Festgelegtseins. Ein Ausweichen vor der abstoßenden Namengebung wird durch die massierten Begründungen verhindert.

Auswertung: Den 28 semantischen ÄEen stehen somit 13 Makrosätze pragmatischer Art entgegen. Das jeweilige zentrale textgrammatische Prädikat ist in Großbuchstaben gesetzt:

	erzählte Ebene		Reden
2b	SPRECHEN		
		2cde	c: Ermöglichung
			d: NEHMEN
			e: kausal
3ab	a: Ermöglichung		
	b: NEHMEN		
3cd	c: Ermöglichung		
	d: GEBÄREN		
4a	SPRECHEN		
		4bcde	b: RUFEN
			cde: kausal - c: Zeit
			- d: Wertung
			- e: Aspekt: Königtum
			unklar, was geschieht
6ab	a: Ermöglichung		
	b: GEBÄREN		
6c	SPRECHEN		
		6defg	d: RUFEN
			ef: kausal - e: Aspekt
			- f: Wertung
			unklar, was geschieht
			g: kausal
8a	ENTWÖHNEN		
8bc	b: Ermöglichung		
	c: GEBÄREN		
9a	SPRECHEN	9bcde	b: RUFEN
			ce: kausal - c: Identität
			- e: Zuordnung/Explikation

In den Reden sind die Makrosätze differenzierter. Das hängt daran, daß auf geistiger Ebene mit Sachverhalten der äußeren Welt viel freier umgegangen werden kann. Nur hier ist es auch möglich, wichtige Informationen auszulassen (4cde; 6ef). - Klassifiziert man die Hauptprädikate etwas, so wird deutlich, daß dem Text viel daran liegt, den physisch/biologischen Sachverhalten, damit auch den nichtwillentlichen Prozessen (3x GEBÄREN, 1x ENTWÖHNEN), den Faktor SPRACHE entgegenzusetzen: 4x SPRECHEN, 3x RUFEN (= nennen), Prädikate, die willensabhängig sind (zu denen folglich per Imperativ aufgefordert werden kann).

3.3.2 Indirekte Sprechakte[80]

Der semantisch-wörtliche Befund (s.o. Ziff. 3.2.2) war gewesen, daß darstellende Sprechakte dominieren. Zusammen mit einigen Auslösern ergab dies einen vorwiegend sachlichen, harten Ton. Es gibt aber Indizien im Text, daß damit noch nicht der "eigentliche" Sprechakttyp erfaßt ist, daß also eine Differenz zwischen Semantik und Pragmatik vorliegt.

Viele der verwendeten Wörter schließen Wertungen ein: ZNH/huren in V.2; 4d: Blutschuld, ahnden: 4e; ein Ende setzen; 6df: Entzug von Erbarmen; 6g: entziehen; 9bce: zerbrochene Gemeinschaft. Wir haben es also mit einer Reihe von Wörtern zu tun, die von sich aus Negatives bezeichnen, daneben mit vielen expliziten Negierungen (von Positivem) und auch impliziten Negationen (z.B. "ein Ende setzen").

Einige Beobachtungen lassen auf Emphase schließen: z.B. 4x ZNH in V.2. figura etymologica in 2e und 6g; die schon syntaktisch festgestellte Zuspitzung (1õ) bei V.9. Dies wird später noch weiter gestützt durch die Beobachtung der Negationen. Es ist demnach damit zu rechnen, daß die semantisch durchweg nüchtern-sachlichen Sprechakte, pragmatisch sehr emphatisch gemeint sind. Die betonte Sachlichkeit, die vom Untergang des Königtums, vom Entzug des Erbarmens und konstatierend davon spricht "ihr seid nicht mein Volk", zwingt eigentlich dazu, den damit verbundenen Emotionen nicht auszuweichen. Sachlichkeit ist hier nur scheinbar Teilnahmslosigkeit. Höchstwahrscheinlich dient die Nennung von Sachverhalten dazu, den Hörer/Leser zu mobilisieren, auch dazu, ihm Schrecken, also ein negatives Gefühl, einzujagen. Schematisch gegenübergestellt, hätten wir damit folgendes Ergebnis:

semantisch:	pragmatisch:
vorwiegend REPRÄSENTATIV	EXPRESSIV (negative Einschätzung)
	DIREKTIV (Verhaltensänderung soll ausgelöst werden)

Der Verfasser zwingt den Hörer/Leser somit zu einer Entdeckungsprozedur. Er spricht selbst nicht eindeutig aus, was er meint. Aber er liefert Indizien, die an den wörtlich unmittelbar realisierten Sprechakten zweifeln lassen. Der Hörer/Leser soll selbst hinter der Sachlichkeit zu der negativen Einschätzung und zur Verhaltensänderung gelangen. Damit ist der Textrezipient aktiviert. Ein literarischer Kunstgriff.

---

80 Vgl. SCHWEIZER (1981) 237ff.

3.3.3 Namen der Kinder[81]

Die drei Kinder haben ja nicht nur Namen, sie sind zugleich Träger von Botschaften; mit ihren Namen sind sie Signale aus Fleisch und Blut. Name und Botschaft in einem. Also wieder Doppelbödigkeit. Zwei semantische Funktionen fallen zusammen. Folglich ist dies ein legitimes pragmatisches Arbeitsfeld.

(1) Doppelbödigkeit verunsichert und ärgert, kann aber den Nebeneffekt haben, den Hörer zu aktivieren. Eine solche Doppelbödigkeit scheint unseren Text in mehrfacher Hinsicht zu kennzeichnen. Z.B. auch in Bezug auf den Namen **Jesreel**. Vgl. hierzu das Zitat von BUSS: "This name is ambiguous; like the names of Isaia's two sons (vgl. Jes 8,1-4), it can be interpreted either positively or negatively as hope or judgment for the people. Though awkward, it can be used, perhaps only on occasion, as the actual call-name of a boy, partly because of its potentially positive meaning. When questioned about the name, the prophet can tell a naming-sermon which would bring his interpretation".[82]

In der wörtlichen Bedeutung ist Jesreel ein positiver Name: El sät.[83] Jedoch verbinden sich assoziativ, also wieder so, daß es nicht eigens angesprochen werden muß, negative Erfahrungen mit diesem Namen: "Die Blutschuld zu Jesreel fällt ... in die Dynastie Jehu. Von daher kommt der Justizmord an Naboth hier nicht in Frage, da er noch unter den Omriden geschah. Nur die Beseitigung des letzten Omriden durch Jehu kann hier gemeint sein. Wie eigenständig Hosea dieses geschichtliche Ereignis betrachtet, geht daraus hervor, daß er die prophetische Designation Jehus nicht kennt (2 Kön 9,1) und auch nicht in das Lob des Deuteronomisten für den Eiferer Jehu einstimmt (vgl. 2 Kön 10,30). Für Hosea ist Mord Mord, und eine Dynastie, die in einer Bluttat gründet, kann für ihn keinen Bestand haben. Obgleich der Mord an dem letzten Omriden bereits 100 Jahre zurückliegt, erwartet Hosea noch die Auswirkung dieses Verbrechens. Die Königswirren seiner Tage (siehe 7,3-7; 8,4) mochten ihn in seiner Gewißheit bestärkt haben, daß Jahwe in Kürze ($c\bar{o}d\ m^cat$/noch weniges, H.S.) der Dynastie Jehu und damit dem Königtum Israels das Ende setzt.

Die Anspielung auf den Mord Jehus soll nicht veranschaulichen, wie die Vergleiche in 9,9 und 11,8; er wird nicht in Parallele gesetzt zu einem Verbrechen der Gegenwart. Hosea erinnert an die Bluttat, weil Israel noch von ihr betroffen ist. Der vor 100 Jahren begangene Mord gehört noch nicht als abgeschlossenes Ereignis der Vergangenheit an, sondern wirkt noch in die Gegenwart hinein."[84]

---

[81] Im Sinn des methodischen Konzepts wäre die Behandlung der Wortarten, des übertragenen Sprachgebrauchs fällig. Vgl. SCHWEIZER (1981) 141ff und 224ff; 240ff. Aber ersteres wäre im Rahmen dieser Studie nicht sehr ergiebig, das zweite ist - was die wichtigste Erscheinung anlangt (2e) - schon geschehen: s.o. Ziff.3.2.5. Man könnte noch auf die erstarrte Metapher "Haus Israel" = "Volk und Herrschaftsgebiet Israel" hinweisen (4e. 6f).

[82] BUSS (1969) 56. - JACOB (1964) 285 verweist für das positive Verständnis auf Hos 2,24: "dieser Name läßt seine Verbindung mit den Fruchtbarkeitsriten klar erkennen. Hosea bewältigt hier, wie auch bei anderen Themen, die er der kanaanäischen Religion entlehnt hat, Natur durch Geschichte... Blutvergießen und Fruchtbarkeitsriten sind beide Gottes Saat; Blut und Weizen sind beide eine Quelle des Lebens, aber unter dieser einen und grundlegenden Bedingung, daß Gott selber und Gott allein der Säende sei, was eben von den meisten vergessen wurde."

[83] Vgl. BORÉE (^{2}1968) 99.

[84] VOLLMER (1971) 102f. UTZSCHNEIDER (1980) 72ff diskutiert ausführlich den Bezug von V.4 und kommt zum Ergebnis, daß durch "Blutschuld" nicht nur der 100 Jahre zurückliegende

Nun läßt sich die Funktion des syntaktisch festgestellten Wortspiels (s.o. Ziff.3.1.1) erkennen: V.4 Jesreel - Jesreel - Israel. Den Hörern wird das Signalwort "Jesreel" um die Ohren geschlagen; zugleich wird die Deutung Jahwes eingeführt und später - 6e.f - verstärkt: Jesreel bedeutet das Ende Israels. "So oft man seinen Namen ruft oder hört, soll man daran denken, was sein Vater damals bei dessen Geburt zur Begründung des Namens gesagt hat. So wird das Kind zu einer lebendigen Predigt von Schuld und Gericht".[85]

(2) Der zweite ("Nicht-hat-sie-Erbarmen-empfangen") und dritte ("Nicht-mein-Volk") Name sind Kunstnamen.[86]

zu 1,6: Nach WOLFF ist der Ausdruck "Erbarmen" geeignet, das Bundesverhältnis Jahwes zu Israel zu beschreiben.[87] Auf die Negation geht ein eigener Abschnitt noch ein.

(3) **zu 1,9:** War syntaktisch bereits festzustellen, daß von 9d zur Offenbarung des Jahwenamens in Ex 3,14 ein Bezug besteht, so verstärkt sich dieser Zusammenhang bei der Interpretation des Namens des 3. Kindes. Der Sohn heißt: "Nicht-mein-Volk". Eine Negation setzt immer eine Position voraus, etwas, das negiert wird. Wo sind also Belege, wo Israel explizit als Jahwes Volk bezeichnet wird?

Ex 3,7   "...Elend meines Volkes in Ägypten..."
Ex 3,10/E   "...Führe mein Volk, die Israeliten, aus Ägypten heraus"
Ex 6,7/P   "Ich nehme euch als mein Volk an und werde euer Gott sein"/Bundes-
           formel

Also in allen drei Quellenschriften die Verknüpfung des Ausdrucks "mein Volk" mit der Herausführung aus Ägypten, somit wieder die Wahrscheinlichkeit: obwohl zu Hoseas Zeit die Quellenschriften - oder was man sich hinter den traditionellen Etiketten vorzustellen hat - noch nicht in der Weise gesammelt vorlagen wie etwa ab dem 5.Jh., dürfte die inhaltliche Aussage bekannt gewesen sein: Israel als Jahwes Volk und Herausführung aus Ägypten bilden einen Zusammenhang. Wenn in Hos 1,9 Jahwe also ablehnt, Israel als sein Volk anzuerkennen, lehnt er - so müssen wir schließen -

---

Staatsstreich Jehus gemeint sein kann, sondern sicher auch die gegenwärtigen blutigen Machtkämpfe des Nordreichs. So auch JEREMIAS (1983) 32. Eine beachtliche und eben nicht nur auf den politischen Aspekt abhebende Interpretation liefern ANDERSEN-FREEDMAN (1980) 181: Was Gott durch Jehu der Ahab-Dynastie antat, "is exactly what he will now do to Jerobeam and his family, **and for similar reasons**", d.h. Hosea kündigt nicht lediglich die Strafe für ein längst vergangenes Blutbad an, sondern Jehus Eifer für Jahwe wird vom gegenwärtigen Vertreter des Hauses Jehu (=Jerobeam II.) genausowenig geteilt wie damals von den Vertretern der Ahabdynastie. Jetzt wäre wieder eine bedingungslose Auslöschung der Baalsverehrung nötig.

85 RUDOLPH Komm.52. - Ähnlich provozierend und "unmöglich" wäre es, wenn heute ein Kind "Auschwitz" oder "Buchenwald" hieße, wobei im letzteren Fall der reine Wortsinn sympathisch und positiv wäre. Dieser wird aber durch die KZ-Erinnerungen weggefegt. - Wenn der Name "Jesreel" doppeldeutig, somit ein Rätsel ist - vgl. auch ANDERSEN-FREEDMAN (1980) 173 -, dann ist die aphrastische ÄE in 4c besonders effektvoll: das Warten auf die Auflösung ist verlängert.

86 Vgl. NOTH (^{2}1966) 9f: "... so gibt es im AT m.E. auch eine Reihe von Namen, die als solche selbst Produkte k ü n s t l i c h e r B i l d u n g bzw. schriftstellerischer Erfindung sind und daher nicht zu dem wirklich gebrauchten israelitischen Namengut gehören. Hierbei sind einmal die von den Propheten gegebenen symbolischen Namen für ihre Kinder (לֹא רֻחָמָה fem., לֹא עַמִּי, מַהֵר שָׁלָל חָשׁ בַּז) bzw. für den Messias (יְהוָה צִדְקֵנוּ, עִמָּנוּ אֵל, צֶמַח) zu rechnen, ebenso der symbolische Name für Israel יְשֻׁרוּן ("gerade, aufrichtig")."

87 Vgl. WOLFF Komm.22. Vgl. Ex 33,19; 1 Kön 8,50 (zum sekundären Zuwachs. V.44ff zum dtr. Tempelweihgebet gehörend):die Feinde mögen **Erbarmen** haben, Begründung in V.51: "denn sie sind dein Volk" (vgl. Hos 1,9), und Verweis auf Herausführung aus Ägypten. Vgl. Jer 13,14: keine Barmherzigkeit nach doppeltem Gerichtsbild (Gürtel, Krüge). Vgl. Ps 103,13.

zugleich die Geschichte des Volkes ab, die mit der Herausführung begann.[88] Wieder ist zu vermuten, daß sich für den Leser/Hörer an die sehr knappe Diktion von Hos 1 sehr dichte, gezielte und aussagekräftige Assoziationen heften.[89]

Zur Auswertung:

Die Behandlung der Namen hat nun sehr stark vom Inhaltlichen her die Grenzen des Einzeltextes durchbrochen und so die rein auf die Zeichenformen beschränkte ähnliche Sehweise (s.o. Ziff.3.1.2) am Beispiel der Namen ergänzt. Offenbar kann das textimmanent Ausgesagte (semantisch wie pragmatisch) nur richtig verstanden werden, wenn die nahegelegten Assoziationen hinzugenommen werden.[90]

3.3.4 Chronologie[91]

Wir haben es mit einem ausgesprochen "zeitlosen" Text zu tun. Er bietet keinen präzisierenden Zeitsatz, keine Datierung. 4c ist in seiner Unbestimmtheit symptomatisch: "denn noch weniges". Weitere Hinweise zur Zeitstruktur begegnen nicht. Erzählend wird zwar auf Ereignisse der Vergangenheit Bezug genommen. Aber der Ereigniszusammenhang wird nirgendwo chronologisch fixiert. Das gleiche gilt für die Weissagungen. Der Wechsel von Vergangenheits- und Zukunftstempus ist am Schluß durchbrochen: Gegenwart. Nach den verschiedenen Ausblicken in nicht-gegenwärtige Zeiten mag das für die Textempfänger wie ein Festgenageltwerden wirken. - Eine interne Zeitstruktur ist rudimentär erschließbar: 3 Kinder kamen. Das wird also auf wenigstens ca. 3 Jahre schließen lassen. Das ist aber alles. An welchen Platz des Zeitkontinuums diese drei oder mehr Jahre gehören, erfahren wir nicht. Die Intention des Verfassers ist unter diesem Aspekt keineswegs, präzis zu informieren. Der Leser/Hörer wird in Unsicherheit belassen. Er kann die genannten Ereignisse nicht chronologisch einordnen.

3.3.5 Topologie[92]

Der Text ist auch durchweg "ortlos". Die Akteure, die auftreten, werden nicht lokalisiert. Wo befand sich Hosea, als Jahwe zu ihm sprach? Von wo kam Gomer? Wo wurden die Kinder geboren? - Nichts dergleichen wird beantwortet.

---

88 VOLLMER (1971) 119: "Hos 1,9 geht hierin über Am 3,2 hinaus, wo die Erwählungstradition nicht bestritten, sondern vorausgesetzt wird, wo Amos aber aus dieser Voraussetzung für Israel andere Folgerungen zieht. Hier dagegen wird die Geltung der Erwählungstradition bestritten: "Ihr seid nicht mein Volk". ... Der grundsätzlichen Absage an die Tradition... entsprechen zumindest die beiden Drohworte 11,1-7 und 13,5-8, die jedes auf seine Weise die Außerkraftsetzung der Tradition zum Ausdruck bringen. Die Androhung der Rückkehr nach Ägypten 11,5 macht die Herausführung aus Ägypten, durch die Jahwe Israel als sein Volk schuf, rückgängig. Ebenso negativ entsprechen sich Anfang und Ende der Geschichtsbetrachtung 13,5-8. Das durch die ursprüngliche Tat Jahwes gesetzte Verhältnis Jahwes zu Israel wird durch Jahwes künftiges Handeln negiert."
89 KUHNIGK (1974) 5 glaubt, daß auch in V.9 ein Schillern in der Bedeutung vorliegt, ein Wortspiel, das irritiert und zugleich verstärkt: "Hosea scheint sich gern mehrdeutig auszudrücken ... So liegt es m.E. nahe, auch hier ein solches Wortspiel zwischen lō' ^{c}ammi "nicht mein Volk" und lō' ^{c}immi "nicht mit mir" herauszuhören. Dafür spricht das parallele lō'...lākem. Der Parallelismus ^{c}im//l^e ist in der Bibel häufiger belegt".
90 Sprachwissenschaftlich ausgedrückt: die denotative Ebene des Textes ist eingebettet in ein Feld von Konnotationen. Vgl. SCHWEIZER (1981) 14-16.
91 Vgl. SCHWEIZER (1981) 245ff.
92 Vgl. SCHWEIZER (1981) 261ff.

Eine einzige Ortsangabe begegnet, eine negative, eine theologische: 2e "denn das Land hat von Jahwe weggehurt". Bild des Raumes, der Trennung. Als einzige Ortsangabe trägt 2d damit im Text einen Akzent. Ein historisch identifizierbarer Ort ist nirgends auszumachen.

Zur Interpretation:

Die Negativ-Erkenntnis, wonach der Verfasser den Hörer/Leser bezüglich Topologie und Chronologie ausgesprochen im Stich läßt, erlaubt - im Zusammenhang mit weiteren Beobachtungen - verschiedene positive Bestimmungen. Offensichtlich soll lokale/temporale Einordnung gerade verhindert werden. Darin liegt ein Mittel, die Allgemeingültigkeit der Mitteilung zu steigern. Es soll wohl gesagt werden: Die Aussagen gelten für jeden möglichen Punkt der Zeit und für jeden möglichen Ort. - Ein weiterer Gesichtspunkt: Als einziger expliziter "Ort" begegnete ein theologischer: Jahwe. Ferner spricht wiederholt Jahwe zu Hosea (2b. 4a. 6c. 9a). Ein Raum ist zwar nicht genannt, aber als denknotwendig anzunehmen. Hier ist nun aber auch auf die Art der Gesprächspartner zu achten: wenn Jahwe zu Hosea spricht, ist dies qualitativ etwas anderes, als wenn z.B. Saul zu David spricht. Letzteres könnte lokalisiert (und datiert) werden. Ersteres gehört einer anderen Dimension an, obwohl die sprachlichen Darstellungsmittel in beiden Fällen die gleichen sind. Für die Rede Jahwes zu Hosea gilt somit eine andere "Raumqualität", als für bloße historische Fakten: sie setzt einen Verbindungsraum zwischen dieser und der göttlichen Welt voraus.[93] - Diese Überlegung und das alleinige Vorkommen eines theologischen Ortes im Text würden demnach bedeuten: die Unterdrückung jeglicher historischen Lokalisierung/Datierung soll von vornherein den Blick von äußeren Fakten weg - und auf die theologisch-religiöse Problematik hinlenken.

3.3.6 Rede- und Gesprächsformen

Ich gehe den Text nach den 4 Elementen durch, wie sie in Ziff.1.2.2 schon vorgestellt wurden. Es wird also gefragt nach 1) den Kommunikationspartnern, 2) der Kommunikationssituation, 3) dem Kommunikationsakt und nach 4) der soziokulturellen Einbettung. Bezeichnet man je einen solchen Zusammenhang der vier Elemente als KHS (kommunikatives Handlungsspiel),[94] dann kann bei unserem Text gesagt werden, daß wir in ihm - genau betrachtet - sehr verschiedenen KHSen begegnen.

KHS_{I+n} = der Gesamttext ist die Botschaft, die vom Verfasser zu uns als den Rezipienten kommt. Der Verfasser des literarkritisch rekonstruierten Textes, und wir heute, sind die Kommunikationspartner (1). Es ist dabei zwangsläufig Einbahnkommunikation gegeben. Wir können nicht antworten. Der Verfasser kann uns nicht mehr hören. Der Kommunikationsakt (3) ist aufgespalten. Die Textemission geschah vor mehreren tausend Jahren. Die Textrezeption folgt also in großem Abstand. - Das kennzeichnet somit die Kommunikationssituation (2), so daß von uns nur ein Teil beschrieben werden kann: Der Text von Hos 1 wurde uns übermittelt durch die komplizierte

---

93 Vgl. SCHWEIZER (1981) 264.
94 Vgl. SCHWEIZER (1981) 266ff.

Sprachtradition, wobei die hebräische Tradition der Masoreten eine vorrangige Rolle spielt. Letztvermittler sind die Württembergische Bibelanstalt, die den hebräischen Text edierte, bzw. - was die weitergehenden analytischen Bearbeitungen betrifft (alles, was die "Konstituierung des Textes" einschließt) - ich selbst, als Autor. Wichtig dafür, daß der Text überhaupt auf uns gekommen ist, war die Entscheidung der verschiedenen Glaubensgemeinschaften, den Text in die Gruppe der "heiligen Schriften" aufzunehmen. Die wievielte Überlieferungsstufe wir genau mit der literarkritischen Rekonstruktion erfaßt haben, können wir nicht überprüfen (daher: I+n). Die Textrezeption geschieht im Rahmen der christlichen Kirchen und da mit dem Versuch, wissenschaftlich und methodisch reflektiert den Text wahrzunehmen. - Der Kommunikationsakt (3) geschieht verbal, näherhin schriftlich. Nur die formulierte Botschaft steht uns zur Verfügung. Begleitende Gesten fallen gänzlich aus. - Die sozio-kulturelle Einbettung (4) ist die textwissenschaftliche Analyse im Rahmen christlicher Theologie, entstanden aus dem Ko-Text öffentlich-rechtlicher Universität in der BRD, Ende des 20.Jahrhunderts n.Chr.

Das KHS_I - ohne den Faktor n - zielt auf die uns nicht mehr verfügbare Erstemission des Textes. Wenn wir - z.T. noch unabgesichert und hypothetisch - die Daten für die 4 Punkte zusammentragen, dann ergibt sich folgendes Bild: die Kommunikationspartner (1) sind Hosea oder eher - weil ein Er-Bericht vorliegt - ein Schüler und seine Landsleute; man darf allerdings nicht zu mechanisch denken: ein Autor kann fiktiv auch von sich im Er-Bericht schreiben. Die Kommunikationssituation (2) ist uns nicht weiter erschließbar. Der Kommunikationsakt (3) ist verbal, einseitig. Die intensive, auf verschiedenen Ebenen beobachtete Strukturierung läßt ursprüngliche Schriftlichkeit vermuten. Eine verbale Antwort ist nicht angezielt. Die Textgestaltung strebt aber offenbar die Auslösung von Betroffenheit, geistige Aktivierung (s.u.) an. Die übergreifende sozio-kulturelle Einbettung (4) ist im Nordreich Israel, in der 2. Hälfte des 8.Jahrhunderts zu suchen (s.u.), in einer Situation, die durch äußere Prosperität, religiösen Synkretismus und immer stärker werdende außenpolitische Bedrohung (assyrische Gefahr) gekennzeichnet ist.

Im Text ist von diesen Elementen - was KHS_I und KHS_{I+n} anlangt - nicht die Rede. Wir müssen sie erschließen. Und weil sehr oft diese ersten KHSe im Text nicht zur Sprache kommen, werden sie sehr oft auch übersehen. Wenn im Text von einer Tat Jahwes die Rede ist, wird dann über die Tat Jahwes diskutiert und es wird nicht gefragt, welche Interessen verbindet denn ein Autor oder Texttradent damit, wenn er hier die Tat Jahwes erwähnt. In aller Regel spricht ein Autor seine Interessen nicht eigens an, sondern er versteckt sich hinter den im Text auftretenden Akteuren: Jahwe + Hosea / Gomer + Kinder. Aber gehen wir hier nicht naiverweise von einer Gottunmittelbarkeit aus! Der, der von Gott spricht, muß in die Betrachtung des Textes einbezogen werden. Wenn er sich schon selbst nicht nennt, muß er ans Licht geholt werden. Und selbst wenn die Frage nach seinen Intentionen schwer zu beantworten ist, so ist es besser, sich wenigstens die Frage zu stellen, als sie zu übergehen. Das gilt für jeden Text.

Nun folgen die textinternen KHSe. Am leichtesten sind sie an reflektierten direkten

Reden erkennbar, wobei die jeweilige Redeeinleitung natürlich noch zur Erzählebene (= KHS_I) gehört. Zur Unterscheidung kann man sie arabisch kennzeichnen:

KHS_1	2 c-d	**kopräsent** (anzunehmen, wenngleich nicht ausgesprochen)
KHS_2	4 b-e	Gomer + Sohn
KHS_3	6 d-g	+ Tochter
KHS_4	9 b-e	+ Sohn

Kommunikationspartner: Jahwe und Hosea (in der direkten Rede als "du" erkennbar). Jahwe ist absolut dominierend, was sich an den direktiven Sprechakten zeigt und daran, daß Hosea nie antwortet oder fragt. Nie werden auch Emotion oder Reaktion des Hosea deutlich. Als individueller Kommunikationspartner bleibt Hosea völlig blaß.

Die Ort- und Zeitlosigkeit dieser KHSe wurde schon erwähnt. Lediglich was die Kopräsenz anlangt, gibt es eine Entwicklung. - Der Kommunikationsakt geschieht nach 4-maliger Redeeinleitung verbal.

Zur sozio-kulturellen Einbettung kann man nur den prophetischen Wortempfang anführen, wobei Hosea allerdings auf legitimierende Formeln (Botenformel, Wortereignisformel, Zitatformel) verzichtet. Dieser Verzicht kennzeichnet recht stark auch die Überlieferung der weiteren Hosea-Texte. Sozio-kulturell einschlägig ist auch der zu vermutende wiederholte Bezug auf Vätertraditionen.

Es sei daran erinnert (vgl. Ziff.2.5), daß der Begründungssatz zwar zunächst noch so aussieht, als gehöre er zur vorangegangenen direkten Jahwe-Rede (also KHS_1). Die fehlende erste Person (nicht: "von **mir**") macht aber klar, daß hier überraschender Weise bereits wieder KHS_I vorauszusetzen ist.

Damit ist aber das Thema nicht erschöpft. Denn neben den Kommunikationspartnern in KHS_{1-4}, also Jahwe und Hosea, sind noch andere Größen im Spiel. Dabei könnte die Nennung von Kollektivbegriffen als nicht weiter einschlägig abgetan werden: 2e 'äräṣ/Land (indirekt als Kollektivbegriff mitgemeint), und 2x bēt YŚR'L/Haus Israel (4e. 6f). In 9c.e aber treten diese Kollektiva in 2. Person auf, werden offenbar angeredet. Nicht mehr nur Hosea als Einzelner, sondern die Gesamtheit ist angesprochen: "denn **ihr** seid nicht mein Volk, und ich, nicht bin ich da für **euch**". Vermutlich sind dann auch vorher implizit die Kollektivbegriffe als Adressaten gemeint.

Kommunikationspartner wären demnach Jahwe und das "Haus Israel". Über die Kommunikationssituation läßt sich nichts Näheres sagen. Interessant wird es beim Kommunikationsakt: Worin besteht die Botschaft an das "Haus Israel"? Soll Hosea eine Predigt halten? Davon steht nichts da. Offenbar ist eine non-verbale Botschaft vorgesehen. Es sind die drei Kinder. Das Haus Israel soll die drei Kinder interpretieren. Die **Begründung** der Namengebung scheint nur Hosea gesagt zu bekommen. Die Kinder mit ihren Namen sind die Botschaftsträger. Ihnen muß offenbar kein zusätzlicher verbaler Kommentar hinzugefügt werden.

KHS_a	3d. 4b	Jesreel	(= Schuld)
KHS_b	6b. d	Nicht-hat-sie-Erbarmen-empfangen	
KHS_c	8c. 9b	Nicht-mein-Volk	

Das Verhältnis der verschiedenen Typen von KHSen zueinander ist das der Einbettung:

$$KHS_{I+n} \left[KHS_I \left[\begin{array}{l} KHS_1 \left[\right. \\ \quad KHS_2 \left[\begin{array}{l} -KHS_a \\ \end{array} \right. \\ \quad KHS_3 \left[\begin{array}{l} -KHS_b \\ \end{array} \right. \\ \quad KHS_4 \left[\begin{array}{l} -KHS_c \\ \end{array} \right. \end{array} \right. \right.$$

3.3.7 Zur Funktion des Gesamttextes: Werte, Präsuppositionen

Wenn die vorige Beschreibung zutrifft, dann ist die Folgerung, daß unser Text - so unscheinbar er in manchem formuliert ist - sehr dicht und intensiv auf Kommunikation hin angelegt ist. Es geht - in z.T. ineinander verzahnter Form - darum, daß Botschaft ankommt, daß sie den Empfänger erreicht. Auch die Wege dazu sind unterschiedlich: Wortgeschehen, non-verbale Botschaft. Davon spricht erzählend ein Verfasser (KHS_I). Was will er mit dem Gesamttext? Ist die Nennung von Hurenfrau und Hurenkindern in V.2 überhaupt auf V.3-9 abgestimmt? Denn in V.3-9 spielt ja je die Namengebung eine Rolle, nicht aber das Problem Ehe - Hurerei. Das war verschiedentlich Anlaß, den Text zu korrigieren.[95] - Literarkritik betreiben wir hier nicht neu. Hierfür sind die Entscheidungen gefallen. Die Frage ist nur, ob sich V.2-9 insgesamt inhaltlich homogen verstehen lassen, oder ob der Eindruck des Bruchs bleibt. Die gegenwärtige Fragestellung bringt den pragmatischen Gesichtspunkt der Präsupposition ins Spiel, also das Problem: Auf dem Hintergrund welcher Voraussetzungen ist die Botschaft des Textes formuliert?[96] Damit kommt ein weiterer Typ der Fragestellung in den Blick: Wie kann ich das Nicht-Geäußerte, aber bei einem Text Mit-Schwingende erkennen und beschreiben? Wie kann ich verhindern, positivistisch lediglich an den gegebenen Sprachausdrücken hängen zu bleiben? Denn jeder Text ist eine Antwort, ist eine Reaktion auf eine - oft - unausgesprochene Problemstellung, der Ausdruck einer präsupponierten Sicht der Dinge.

Methodisch sind damit natürlich eine Reihe schwieriger Probleme gegeben: Auf welchem Weg kann ich gesichert die Präsuppositionen eines Textes erarbeiten? Stößt jeder

---

95 RUDOLPH Komm.48 wirft aus diesem Grund das zweimalige znūnim heraus. SCHREINER (1977) tut dies auch, geht einen Schritt weiter und wirft auch 2d, den Begründungssatz heraus. Wir diskutierten es bei der Literarkritik s.o. Ziff.2.3. Die Überlegung ist in beiden Fällen, daß das "Huren" in V.3-9 gar nicht das Thema sei, folglich in V.2 isoliert stehe. In V.3-9 sei vielmehr die Namengebung wichtig. - Zur Erwähnung der Kinder: wegen ihres Zweckes als Unheilsorakel werden sie proleptisch schon in V.2 erwähnt, vgl. ANDERSEN-FREEDMAN (1980) 157.162f.
96 Vgl. SCHWEIZER (1981) 319ff. - Zum Begriff der Präsupposition: Vgl. W. KUHLMANN: BRAUN-RADER-MACHER (1978) Sp.438: "...dient...zur Bezeichnung von Voraussetzungen, die mit der Äußerung bestimmter Propositionen... gemacht werden. Standardbeispiele sind folgende: Wird behauptet: "Der gegenwärtige König von Frankreich ist kahlköpfig", so wird präsupponiert: "Es gibt gegenwärtig einen König von Frankreich". Wird behauptet: "John hat aufgehört, seine Frau zu schlagen", so wird präsupponiert: "John hat seine Frau geschlagen"."

Forscher auf die gleichen Präsuppositionen, oder kommt jeder zu anderen Ergebnissen? Wie kann die Gefahr subjektiver Einträge vermieden werden?

Ich glaube, daß Hos 1 hierzu keine unüberwindlichen Schwierigkeiten liefert. Z.B. durch die häufigen Negationen ist die Analyse erleichtert. Man braucht sie nur positiv zu wenden, um auf die entsprechende Präsupposition zu stoßen. Ähnlich ist es mit deutlich wertenden negativen Ausdrücken.

So drückt in 2e das **weg**huren ganz bildhaft und deutlich eine Trennung aus. Trennung im Gegensatz zu Gemeinschaft. Es ist nicht irgendeine Trennung, die nüchtern festgestellt würde. Vielmehr eine Trennung von Jahwe. Die Nennung Jahwes bzw. Gottes ist eo ipso in einem Text als **der** entscheidende positive Wert anzusehen. Jahwe meint eben nicht nur einen Gottesnamen, irgendeinen Akteur im Handlungsgeschehen, sondern ist zugleich gefüllt mit der entscheidenden positiven Wertung.[97] Davon hat sich also das Land getrennt. "Schuld" in 4d, Jesreel in 4d, sowie "ahnden" drücken je eine negative Wertung, eine Trennung aus. Der unausgesprochene positive Pol ist in der Verbundenheit mit Jahwe, in Treue, Schuldlosigkeit zu sehen. Das ist der anklingende Interpretationshintergrund.

Wendet man die verschiedenen Negationen um, dann ergeben sich ebenfalls Aussagen der Gemeinschaft, der positiven Werte: 6d Versöhnung/Gemeinschaft im Gegensatz zu "Nicht-hat-sie-Erbarmen-empfangen"; ebenso in 6e.f; das gleiche in 9b.e.

Und schließlich ist es auch für V.2 ersichtlich, daß der Text offenbar eine unbelastete, legitime und gute Verbindung von Mann und Frau voraussetzt, im Gegensatz zur zweimaligen Charakterisierung als znūnīm/Hurerei. Schließlich in 4e: "ich werde ein Ende setzen" - das ist die stärkste und klarste Beschreibung der Aufkündigung der Gemeinschaft. "destruktiv" überbietet das "separativ", weil einer der Partner aufhört zu existieren.

Also gleichgültig wer handelt (vgl. im folgenden Schaubild die 1.Spalte: Wer ist initiativ?): immer ist das Ergebnis das gleiche. Auf sehr unterschiedliche Weise wird immer neu die semantische Funktion "separativ" ausgesagt, bzw. bei so vielen Wiederholungen: eingebläut. Und genauso oft wird eingebläut, daß die positiven Werte: Gemeinschaft mit Jahwe, Versöhnung verschüttet gegangen sind. Diese Charakterisierung gilt offenbar für alle Zeitstufen: für das, was das Land, bzw. das Haus Jehu in der Vergangenheit getan hat, was das Land gegenwärtig noch tut, und dafür, was Jahwe in Kürze tun wird. Daher ist es nicht schwierig, die Namengebung, die Hosea aufgetragen wird, und die auch nichts anderes als die Charakterisierung "separativ" aussagt, als zeichenhaft zu interpretieren, ebenso wie die seltsame Eheschließung. Rein auf Textebene kann man sagen, die Aufträge, die an Hosea ergehen, also die einzelnen geforderten Handlungen, charakterisieren die Gesamtsituation des Verhältnisses Volk - Jahwe.

---

97 Vgl. SCHWEIZER (1981) 198. - Nähme man die Erzählung historisch, so würde 2e die späteste Botschaft aller in 1,2ff enthaltenen Nachrichten darstellen, da der Satz das Fazit der ganzen Erfahrung zieht. "From the point of literary composition it rightly comes here where it is now, for it announces the major theme of cc 1-3 as a whole", ANDERSEN-FREEDMAN (1980) 167.

Wer ist initiativ?	Interpretationshintergrund Erwartung	im Text realisiert	metasprachliche Beschreibung
2e: Land (einziges auf Vergangenheit und Gegenwart bezogenes "denn")	Jahwe und Land in Gemeinschaft	...hurt von Jahwe weg	separativ
4d: Haus Jehu (retrospektiv, Schuld ist Faktum)	Jahwe-treues Königtum	...Blutschuld...	separativ
HOSEA - Namengebung			
4b	Jahwe-treues Königtum	...Jesreel(=Schuld)...	separativ
6d	Versöhnung/Gemeinschaft	"Nicht-hat-sie-Erbarmen-empfangen"	separativ
9b	mein Volk/Gemeinschaft	"Nicht-mein-Volk"	separativ
2 - Ehe	Mann + Frau	nimm dir eine Hure und Hurenkinder	separativ
Jahwe 4c.6e.g 9c (prospektives "denn")			
4d	Gemeinschaft	...ich werde... ahnden.	separativ
e	Gemeinschaft	...ich werde ein Ende setzen	destruktiv
6ef	versöhnte Gemeinschaft	...nicht erbarmen	separativ
9e	da sein für euch	nicht bin ich da für euch	separativ

ZEICHEN (metasprachliche Beschreibung)

Das ist zunächst nur für die Textebene gemeint, nicht für die historische! Inwiefern der Text eine historisch reale Ehe des Hosea beschreibt, - dazu haben wir mit den obigen Ausführungen noch gar nichts gesagt. Die Textbeschreibung kann also nicht widerlegt werden durch Fragen nach der historischen Realisierbarkeit bzw. Wahrscheinlichkeit solcher Handlungen. Diese Trennung wurde weitgehend in der Auslegungsgeschichte nicht beachtet.[98]

3.3.8 Negationen

Aus dem Problemkreis Thema-Rhema soll nur ein einziger Aspekt herausgegriffen werden, weil er in Hos 1 besonders einschlägig ist: die Negationen.[99] Um sich über die kommunikative Leistung der Negationen klar zu werden, vorweg zwei Thesen:[100]

1. Eine Negation beschreibt keine Sachverhalte, ist somit nicht mit der Frage der Referenz verknüpft, ist folglich kein semantisches Problem.

2. Eine Negation ist auf kommunikativer Ebene anzusiedeln, ist partnerorientiert und hat die Funktion, positive Erwartungen des Kommunikationspartners zu stoppen und zu verwerfen. Daher: Pragmatische Ebene.[101]

Im Rahmen der SYNTAX (Ziff.3.1.1) entdeckten wir in der zweiten Hälfte des Textes eine wachsende Häufigkeit von lō/nicht, bis in den letzten vier ÄEen dreimal ein lō/nicht begegnet. Die kommunikative Absicht des Verfassers besteht also in wachsendem Maß darin, Erwartungen, die er offenbar bei seinen Hörern/Lesern voraussetzt, aufzugreifen und abzublocken, zu stoppen. Er liefert dabei keine Sachverhaltsbeschreibungen. Wenn bezüglich einiger Sachverhalte das Beenden explizit formuliert wird (z.B. 4e: dem Königtum ein Ende setzen; 6e.f: im Erbarmen nicht fortfahren), dann stoppt das massierte "nicht" darüberhinaus - im Sinn des Verfassers - das Verhältnis von Jahwe/Hosea zu den Zeitgenossen. Jahwe/Hosea machen sich über die Negationen hinaus keine Mühe, positiv zu beschreiben, was sein wird. Sie begnügen sich, bisherige Annahmen, Einstellungen (s.o. Ziff.3.3.7) zu durchkreuzen und dabei zugleich die gegenwärtige Gesprächsbasis aufzukündigen.[102]

---

98 Bezieht man seine Ausführungen auf die literarische und nicht zugleich auch auf die historische Ebene (was er selbst nicht klar auseinanderhält), dann kann man CLEARY (1978) 19f zustimmen: "The literary form of Hos 1:2-9 is therefore to be understood as symbolic gesture. Four times the prophet is commanded by God to perform a concrete action. Execution ist explicit for the first and implicit for the rest. Interpretation is supplied directly to Hosea at the time of each command. The riddle-like nature of prophetic oracles, as well as absence of specific command to communicate these interpretations, suggest that for a period of time the gestures were left to speak for themselves and elict curiosity and reflection. With increasing clarity the meaning of Hosea's behavior gradually became obvious. The last child's name most clearly moves beyond familial categories and points to the reality of which it was symbol. Finally, marriage to a known whore, and children's names, are community rather than strictly private matters. The gestures in themselves are thus well suited for generating publicity."
99 Vgl. SCHWEIZER (1981) 310ff. Vgl. für Theorie, Kriterien und Analysebeispiele zum Bereich: Thema-Rhema S.294ff.
100 Vgl. WEINRICH (1976) 63ff.
101 Eine Probe kann in Gesprächen jeder selbst machen: wiederholtes "ja" des Gesprächspartners fördert den Redefluß, die Lust zu reden. Ein "nein" blockt ab, macht stutzig. Andauerndes "nein" führt zu Lustlosigkeit, Überdruß.
102 Informationstheoretisch: die Übertragung jeder Botschaft braucht einen "Kanal". Soll die Kommunikation gelingen, so muß dieser Kanal immer wieder gepflegt, gesichert werden. Zur literarischen Umsetzung: vgl. SCHWEIZER (1981) 107ff. 273ff. - Auf den Befund der Negationen

3.3.9 Isotopien

Was in Ziff.3.3.1 schon anklang, soll nun noch etwas genauer durchgeführt werden.[103] Iso-topie = gleiche Ebene. Terminologisch ist dieser Schritt fremdartig, nicht jedoch seine Problemstellung.[104] Auch die Ergiebigkeit in interpretatorischer Hinsicht wird sich erweisen bei Fragen nach dem Selbstverständnis des Verfassers von Hos 1, bei der theologischen Fragestellung.[105] Die Art einer Isotopie, also eines homogenen semantischen Feldes, kann enger und weiter angesetzt werden. Das ist z.T. auch von der Ergiebigkeit des Einzeltextes abhängig.

Hier bei Hos 1 soll auf zwei Typen verwiesen werden:

a) Einzelisotopien: aa) physisch/biologischer Bereich:
                                Fortpflanzung (s.o. Ziff.3.3.1)
                 bb) Sprechhandlungen

b) Ganz allgemeine und elementare Isotopien:

    Welche der ÄEen haben im Sinn des Textes ihre Existenz auf
    - kosmologischer bzw. auf
    - noologischer Isotopie?[106]

Gemeint ist damit: Welche Sachverhalte werden vom Verfasser so behandelt, als seien sie außersprachlich existent, und welche haben eine erst geistige Existenz?

Der Text - nur nach den semantischen Prädikationen erfaßt - stellt sich demnach so dar:

	kosmologisch		noologisch
2b	'MR/Sprechen	2c	HLK/Gehen
		d	LQH/Nehmen
		e	ZNH/Huren
3a	HLK/Gehen		
b	LQH/Nehmen		
c	HRH/schwanger werden		
d	YLD/Gebären		
4a	'MR/Sprechen		
		4b	QR'/RUFEN
		c	denn noch weniges
		d	PQD/Ahnden
		e	ŠBT/ein Ende setzen
6a	HRH/schwanger werden		
b	YLD/Gebären		
c	'MR/Sprechen	6d	QR'/RUFEN
		e	YSP/Fortfahren
		f	RḤM/Erbarmen
		g	NŚ'/Entziehen
8a	GML/Entwöhnen		
b	HRH/schwanger werden		
c	YLD/Gebären		
9a	'MR/Sprechen		
		9b	QR'/RUFEN
		c	Identität
		e	dasein für

161

Alle Sachverhalte, die in direkten Reden auftreten, wurden der noologischen Ebene zugeteilt. Hier im Text ist die kosmologische Ebene, also die ÄEen außerhalb direkter Rede, sehr konsequent durchgeführt: ein Erzähltempus nach dem andern: und es geschah dies, und es geschah jenes... Dies zu erwähnen ist deshalb wichtig, weil nur der Unterschied zwischen Sachverhalten in Erzählung und Sachverhalten in direkter Rede nicht ausreicht. Daher möchte ich noch weitere Kriterien nennen: Sachverhalte, die in auslösendem Sprechakt begegnen, gehören zur noologischen Ebene. Ich kann nur zu etwas auffordern, das noch nicht existiert, das also erst eine geistige Existenz hat. Zur noologischen Isotopie gehören auch futurische Aussagen und z.B. auch Begründungssätze. Denn "begründen" ist eine explizit geistige Leistung, ist weit mehr, als nur eine Sachverhaltsbeschreibung. Begründungen können auch in erzählenden Teilen vorkommen. Z.B. er kaufte das Buch, weil er an Hosea interessiert war. Dieses Verknüpfen von "kaufen" und "interessiert sein" durch "weil" ist eine explizit geistige Leistung des Verfassers. Wird dagegen nur ein Sachverhalt erzählend hinter den anderen gestellt: "da ging er, nahm Gomer, sie gebar ihm, und es sprach Jahwe..." dann hält sich der Verfasser hier völlig heraus. Obwohl natürlich der Gesamttext nach wie vor seinem Geist entsprungen ist, gibt er **im** Text doch keine Signale, die auf seinen geistigen Beitrag verweisen. Es sieht also so aus, als sei der Text völlig objektiv auf der kosmologischen Ebene angesiedelt.

Zur Interpretation

(1) Sprachlich behandelt der Verfasser das "Reden Jahwes zu Hosea" in 2b. 4a. 6c. 9a genauso wie das "Gehen", "eine Frau nehmen", "Schwanger werden", "Gebären". Obwohl doch immerhin "Jahwe" im Spiel ist, der einen qualitativen Unterschied erwarten läßt, behandelt der Verfasser das Reden Jahwes genauso wie die übrigen Sachverhalte. Das Reden Jahwes ist ein Ereignis unter anderen, durch nichts sprachlich abgehoben, es hat die gleiche Realitätsdichte wie die Ereignisse des physisch-biologischen Bereichs.

Ich glaube, daß darin nicht nur eine Provokation für uns liegt, weil sich uns die Frage stellt, wie denn dieses Reden Jahwes, von dem so selbstverständlich und unscheinbar erzählt wird, zu denken sei. Darin lag auch eine Provokation für die damaligen Hörer. Denn einerseits gab es ja damals schon - bei Jeremia dann ganz ausgeprägt, aber auch vorher schon - die Frage nach der Unterscheidung der Falsch-

---

bei Hosea weisen hin: BUSS (1969) 88f, und auf ihn aufbauend KUHNIGK (1974) 37. Eine Interpretation liefern beide nicht. Sie weisen lediglich - mit Recht - auf Dtn 32 hin, auf das Lied des Mose, das tatsächlich in einem beachtlichen Maß ebenfalls von Negationen durchzogen ist, wobei sich einige exklusive Verbindungen zu Hosea ergeben. Leider gibt das Lied des Mose selbst keine brauchbaren Hinweise zu seiner Datierung, so daß die Frage der literarischen Abhängigkeit noch völlig ungelöst ist.
103 Die in Ziff.3.3.1 am Schluß durchgeführte Klassifizierung (physisch/biologischer Bereich vs. Sprache) ist schon eine Isotopienbestimmung. Sie kann hier vorausgesetzt werden.
104 Vgl. SCHWEIZER (1981) 315ff. - LYS (1976) erarbeitet detailliert anhand von Isotopien Hos 2,4-25.
105 Viele vermeintlich hoch-theologische Fragen sind zunächst einmal kommunikationstheoretische und -praktische.
106 Die Termini stammen von Greimas (1971) 109.

prophetie von echter Prophetie. Andererseits gibt es bei Hosea selbst Indizien, die zeigen, daß man ihm gerade diesen Anspruch nicht abgenommen hat, Jahwe habe zu ihm gesprochen. Sonst könnte der Prophet in 9,7 von seinen Landsleuten nicht als meschugge, als verrückt, hingestellt werden. Wie kann einer beanspruchen, zu ihm habe Jahwe gesprochen? Ist er ein Heiliger oder ein Narr? Damals wie heute die gleiche Fragestellung.[107]

(2) Eine zweite, ebenfalls provozierende Folgerung ergibt sich aus der Betrachtung der Isotopien: Bei mir als dem Leser/Hörer des Textes ist dabei die Bereitschaft notwendig, genau zu beachten, was der Text tatsächlich sagt, und was er ungesagt meiner Phantasie zur weiteren Interpretation überläßt.

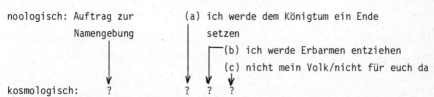

noologisch: Auftrag zur Namengebung
(a) ich werde dem Königtum ein Ende setzen
(b) ich werde Erbarmen entziehen
(c) nicht mein Volk/nicht für euch da

kosmologisch: ? ? ? ?

In allen 4 Fällen liegen kosmologisch Leerstellen oder Nullstellen vor. Solche Leerstellen lösen automatisch Fragen aus. Ich möchte einige nennen, damit es deutlicher wird: Hat Hosea nun den Kindern die Namen gegeben? Hat er so selbstverständlich gehorcht, daß dies nicht mehr erwähnt werden mußte? Immerhin liefert 8a einen Hinweis darauf, daß es offenbar - wenigstens im Fall der Tochter - tatsächlich zur Namengebung kam. Wie empfanden Hosea und seine Landsleute diese Namen? Was ist mit der Ankündigung des Endes des Königtums gemeint? Hat Hosea den Untergang des Nordreichs erahnt? Hat er ein anderes Ereignis gemeint? Hat Jahwe sein Erbarmen entzogen? Wie zeigte sich das? Können geschichtliche Ereignisse legitim so interpretiert werden: Jahwe hat das Erbarmen entzogen? Macht man es sich nicht zu einfach mit der theologischen Interpretation innerweltlicher Ereignisketten? Wie ist die Aussage zu verifizieren: "ihr seid nicht mein Volk"? Was meint diese Gegenwartsaussage? Ändert sich damit etwas in der erfahrbaren Realität? Das gleiche gilt für: "nicht bin ich da für euch".

Leerstellen lösen Fragen aus, ermöglichen auch, Fragen, die sich aus meiner Lebensgeschichte ergeben, einzubringen, oder - mehr technisch gesagt - von KHS zum KHS_{I+n} überzugehen. Hos 1 ist also in mehrfacher Hinsicht offen, unfertig. Hätte der Verfasser auf die obigen Leerstellen eine Antwort gegeben - gleichgültig welche - es wäre immer eine Festlegung gewesen. Er hätte dem Text die Unruhe, die er jetzt auslöst, genommen. So aber zieht der Text den Hörer/Leser in eine Haltung des Fragens hinein, er zwingt zur geistigen Beweglichkeit. Er stößt an, weil er keine fertigen Antworten gibt.

---

107 Erst wenn eine Institution autoritativ bestimmt, wie es sich mit der Offenbarung verhält, löst sich die Frage auf. Die Anonymität der Institution erweckt den Anschein der Objektivität, der Richtigkeit. Sobald ich es mit einem einzelnen Glaubenden zu tun habe, tritt die obige Alternative wieder in Kraft: Heiliger oder Narr?

3.3.10 Konkretisierung der zeitgenössischen Bedingungen?

Eine Frage, die die Ausleger seit der Patristik stark umgetrieben hat, ist noch offen: was war das für eine Frau, die Hosea nehmen sollte? Eine "Hure" heißt es im Text. Aber erstens haben Ausleger zu allen Zeiten Schwierigkeiten gehabt, sich an den Gedanken zu gewöhnen, daß der Prophet eine Hure zur Frau nehmen sollte. Und zweitens gibt es bei dieser Charakterisierung als "Hure" immer noch verschiedene Sichtweisen, so daß legitim gefragt werden kann, welche nun die richtige ist.[108]

Wenn wir vorher bei "Isotopie" möglichst genau sortiert haben - was bietet der Text an Informationen, was aber überläßt er unserer Phantasie? -, dann ist dies eine Tugend, die auch bei der jetzigen Fragestellung beherzigt werden muß. In Bezug auf den Wortlaut des Textes sind zwei Beobachtungen zu nennen:

(1) V.2 spricht zwar nachhaltig von "Huren"/ZNH. Aber irgendeine Spezifizierung, etwa die Unterscheidung Kultdirne oder gewerbsmäßige Hure, bleibt außer Betracht.

(2) Mit vielen anderen Elementen (vgl. Ziff.3.3.7) symbolisiert das "Huren" die gestörte Gemeinschaft von Israel und Jahwe. Als explizites Thema spielt es ab V.3 aber keine Rolle mehr. Da ist dann die Namengebung der Kinder wichtig.

Ergebnis bezüglich des Textwortlauts: das "Huren" wird zwar mit Nachdruck genannt, aber nicht weiter spezifiziert oder erläutert, es ist auch nicht beherrschendes Thema des Textes. Es ist ein Element neben anderen und verdeutlicht mit ihnen die gestörte Beziehung zu Jahwe. Für Fragen, die mehr in Details gehen, gibt der Text nichts her. Für die Intention, die der Verfasser verfolgt, hält er das Wenige, was er sagt, für ausreichend. Und die Richtung seiner Intention zielt offenbar nicht auf differenzierte Beschreibung. Daß diese Sparsamkeit die Ausleger weitgehend frustriert hat, zeigt der Überblick über die Forschungsgeschichte. Die Ausleger bleiben auf ihren Fragen nach mehr Details sitzen. Und in aller Regel ist das dann das Einfallstor, weit geöffnet, für die eigene Phantasie. Vielleicht ist bei den Themenbereichen Ehe und Sexualität diese Gefahr besonders naheliegend.[109]

---

[108] Auf die auslegungsgeschichtliche Arbeit von BITTER (1975) und einige Ergebnisse daraus kann hier nur knapp verwiesen werden: Julian von Aeclanum (um 422) zitiert bereits zwei Meinungen. Die Ehe des Hosea sei als rein geistiges Geschehnis zu deuten, oder die andere Lösung: die Prostituierte wird mit der Eheschließung eine ehrbare Frau. Julian selbst nimmt eine Vision an. Zum Zeitpunkt der Vision liegt die Untreue schon vor. Was nun einsetzt, ist die Strafe. - Didymus der Blinde (+ 398) entschuldigt Gott. Hosea berufe sich irrtümlich auf ihn. Vielmehr handele Hoseas eigene Triebhaftigkeit. - Augustinus (+ 430) versteht das Anstößige des Textes als "figura": das Verhältnis Hoseas zur Dirne bedeute, daß Gott seine Kirche aus den Heiden rufe, vgl. Röm 9,24ff. - Hieronymus (+ 420) "löst" das Problem der Anstößigkeit mit einem dogmatischen Kraftakt: "nihil Deum velle nisi quod honestum est". - Cyrill von Alexandrien (+ 444) weist scharf die Deutung des Didymus zurück und bringt eine ganz andere, positive Sicht Hoseas: daß dieser auf den Befehl Gottes hin so spontan die Dirne nahm, beweise seinen großen Gehorsam. - In die gleiche Richtung geht Jakob von Sarūg (+ 521), der sich allerdings in Dramatisierung, oft schwüler Ausmalung gefällt. Seine Wortwahl verrät eine sehr autoritäre Einstellung. - Die wesentlichen Auslegungstypen sind in der Patristik grundgelegt. Die Folgezeit bringt im wesentlichen nur Wiederholungen. - Vgl. die Übersicht über Interpretationen in der neueren exegetischen Literatur bei SCHREINER (1977) 165-169. Vgl. EISSFELDT (^{4}1976) 522ff.

[109] So scheint RUDOLPH Komm.46 förmlich der Kragen zu platzen. Der Zurückhaltung des Textes hält er seine eigene Phantasie entgegen: "Man muß sich die Situation konkret vorstellen. Hosea hat eine Mißheirat gemacht. Natürlich wird er nach dem Grund gefragt. Er sagt: Das geschieht auf

Ich meine also, daß es nicht die Absicht des Textes ist, eine spezifische Einzelform des "Hurens", gewerbsmäßig oder kultisch, anzusprechen und zu kritisieren. Dem Verfasser mögen solche Praktiken vor Augen gestanden haben. Er hält es aber nicht für nötig, sie spezifiziert zu nennen und zu kritisieren. Denn seine Botschaft ist viel umfassender: die Kluft zwischen Jahwe und Israel ist ohnehin so tief - was sollen da einzelne kritisierbare Praktiken? Nicht sie verdienen die umfassende Aufmerksamkeit, sondern jene Kluft muß in aller Klarheit und Schärfe - auch unter Verwendung der "Hurerei"-Aussage - ins Bewußtsein gerückt werden (s.o. Ziff.3.3.7).

3.3.11 Exkurs: Zur Frage der Kultprostitution

Da nun aber die Diskussion etwa der letzten 30 Jahre sich stark mit dem Thema "Prostitution" beschäftigt hat, sei sie zur Information knapp nachgezeichnet.

3.3.11.1 Der literarische Befund im AT und in Ugarit
AT:
- Dtn 23,18 liefert ein lapidares Verbot sakraler Prostitution in Israel. Sowohl weibliche wie männliche Prostituierte sind angesprochen:
    qdešā
    qadeš   (vgl. für männliche Form: Nachklang Ijob 36,14)
  Eine Kontextbeschreibung, die die Praktiken näher erläutern würde, wird nicht gegeben.
- 1 Kön 14,24 (ähnlich 2 Kön 17,10) nennt die Qedešen (weibl.) in einem Ensemble von Kultgegenständen: Kulthöhe, Steinmale (= Masseben) und Kultpfähle (= Ascheren).[110] Das Ensemble symbolisiert somit das kanaanäische Kultwesen, das insgesamt zurückgewiesen wird. Vgl. - ohne Qedeschen - die Kritik in Hos 10,1-8.
- Hos 4,14: qdešōt - im Zusammenhang mit Hügel, Rauchopfer, Schlachtopfer, Priester
- Dtr. Hinweis auf das Entfernen der Qedešen/Hierodulen:
  1 Kön 22,47; 1 Kön 15,12; 2 Kön 23,7.

Ugarit:
          khnm . tš^c / bnšm. w. ḥmr/
          qdšm . tš^c / bnšm. w. ḥmr.[111]

Es handelt sich um die Auflistung bestimmter Berufsgruppen. Angaben über die Art der Tätigkeiten fehlen. Es gibt - im Fall der qdšm - folglich auch keinen Hinweis auf sexuelle Praktiken. Bemerkenswert ist, daß nur die männliche Form belegt ist, nicht die weibliche (müßte qdšt heißen), und daß sie öfters in der Nähe der khnm

---

Jahwes Befehl, damit ihr Tag für Tag vor Augen habt, welches Mißverhältnis zwischen eurem Gott und euch, seinem treulosen Volke besteht. Auf diese Antwort hätten die Zuhörer teils höhnisch lächelnd, teils breit grinsend erwidert: Also, daß du mit einem liederlichen Frauenzimmer das Lager teilst, geschieht nur zu unserer Belehrung? Lieber Hosea, spare deine Sprüche und halte uns nicht für dumm! Wir wissen Bescheid: dich hat es eben auch gepackt und nun verbrämst du deine Sinnenlust mit einem Gottesbefehl". - Exegese gerät hier nicht nur zur Märchenstunde, sondern droht auch zum Feld zu werden, auf dem sich Projektionen, unverarbeitete Gefühle ausleben. Der Grund: man läßt sich vom vorliegenden Text nicht in Zucht nehmen. Den Text genau beschreiben - das hat etwas mit Zucht zu tun, weil man dauernd prüft, ob die eigenen Ideen und Phantasien denn noch mit dem Text vereinbar sind.
110 Zur Funktion solcher Ensembles: REICHERT in ²BRL 206; ELIADE (1954) 306f; BALZ-COCHOIS (1982) 46-65.
111 Der Text ist übernommen aus: KINET (1977) 79.

(Priester) begegnet. Während im Zweistromland Kultprostitution - von weiblichen, aber auch männlichen Personen - gut belegt ist (zur Sicherung der Fruchtbarkeit im Lande, die "vorbildlich" dargestellt wird),[112] kann sie für Ugarit nicht mit Sicherheit nachgewiesen werden, obwohl uns das dortige kanaanäische Religionswesen mit recht großer Klarheit greifbar wird.[113] Vgl. angesichts dieses Befundes die Folgerungen von KINET, "daß erstens das Qedeschentum in Ugarit offensichtlich ein männlicher Tempeldienst gewesen sein muß. Zweitens daß die qdšm den Priestern als Berufsgruppe nahestanden und daß sie sicher eine im Tempelkult begründete Funktion erfüllten. Drittens daß jede weitere Funktionsbeschreibung dieser qdšm hypothetischen Charakter aufweist. Man gibt daher den Terminus vorsichtshalber besser mit "Geweihter" als mit "Tempelprostituierter" wieder."[114]

3.3.11.2 Interpretationsversuche

Ausgangspunkt der Diskussion ist die Festlegung von ROST: Die "Bezeichnung einer kultischen Betätigung als Hurerei (ist) nicht vor Hosea nachzuweisen... Bei ihm begegnet sie in den Kapiteln 2 und 4, liegt den erzählenden Kapiteln 1 und 3 zugrunde und tritt in 9,1... auf."[115] Später sei diese Sicht dann aufgenommen worden von Dtn, Jer, Ez, Dtr. Als Hintergrund der hoseanischen Sprechweise wird Orgiastik vermutet, oder ein Initiationsritus. Und Hosea habe erkannt, daß dieser Initiationsritus jahwewidrig sei. - WOLFF greift dieses Stichwort nachdrücklich auf: "Wir haben an den Einbruch eines kanaanäischen Sexualritus in Israel zu denken, bei dem der Gottheit die Jungfrauschaft geopfert und damit Fruchtbarkeit erwartet wird... [In Hos 1,2 handelt es sich um] eine jener (auch in 4,13f. gemeinten) heiratsfähigen jungen Frauen, die sich dem in Israel eingedrungenen bräutlichen Initiationsritus unterwarfen".[116] - Gegen diese Auffassung, wonach es sich um Praktiken handelte, denen die "Durchschnittsisraelitin" unterworfen war, richtet sich RUDOLPH: In Dtn 23,18f ist von kultischer und nicht-kultischer Prostitution die Rede; nicht aber von einem Initiationsritus. Die behauptete Nähe Hosea + Dtn verträgt sich schlecht mit Dtn 22,23-29: Initiationsritus auf der einen Seite - auf der anderen Regelung von Fällen vorehelichen Verkehrs eines verlobten Mädchens. RUDOLPH hält zwar derartige kultische Initiationsriten für möglich zur Zeit Hoseas, lehnt aber WOLFFs Behauptung ab, "daß dieser Ritus irgend einmal so allgemein verbreitet war, daß 'weit und breit andere Frauen nicht zu finden' waren".[117] - In seinem Komm. "löst" RUDOLPH das Problem einfach: weil die zeugmatische Form in V.2 schlechter Stil sei und weil später dann doch die **Namen** entscheidend seien, eliminiert RUDOLPH aus 1,2 die "Hurerei"- Aussage, so daß der Vers ursprünglich nur gelautet habe: "Jahwe sprach zu Hosea: Nimm dir eine Frau, daß sie dir Kinder gebäre"[118] (also zusätzlich Umvokalisierung w=yaldā l=ka yladīm).

---

112 Vgl. KINET (1977) 79f.
113 Vgl. ELLISON (1969) 4f.
114 KINET (1977) 80. - "Aus dem Alten Testament ist dagegen das 'Kedeschenwesen' und die damit verbundene Kultprostitution als offensichtlich kanaanäisches Erbe gut bezeugt", BALZ-COCHOIS (1982) 81.
115 ROST (1950) 457.
116 WOLFF Komm.14f.
117 RUDOLPH (1963) 72.
118 RUDOLPH (1966) 48. Dort auch: "Im ursprünglichen Text von V.1,2b-9 aber hat der Ehe Hoseas

Beide - WOLFF wie RUDOLPH - bekommen Unterstützung: DEISSLER solidarisiert sich gegen RUDOLPH mit WOLFF: Gewerbsmäßige Prostitution komme nicht in Betracht. "Sicher gab es ... für Israels Mädchen und Frauen nicht nur die Form berufsmäßigen Qedeschentums, sondern auch lockerere Arten rituellen Sexualkultes. Auch ein eigentlicher Initiationsritus ... muß als eine der möglichen Formen der Baalsverehrung auch für Israel angenommen werden".[119] Die Ehe Hoseas hat damit keine schockierende Singularität.

SCHREINER argumentiert wie RUDOLPH, überbietet ihn aber zugleich, indem nach ihm auch die Kinder und der Begründungssatz (bei uns: 2e) späterer Zusatz seien. "Die Nachinterpretation hat in V.2b die Ehe Hoseas insgesamt, sicherlich unter dem Einfluß von 2,4ff zu einem Zeichen für das Verhältnis Jahwe : Israel gemacht".[120] - Somit stießen wir auf drei Strategien, mit der Knappheit der hoseanischen Informationen fertig zu werden:

(1) Ergänzung fehlender Angaben auf Grund von Vermutungen.
    Von einem Initiationsritus ist im ganzen AT nicht die Rede.

(2) Vermengung von Begriffen, die höchstwahrscheinlich zu trennen sind: Qedeše meint Kultprostituierte. Davon ist in Hos 1,2 nicht die Rede.

(3) Das Thema "Huren" wird aus dem Text ausgeschieden. Dann braucht man auch nichts zu interpretieren.

Ich möchte als eigene Position formulieren: es mag interessant und auch kulturgeschichtlich bedeutsam sein, herauszufinden, was Hosea in seinem knappen Stil andeutet. Ich werde aber dem **Text** nicht gerecht, wenn ich mich auf **Sach**ebene in Diskussionen verstricke. Die Fragestellung ist alternativ: will ich erfahren, was Hosea sagen will, oder will ich wissen, ob es Kultprostitution in Israel gab? Wenn mich Hoseas Botschaft interessiert, dann bleibt es beim oben schon genannten Ergebnis:

Das "Huren" wird zwar mit Nachdruck genannt, aber nicht spezifiziert oder erläutert. Es ist auch nicht beherrschendes Thema des Textes. Es ist ein Element neben anderen und verdeutlicht mit ihnen die gestörte Beziehung zu Jahwe. Für Fragen, die mehr in Details gehen, gibt der Text nichts her. Für die Intention, die der Verfasser verfolgt, hält er das Wenige, was er sagt, für ausreichend.[121]

3.3.12 Die Frage nach dem literarischen und historischen Kontext

Im Rahmen dieser Studie sind hier nur knappe Hinweise und Literaturverweise möglich. Denn für eine detaillierte Darstellung müßten wenigstens Hos 1-3 in gleicher Form

---

der Symbolcharakter gefehlt, der uns jetzt so viel Not macht". - Mir scheint, es verhält sich umgekehrt: weil er - anscheinend - so viel Not macht, wird er eliminiert. Ein bedenkenloser Umgang mit dem Text.

119 DEISSLER (1972) 133. - BALZ-COCHOIS (1983) 172 versteht unter dem "hurerischen Weib" angesichts der vielen Möglichkeiten (Ehebrecherin, Profanprostituierte, Kedesche, "präparierte Jungfrau", metaphorisch: Baalverehrerin) eine "fromme Durchschnittsisraelitin aus der bäuerlichen Landbevölkerung..., die nicht nur **vor** ihrer Verehelichung mit Hosea an bräutlichen Initiationsriten teilgenommen hat..., sondern die darüberhinaus auch **nach** ihrer Heirat mit Hosea als Ehefrau an der Festpromiskuität der Höhenfeste teilnahm".

120 SCHREINER (1977) 180. S.168 wird diese umfassende Streichung als "beste Lösung" empfohlen.

121 Diese erkannte Gewichtung und Ausrichtung verliert ihre Gültigkeit auch nicht, wenn man den damaligen Adressaten von Hos 1 - mit Recht - andere Wissensvoraussetzungen unterstellt.

untersucht und beschrieben sein, wie es bislang erst für Hos 1 geschah. Und die Kontextprobleme sind schwierig genug, um vor einer leichtfertigen Hypothesenbildung zurückzuschrecken.[122] - Die Hauptpunkte der Debatte sind: Ist das $^c\bar{o}d$/noch einmal in 3,1 ein expliziter Verweis auf Hos 1? Oder bezieht sich die Wiederholung auf das Reden Jahwes? Hos 1 als Er-Bericht, Hos 3 als Ich-Bericht - wie ist der Wechsel erklärbar? Die Frau in Hos 3 bleibt anonym und wird auch mit anderen Wörtern beschrieben: kann man dennoch die Identität mit Gomer voraussetzen? Die Kinder - in Hos 1 sehr wichtig - werden in Hos 3 nicht erwähnt. Gravierende Vorentscheidungen für das Verständnis des Textes werden bei der literarkritischen Behandlung getroffen, z.B. ob 3,5 als sekundär oder als ursprünglich angesehen wird. Aber dies müßte ausführlich diskutiert werden.

Damit wenigstens **ein** Lösungsvorschlag zur Sprache kommt, soll der von GORDIS kurz vorgestellt werden:[123] Er meint, daß eine einzige Erfahrung durch den Propheten in zwei Interpretationen[124] festgehalten wurde, die zu ganz verschiedenen Zeiten seiner Laufbahn entstanden und auch aus verschiedenen Blickwinkeln. Block A wird vor 743 v.Chr. (Mord an Secharja, Ende der Jehu-Dynastie, vgl. 2 Kön 15,10) angesetzt (vgl. Hos 1,4). Das Nordreich blüht - als Folge der langen Regierungszeit Jerobeams II. Hosea warnt das Volk angesichts drohender Zerstörung durch die symbolischen Namen der Kinder. - Es folgt eine Serie von Thronwirren, Königsmorden, die Auseinandersetzung mit den Assyrern. Die Revolte des letzten Nordreich-Königs führt zur Zerstörung Samarias 721. In diesen schlimmen Zeiten sieht Hosea nicht das Gericht als sein Verkündigungsthema an, sondern Trost. Darauf lege nun Hos 3 das Gewicht: "It does not refer to the children, whose birth had taken place two decades before, and whose names, with their message of warning, no longer have relevance to the life of a broken people. The story of his wife's infidelity, symbolic of Israel's attitude to its God, is summarized in a brief phrase. Instead, it emphasizes God's love for Israel."[125]

4. ABSCHLIESSENDE GESICHTSPUNKTE ZUR BEWERTUNG

Es ist ein großer Aufwand an Zeit, Arbeit, methodischen Überlegungen, der auf auf einen recht kurzen Einzeltext verwandt wurde. Nun soll am Schluß zwar nicht alles auf die Grundsatzfrage reduziert werden, ob sich der Aufwand "lohnt". Da hoffe ich, daß die Erkenntnismöglichkeiten der einzelnen Schritte für sich sprechen. Aber einige Gedanken zu Methode und inhaltlichem Ertrag sollen noch angefügt werden.

---

122 BITTER (1975) 175-180 hat eine verwirrende Fülle von Erklärungsversuchen zum Verhältnis von Hos 1+3 gesammelt. Vgl. auch die Übersichten bei CRAGHAN (1971) 84-87; GORDIS (1971) 239-254.
123 Vgl. GORDIS (1971) 242-246.
124 Als "Account A" werden Kap.1 + 2 zusammengenommen - was literarisch erst noch erläutert werden müßte. Hos 3 läuft als "account B"; vgl. GORDIS (1971) 242. Literarkritik und die sich weitergehend ergebenden Schritte sind GORDIS offenbar fremd.
125 GORDIS (1971) 244. - Auf jeden Fall kommt in dieser Rekonstruktion das religiöse Zentrum von Hoseas Auseinandersetzungen zu kurz, die Rivalität Baal - Jahwe, bes. stark in vielfältigen Anspielungen aber auch explizit (vgl. V.15.18) ausgedrückt in Hos 2.

4.1 Zur Methode

Hier ist als erstes auf die einführende Ziff.1 zu verweisen. Denn nun, nach getaner Arbeit, läßt es sich am ehesten überprüfen, ob die dort angezeigten Intentionen und Chancen sich auch verwirklichen ließen. Die Art der Erkenntnis, die hier im Spiel ist, ist einem Mosaik vergleichbar: einerseits hat man es mit Einzelaspekten zu tun, andererseits führen sie - wenn man sie in ihrer Bezogenheit auf andere sieht - in Richtung auf ein Gesamtbild. Abgeschlossen und gesichert kann dieses Gesamtbild nie sein, weil auch kein Punkt denkbar ist, an dem eine Textinterpretation je abgeschlossen wäre.[126] - Eine weitere Erfahrung: Es waren zwei qualitativ verschiedene methodische Voraussetzungen im Spiel. Die SYNTAX basiert auf äußerlicher Wahrnehmung sinnlich faßbarer Zeichen**formen** (optisch, akustisch). Dagegen erfordern SEMANTIK/PRAGMATIK Verstehen. Dieses darf aber nicht auf das Verstehen von Wortbedeutungen reduziert werden (Lexikon). Der Interpretationshintergrund ist zusätzlich eine möglichst genaue Vorstellung von dem, was man unter "Kommunikation" versteht. Die vom Text gelieferten sprachlichen Daten werden mit einer ganzen Reihe von logischen, kommunikationstheoretischen Annahmen in Beziehung gebracht.

4.2 Inhaltliche Aspekte

Thesenhaft sollen nun noch die vorangehend erzielten inhaltlichen Ergebnisse gebündelt werden, wobei als vielfach erhärtet die Struktur des Textes vorausgesetzt wird: der Text ist vergleichbar mit einer Ellipse mit zwei Brennpunkten. Der erste Brennpunkt ist V.2; der zweite ist V.3-9. Obwohl sehr unterschiedlich gestaltet, drücken beide das gleiche aus: die Gemeinschaft von Israel und Jahwe ist beendet.

(1) **Hypothese:** Kombiniert man Beobachtungen bei der SYNTAX und bei der Isotopiebeschreibung, so läßt sich sagen: auf kosmologischer Ebene, also außerhalb der Jahwe-Rede, begegnet immer erneut wa=tahar wa=teläd/"und sie wurde schwanger, und sie gebar". 3x stereotyp die gleiche Schilderung. 3x auch je darstellender Sprechakt. Es geht um Fakten. Formelhaft wird die Geburt eines Kindes genannt. Hier auf der kosmologischen Ebene, auf der Ebene des außersprachlichen Sachverhalts, ist nichts von Gefühlsexpression zu spüren. Es sind naturhafte Abläufe. Der erste Teil der Hypothese lautet: Diese kosmologische Ebene des Textes steht für den Teil "NATURRELIGION", gegen den Hosea kämpft. Das formelhaft-zyklische Feiern der Fruchtbarkeit kennzeichnet ja die kanaanäische Baalsreligion. Die darin enthaltene Zwangsläufigkeit, das geringe emotionale Engagement - in Hoseas Darstellung -, das darin liegt, bildet Hosea in unserem Text ab in den zyklischen Wiederholungen.[127]

---

[126] Im Gegenteil: das Lesen eines Textes führt immer mehr dazu, den Text zu "verlieren", an die Stelle des "Wissens" ein "Verlangen nach Wissen" zu setzen. Das Sich-Einlassen auf einen Text führt zu Offenheit, bewirkt also eine Bewegung des betrachtenden Subjekts, und führt nicht zu festen, abgeschlossenen Ergebnissen. Vgl. CHABROL (1971) 15-20.

[127] Zur Darstellung der Baalsreligion vgl. KINET (1977) 48f. 86. 218: "Die mythische Interpretation des zyklisch ablaufenden Naturgeschehens verleiht dem Ba^{c}al-Bild eine überzeitliche Komponente. Die eigentliche Theophanie der Gottheit vollzieht sich im Bereich seiner Aktivität als Regen- und Gewittergott; als solche ist sie nicht spezifisch historisch dimensioniert, weil es hier um ein Wirken geht, das zyklisch wiederkehrt.
Dagegen ereignet sich Jahwes Theophanie vorwiegend im Bereich seines Wirkens für Israel in der **Geschichte**... Der strengen Naturgebundenheit Ba^{c}als, der sein Heil hauptsächlich in der Fruchtbarkeit spendenden Regens (!) schenkt, steht der geschichtsmächtige Gott Israels

Der zweite Teil der Hypothese bezieht sich auf die Reden in V.3-9. Hier ist nun ganz massiv die Beziehungsebene angesprochen: die Beziehung Israel-Jahwe. Vgl. die Adjunktionen bei der Semantik. Es dominieren - wie die Pragmatik enthüllte - Gefühlsaussagen, Emphase, auch Aggression. Wenn auch vielfach negative Gefühle zum Ausdruck kommen, so ändert dies nichts daran, daß die Beziehung zwischen Partnern angesprochen ist. Ein zweites Element kommt hier dazu - im Gegensatz zur naturhaften Abfolge der Geburten - : die geistige Ebene der Reden, die geistige Ebene, die sich offenbar im Zusammenhang mit Jahwe ergibt, schafft die Möglichkeit und auch die Notwendigkeit, in die Geschichte auszugreifen, sowohl in die Vergangenheit (Vätergeschichten, Schuld in der Vergangenheit: Jehu), wie auch in die Zukunft (Jahwe **wird** handeln).

In der Art, wie der Text davon redet, ist also das Verhältnis zu Jahwe verknüpft mit geistiger Aktivität und emotionaler Beziehung. Die naturhafte Abfolge des Kindergebärens ist dagegen - in der Darstellung des Textes! - frei von Geist und Emotion.[128]

(2) **Doppelbödigkeit/Hintergründigkeit:** Kennzeichen des Textes war es oft, daß der Hörer/Leser zu dem, was er hört, sich einiges dazudenken mußte. Die Namen der Kinder waren eben nicht nur Namen, sondern zugleich Botschaft. Jesreel hat einen positiven und zugleich einen negativen Klang. Welcher gilt nun? Man denke an das Verwirrspiel zwischen Jesreel-Jesreel-Israel, an das $l=\bar{o}$/ihm und das oftmalige $l\bar{o}$/nicht. Die Reden Jahwes sind auf gleicher Ebene wie das Gehen/ Schwanger werden/Gebären/Entwöhnen. Gleich die erste Jahwerede kippt, ohne äußeren Anzeiger, in eine andere Gesprächssituation um. Der unscheinbare Wortlaut brachte offenbar eine Reihe von Vätergeschichten ins Spiel, z.B. Gen 34; Ex 3; auch 2 Kön 9 + 10. 2e ist eine Personifikation, eine Symbolik; die semantisch wörtliche Bedeutung wird oft durch die pragmatische, "eigentliche" ergänzt. - Also vielfach Doppelbödigkeit, Hintergründigkeit. Hinter dem schmucklosen, oft dürren Wortlaut öffnet sich ein ganzes

---

gegenüber, der in einer ganz konkreten Situation dieses Volk angesprochen, es aus seiner Notlage befreit, es durch die Wüste geführt und im Kulturland mit allem versorgt hat, was es zum Leben - auch zum Leben mit Ihm - braucht. Der personale Aspekt der Beziehung, der gewiß auch im Ba^cal-Bild nicht völlig fehlt, erhält durch die historische Verankerung eine ganz besondere Prägung".

[128] Wenn dies zutrifft, dann haben wir hier Zusammenhänge entdeckt, die auf eine ähnliche Opposition hinauslaufen, wie sie S.FREUD (1939) dargestellt hat: "Der Fortschritt in der Geistigkeit besteht darin, daß man gegen die direkte Sinneswahrnehmung zugunsten der sogenannten höheren intellektuellen Prozesse entscheidet, also der Erinnerungen, Überlegungen, Schlußvorgänge... unser Gott ist der größte und mächtigste, obwohl er unsichtbar ist wie der Sturmwind und die Seele" (563). - Man kann daraus folgern, daß es Hosea, als Vertreter der Jahwe-Religion gegen eine Religion der Fruchtbarkeit, der Sinnlichkeit grundsätzlich schwer hatte. - Vgl. weiter FREUD: "Die Religion... entwickelt sich im Lauf der Jahrhunderte immer mehr zu einer Religion der Triebverzichte... Die Propheten werden nicht müde zu mahnen, daß Gott nichts anderes von seinem Volke verlange als gerechte und tugendhafte Lebensführung" (564). - FREUDs Buch hat problematische Seiten. Vgl. die profunde Auseinandersetzung mit FREUD durch RICOEUR (1974), bes. S.556-563 den Versuch, gegenüber der dürftigen FREUD'schen Sprachkonzeption und Hermeneutik eine für Religion und menschliches Bewußtsein positive und grundlegende Funktion von Mythos und Interpretationsgeschichte zu erweisen. Läßt man also FREUDs Sicht der Religion außer Betracht, so kann der Zusammenhang zwischen Trieb, Triebverzicht, Geistigkeit, Ethos wohl Gültigkeit beanspruchen. - Vgl. noch die hierzu passende Beschreibung der kanaanäischen Religion im Vergleich mit Hosea KINET (1977) 219: "In den Ugarittexten wird keine ethische Ordnung mit dem Wesen oder Wirken Ba^cals verknüpft. Dementsprechend erklärt sich die Tatsache, daß diesen Texten jegliche Gerichtserwähnung abgeht... (220) Dagegen setzt das Hoseabuch sich ausführlich mit dem Versagen Israels als Gottesvolk auseinander".

Feld von Assoziationen und gezielten Bezügen. Es wird eben nicht nur platt eine Reihe von Sachverhalten beschrieben, sondern **Geistigkeit wird praktiziert:** der Hörer wird dazu gebracht, das Vermögen des Erinnerns, des Schlußfolgerns, des Kombinierens, des Entzifferns einzusetzen.

(3) **Leerstellen:** Der Text reißt vieles an, läßt dann aber offen, schließt nicht ab. Schon die Untersuchung der Wertigkeiten erwies den geringen Sättigungsgrad an Informationen. Dreimal wird eine Aktivität Jahwes, eine (bedrohlich) veränderte Einstellung angekündigt - es bleibt aber offen, wie diese sich äußern soll, ob sie sich dann auch verwirklicht hat. - Zeitlich ist der Text nicht fixiert, auch lokal nicht. Lediglich eine "theologische" Ortsangabe begegnet: "von Jahwe weg". Der Text hat ein intensiv kommunikatives Interesse, auf verschiedenen Ebenen (vgl. KHSe Ziff.3.3.6). Sehr vieles bleibt dabei aber offen. Wie und wo sprach Jahwe zu Hosea? Oder: Wie waren die Reaktionen der Landsleute auf die Namen der Kinder? Aber genau diese Frage führt auf den weiteren Komplex der Leerstellen: Hat Hosea überhaupt die Aufträge Jahwes erfüllt? Warum wird es nicht berichtet? Trafen die Androhungen Jahwes ein?

Eine Serie von Leerstellen. Ein offener Text, der ganz gewaltig den Hörer geistig in Schwung bringt, der automatisch den Hörer zum Nachdenken zwingt, ihn unbefriedigt und unruhig zurückläßt, und der vermutlich gerade wegen dieser internen Struktur (und eben nicht nur wegen der Thematik!) interessant und auch über Jahrtausende aufreizend bleibt.[129]

(4) **Schlußthese:** Der Text bringt literarische Struktur und theologische Aussage/Intention in einen erstaunlichen Gleichklang. Er redet nicht nur von bestimmten theologischen Aspekten; vielmehr werden diese Aspekte zugleich durch die literarische Struktur verwirklicht. Im Lesen/Hören **erlebt** der Text-Empfänger das, wovon die Inhalte sprechen:

    1. Gegensatz: stereotyper Zyklus vs. Gefühle, Geistigkeit
    2. geistige Anregung und Lebendigkeit
    3. Unsicherheit, Offenheit (= Fähigkeit zu personaler Beziehung)

---

[129] Vgl. Hierzu wieder die von den Inhalten herkommende Charakterisierung durch KINET (1977) 220: "Das Verhältnis des ugaritischen Menschen zu seinen Göttern scheint festen Regeln unterworfen zu sein... Ausgehend vom ewigen Kreislauf des Naturgeschehens, weiß der Ugariter sicher, daß jedem Absterben in der Vegetation ein Wiedererwachen erfolgen wird... Daraus resultiert eine **Glaubenssicherheit** ... (221) Dagegen kämpft Hosea gerade an zentralen Stellen seiner Verkündigung gegen die Glaubenssicherheit seines Volkes, in der er eine Pervertierung der Jahwe-Verehrung sieht ... Jahwe selbst, seine Beziehung zu Israel, die Anforderungen, die dieses Verhältnis für Israel mit sich bringt, werden dabei vergessen".

4.3 Exkurs: Sexualaussagen und Theologie[130]

Die erzielten Ergebnisse zeigen, daß Hos 1 folgende Opposition entwickelt:

I	II
- Huren	die positive Sicht von Hos 1
- 3x stereotyp Kindergebären	geht auf:
steht in Hos 1 für die bekämpfte	- Verantwortung
kanaanäische Fruchtbarkeits-	- schuldfreies Leben
religion	- Gemeinschaft mit Jahwe
	- Geistigkeit

Da der Verfasser seine positiv-theologischen Ziele und Überzeugungen im Leben seiner Adressaten nicht wieder entdeckte, schlug seine Botschaft in scharfe Gerichtsansage um.

Nun kann man - in ganz anderem Bereich und dort mit ganz anderer Aussage, nämlich in den Kindheitsgeschichten bei Mt und Lk, ein literarisch ähnliches Argumentieren feststellen. Dabei sind offenbar die positiv theologischen Intentionen in beiden Fällen verblüffend ähnlich, nur daß sie in Hos 1 dabei sind zu scheitern, wogegen die NT-Texte ihre Erfüllung ansagen:

I	II
Maria: wird schwanger ohne	- Kind von Heiligem Geist
Beteiligung eines Mannes	(Mt 1,18.20)
- Mt 1,18.20	- Gott ist mit uns (Mt 1,23)
	- Erlösung von Schuld (Mt 1,21)
- Lk 1,34f	- Der Herr ist mit dir (Lk 1,28)
	- Heiliger Geist kommt (Lk 1,35)

Alle drei, Hos, Mt + Lk, vertreten als theologische Werte: Gemeinschaft mit Gott, Leben frei von Schuld und Leben aus dem Geist (hier natürlich auch Unterschiede). Und in allen drei Fällen wird das theologische Anliegen verknüpft mit Sexualaussagen. Offenbar ist die Bezugnahme auf den elementaren menschlichen Bereich eine besonders intensive Bekräftigung der theologischen Aussage. Im ersten Fall, bei Hosea, liegt ein negativer Zusammenhang vor, im zweiten ein positiver. Immer jedoch ist die Sexualaussage mit dem Block II verbunden und darf daher nicht getrennt werden. Diese Verbundenheit heißt auch, daß zwischen beiden Blöcken kein außersprachliches Nacheinander besteht, sondern - hier geht es um Sprachbetrachtung - nur ein enges Ineinander: **indem** es - bei Hosea - eine ganz auf Fruchtbarkeit, Sinnlichkeit fixierte Haltung gibt, sind Gemeinschaft mit Jahwe und damit Glaube verloren. Und im Fall des NT: **indem** von Maria Jungfräulichkeit gesagt wird, wird zugleich gesagt: Gemeinschaft mit Gott, Leben aus dem Geist, Erlösung von Schuld. Wer dieses Zueinander aufgibt, hat die Aussagespitze der Texte nicht verstanden. Entscheidend ist je der Block II.

---

130 Abschließend soll noch ein Einzelaspekt aus Hos 1 herausgegriffen werden: die elementare menschliche Dimension 'Sexualität' wird mit der theologisch prophetischen Botschaft verknüpft.

Diese Feststellungen gelten - wie bei der ganzen Untersuchung - für die literarische Ebene der Texte. Die Frage nach dem, was historisch-faktisch vorlag, ist ein grundsätzlich neuer Schritt, der im Grund die Kompetenz des **Sprach**forschers übersteigt. Das heißt aber umgekehrt auch, daß die historisch-faktische Ebene die Ebene der Aussageintention weder verifizieren noch falsifizieren kann.[131] Die biologische Aussage dient bei allen Texten eben nicht als Beweis für die theologische Ebene, sondern - vor allem auf dem altorientalischen Hintergrund (Hosea als **ein** Beispiel): die biologische Aussage drückt in anderer Form das gleiche aus wie die theologische. Beide zielen in die gleiche Richtung.[132] - Im Stadium des Säuglings war Jesus wohl verwechselbar mit anderen Kindern.[133] Sein späteres Leben machte dann deutlich, wie er aus Gott lebt, wess' Geistes Kind er ist.

---

[131] Daher zeigt ein Streit um die "Wirklichkeit" der Jungfrauengeburt allenfalls ein undifferenziertes Sprachverständnis (Sprache = außersprachliche Wirklichkeit) und - entgegen der Intention der Texte - ein Fixiertsein auf biologische Daten. Bezüglich Hoseas geht folgende Argumentation von HESCHEL - zustimmend zitiert von ELLISON (1969) 6 - ins Leere: "It seems absurd to assume that the prophet's marriage was performed for effect, as a mere demonstration, as an action intended for public information. One must not reduce the fullness of an act to its operational meaning. We cannot adequately understand a person by the impressions he produces in other people. A person is not a puppet, and martyrdom is not a masquerade." - Die Parteinahme für die historisch-individuelle Person geht an der Form und inhaltlich-theologischen Aussageabsicht des Textes vorbei.

[132] Vgl. GREELEY (1979): "Offensichtlich gibt es gewaltige Unterschiede in den Vorstellungen von der jungfräulichen Mutter in den Fruchtbarkeitskulten und im Christentum. Aber die Religionsgeschichte zeigt uns, daß die Idee an sich durchaus Bestandteil der allgemein religiösen Tradition ist. (157)... Sie vermittelt kein erdgebundenes, materielles Leben, sondern ein Leben des Geistes. Ihre Sorge gilt nicht bloß der Fruchtbarkeit und der Aufzucht von Kindern, sondern dem gesamten geistigen Entwicklungsprozeß der Menschheit. (158)... Maria, die Jungfrau 'voll der Gnade', steht in der Tradition dieser verwandelnden Mutter und Weisheit spendenden Jungfrau in den Weltreligionen. Sie ist die geistige Mutter, die Trost und Schutz spendet, die nicht nur über den Körper ihrer Kinder wacht, sondern auch ihre geistige und geistliche Entfaltung im Auge hat." (159)

[133] Vgl. VÖGTLE (^{2}1977) 36: "Kein einziger Evangelist dachte etwa daran, Jesus selbst sich auch nur andeutend darauf berufen zu lassen, er sei schon gleich nach seiner Geburt durch 'den Engel des Herrn' als der Messias geoffenbart worden". "Woran dem Erzähler (von Lk 2, H.S.) liegt, ist offensichtlich die Betonung der Wahrheit, daß in diesem Kind der Messias geboren ist; aber nicht die Vorstellung, 'die große Freude' der Messiasgeburt sei schon zu jenem Zeitpunkt 'dem ganzen Volke' zuteil, nämlich der israelitischen Öffentlichkeit bekannt geworden" (38): - Vgl. wie die Thematik dieses Exkurses auch bei einem ganz anderen Text durchschlägt: Joh 4,1-42 und die Besprechung bei DOLTO, SEVERIN (1981) 33ff.

LITERATURVERZEICHNIS ZU KAPITEL 4

ANDERSEN, F.I./FREEDMAN, D.N. Hosea. The Anchor Bible 24. New York 1980.
BALZ-COCHOIS, H.   Gomer. Der Höhenkult Israels im Selbstverständnis der Volksfrömmigkeit. Untersuchungen zu Hosea 4,1-5,7. Frankfurt 1982.
BITTER, S.   Die Ehe des Propheten Hosea. Eine auslegungsgeschichtliche Untersuchung. Göttingen 1975.
BORÉE, W.   Die alten Ortsnamen Palästinas. Hildesheim ²1968 (reprint von 1930).
BRAUN, E./RADERMACHER,H. Wissenschaftstheoretisches Lexikon. Graz, Wien, Köln 1978.
BRUEGGEMANN, W.   Tradition for Chrisis. A Study in Hosea. Richmond 1969.
BUSS, M.J.   The Prophetic Word of Hosea. A Morphological Study. BZAW 111. Berlin 1969.
CASSUTO, U.   The Prophet Hosea and the Books of the Pentateuch: Biblical and Oriental Studies. Volume I: Jerusalem 1973. 79-100.
CHABROL, C.   Probleme erzählender Semiologie in biblischen Texten: CHABROL, C.; MARIN, L. (Hrsg.). Erzählende Semiotik nach Berichten der Bibel. München 1971. 15-29.
CLEARY, F.X.   The Interpretation of Suffering according to Amos and Hosea. The Origins of Redemptive Suffering. Rom 1978.
CRAGHAN, J.F.   The Book of Hosea. A Survey of Recent Literature on the First of the Minor Prophets: Biblical Theology Bulletin I/1 (1971) 81-100, I/2 (1971) 145-170.
DEISSLER, A.   Die Interpretation von Hos 1,2-9 in den Hosea-Kommentaren von H.W. WOLFF und W. RUDOLPH in kritischem Vergleich: Wort, Lied und Gottesspruch. Beiträge zu Psalmen und Propheten (FS J. Ziegler). Würzburg 1972. 129-135.
DOLTO, F./SEVERIN, G. Ein neuer Weg zum Evangelium. Impulse aus der Psychoanalyse. Olten 1981.
EISSFELDT, O.   Einleitung in das Alte Testament. Tübingen 1976.
ELIADE, M.   Die Religionen und das Heilige. Elemente der Religionsgeschichte. Salzburg 1954.
ELLISON, H.L.   The Message of Hosea in the Light of his Marriage: The Evangelical Quarterly 41 (1969) 3-9.
FOHRER, G. u.a.   Exegese des Alten Testaments. Einführung in die Methodik. UTB 267. Heidelberg ²1976.
FREUD, S.   Fragen der Gesellschaft. Ursprünge der Religion. Studienausgabe Band IX. Frankfurt 1974.
GALLING, K.   Biblisches Reallexikon. Tübingen ²1977. Abk.: ²BRL
GESENIUS, W./KAUTZSCH, E. Hebräische Grammatik. Hildesheim 1962 (reprint von ²⁸1909).
GORDIS, R.   Poets, Prophets and Sages. Essays. London 1971.
GREELEY, A.   Maria. Über die weibliche Dimension Gottes. Graz. Wien. Köln 1979.
GREIMAS, A.J.   Strukturale Semantik. Braunschweig 1971.
GUTHE, D.   Der Prophet Hosea: E. Kautzsch. Die Heilige Schrift des Alten Testaments II. Hosea bis Chronik. Hildesheim ²1971. 1-23 (reprint von ⁴1923).
IRSIGLER, H.   Gottesgericht und Jahwetag. Die Komposition Zef 1,1-2,3 untersucht auf der Grundlage der Literarkritik des Zefanjabuches. ATS 3. München 1977.
ISBELL, C.D.   The Divine Name 'hjh as a Symbol of Presence in Israelite Tradition: Hebrew Annual Review 2 (1978) 101-118.
JACOB, E.   Der Prophet Hosea und die Geschichte: EvT 24 (1964) 281-290.
JEREMIAS, J.   Der Prophet Hosea. ATD 24/1. Göttingen 1983.
KINET, D.   Baal und Jahwe. Ein Beitrag zur Theologie des Hoseabuches. Frankfurt 1977.
KIRCHGÄSSNER, A.   Welt als Symbol. Würzburg 1968.
KÖNIG, F.E.   Historisch-kritisches Lehrgebäude der hebräischen Sprache. 3 Bde. Hildesheim 1979 (reprint von 1881).
KUHNIGK, W.   Nordwestsemitische Studien zum Hoseabuch. Bib Or 27. Rom 1974.
LYS, D.   J'ai deux amours ou l'amant juge. Exercise sur Osée 2,4-25: Etudes Theologiques et Religieuses 51 (1976) 59-77.
NOTH, M.   Die israelitischen Personennamen im Rahmen der gemeinsemitischen Namengebung. BWANT III,10. Hildesheim ²1966.
NOTH, M.   Die Welt des Alten Testaments. Einführung in die Grenzgebiete der alttestamentlichen Wissenschaft. Berlin ⁴1962.
PLETT, H.   Textwissenschaft und Textanalyse. Semiotik, Linguistik, Rhetorik. UTB 328. Heidelberg 1975.
RICHTER, H.-F.   Geschlechtlichkeit, Ehe und Familie im Alten Testament und seiner Umwelt. BET 10. Frankfurt 1978.
RICHTER, W.   Exegese als Literaturwissenschaft. Entwurf einer alttestamentlichen Literaturtheorie und Methodologie. Göttingen 1971.
RICOEUR, P.   Die Interpretation. Ein Versuch über Freud. stw 76. Frankfurt 1974.
ROST, L.   Erwägungen zu Hosea 4,13f: (FS A.Bertholet). Tübingen 1950. 451-460.
RUDOLPH, W.   Hosea. KAT XIII 1. Gütersloh 1966.
RUDOLPH, W.   Präparierte Jungfrauen? ZAW 75 (1963) 65-73.

RUPPERT, L.	Beobachtungen zur Literar- und Kompositionskritik von Hosea 1-3: RUPPERT, L. u.a. (Hrsg.), Künder des Wortes. Beiträge zur Theologie der Propheten (FS Schreiner). Würzburg 1982. S.163-182: (1982 FS).
RUPPERT, L.	Erwägungen zur Kompositions- und Redaktionsgeschichte von Hosea 1-3: BZ NF 26 (1982) 208-223: (1982 BZ)
SCHREINER, J.	Hoseas Ehe, ein Zeichen des Gerichts: BZ NF 21 (1977) 163-183.
SCHWEIZER, H.	Elischa in den Kriegen. Literaturwissenschaftliche Untersuchung von 2 Kön 3; 6,8-23; 6,24-7,20. StANT 37. München 1974.
SCHWEIZER, H.	Metaphorische Grammatik. Wege zur Integration von Grammatik und Textinterpretation in der Exegese. ATS 15. St. Ottilien 1981.
SEIDL, T.	Datierung und Wortereignis. Beobachtungen zum Horizont von Jer 27,1: BZ NF 21 (1977) 23-44. 184-199.
ULRICH, W.	Wörterbuch. Linguistische Grundbegriffe. Kiel 1972.
UTZSCHNEIDER, H.	Hosea - Prophet vor dem Ende. Zum Verhältnis von Geschichte und Institution in der alttestamentlichen Prophetie. OBO 31. Göttingen 1980.
VÖGTLE, A.	Was Weihnachten bedeutet. Meditation zu Lukas 2,1-20. Freiburg ^{2}1977.
VOLLMER, J.	Die geschichtlichen Rückblicke und Motive in der Prophetie des Amos, Hosea und Jesaja. BZAW 119. Berlin 1971.
WEINRICH, H.	Sprache in Texten. Stuttgart 1976.
WILDBERGER, H.	Jesaja. I.Teilband: Jesaja 1-12. BK X/1. Neukirchen-Vluyn 1972.
WILLI-Plein, I.	Vorformen und Schriftexegese innerhalb des Alten Testaments. Untersuchungen zum literarischen Werden der auf Amos, Hosea und Micha zurückgehenden Bücher im hebräischen Zwölfprophetenbuch. BZAW 123. Berlin 1971.
WOLFF, H.W.	Dodekapropheton: 1. Hosea. BK XIV/1. Neukirchen-Vluyn ^{3}1976.

KAPITEL 5: Anhang - Hebräisch-deutsche Belege für die Kategorien der Semantik.

Um die entwickelte Methodenkonzeption weiter zu konkretisieren, u.z. in ihrem "harten Kern", nämlich in der Semantik, haben wir Gen 42/43 vollständig nach Semantikgesichtspunkten analysiert und entsprechend gespeichert. Daraus stammt die nachfolgende Beispielsammlung (mit geringen Ausnahmen). Das heißt zugleich, daß es für eine Reihe von Termini keine Belege gab. Probleme bei der Bestimmung werden z.T. kurz diskutiert. Es ergaben sich durchaus bei einer Reihe von Fällen Unsicherheiten (wie sollte es in Grammatikfragen auch anders sein...?). Die hierbei dann getroffenen Entscheidungen sollen als Diskussionsanreiz dienen. Als allgemeine Tendenz ergab sich, daß zukünftig wohl noch stärker der ausgesprochenen Ausdrucksarmut des Hebräischen auf semantischer Ebene Rechnung zu tragen ist, Interpretationen also z.T. noch restriktiver auszufallen haben, als hier geschehen. Das würde - als Ausgleich - ein noch stärkeres Sich-Bewußtmachen des großen Einflusses verlangen, den die Pragmatik bei der inhaltlichen Deutung hat. - Die Transkription, die hier angewendet wird, ist etwas verschieden von der in den vorigen Kapiteln. Es werden bei den Vokalen keine Länge und Kürze angegeben. Matres lectionis stehen grundsätzlich in Klammern hinter dem Vokal.

I) Beispiele zur Beschreibung der AKTANTENSTRUKTUR (semantisch)

1. Die Zahl der logisch geforderten Aktanten (hier Abkürzung: Akt) ist abhängig von der Bedeutung des Prädikats, die für den jeweiligen Satz angenommen wird.

1.1 Einwertiges Prädikat: Gen 42,6d: wa=yabo'u(w) 'ḥe(y) YWSP / und es kamen die Brüder JOSEFs

1.2 Zweiwertiges Prädikat: Gen 42,27a: wa=yiptaḥ ha='äḥad 'ät śaqq=o(w) .../ und es öffnete der eine seinen Sack ...

1.3 Dreiwertiges Prädikat: Gen 43,14a: w='L ŠDY yi[n]ten l-a=käm raḥmi(y)m.../ und EL SCHADDAI wird euch Erbarmen geben...

2. Nicht alle logisch geforderten Aktanten müssen in jeder einzelnen Äußerungseinheit realisiert sein.

2.1 Der 1. Akt ist häufig nur als grammatikalisches Morphem am Verb realisiert: Gen 43,15d: wa=yaqumu(w) / und sie standen auf

2.2 Bei Imperativen wird als selbstverständlich vorausgesetzt, daß der Adressat nicht eigens als Subjekt genannt wird, sondern sich angesprochen weiß. Folglich ist der 1.Akt nur morphematisch realisiert:
Gen 43,2e: šubu(w) / kehrt zurück!
(unmittelbar am Redebeginn).

Fälle, in denen ein Subjekt explizit genannt scheint, sind anders zu erklären:
Gen 44,17f w='attäm / ihr aber
    17g ^{C}lu(w)... / zieht hinauf...
17f ist adversative Themasetzung (bislang war von dem einen die Rede, bei dem der Becher gefunden wurde, jetzt von den anderen) und steht als eigene ÄE.

2.3 Leerstelle = Ø beim 1. Akt ist im Passivsatz möglich:
    Gen 43,18b: ki(y) hu(w)b'u(w) be(y)t YWSP / weil sie gebracht wurden ins Haus JOSEFs
    Zur Erinnerung: Passiv-Sätze werden zur Aktanten-Beschreibung ins Aktiv transformiert.

2.4 1. Akt realisiert / Ø beim 2. Akt:
    Gen 43,34c: wa=yištu(w) / und sie tranken

2.5 1. Akt + 2. Akt realisiert / Ø beim 3. Akt:
    Gen 43,24b: wa=yi[n]tän mayim / und er gab Wasser
    1. Akt + 3. Akt realisiert / Ø beim 2. Akt:
    kein Beleg in Gen 42/43.

Üblicherweise wäre das die Struktur von Redeeinleitung + Nennung des Adressaten, wobei dann erst die folgende direkte Rede die Stelle des 2. Akt einnimmt. s.u. Ziff.7.1. Als Beispielsätze sind sonst nur Verben genommen, die zweifelsfrei nicht-modal sind.

3. Beschreibung der Glieder von Nominalsätzen (vgl. Prädikationsmodell: Pertinenzbeziehung): Zur Erinnerung: das Prädikat-Element ist in diesen Sätzen nicht eigenständig ausgedrückt. (Traditionell wird nämlich das, was hier als 2.Akt bezeichnet wird, fälschlich als "Prädikat" bezeichnet.)

3.1 Klassifikation: definites Glied = 1. Akt; indefinites Glied = 2. Akt:
    Gen 42,31b: keni(y)m 'naḥnu(w) / Rechtschaffene (sind) wir
Auch wenn das 2.Glied ein Partizip ist, wird dies als 2.Akt gewertet:
    Gen 42,23b: ki(y) šome^C YWSP / daß JOSEF ein Hörender (ist)

3.2 Zuordnung: das präpositional angeschlossene Glied ist der 2. Akt:
    Gen 43,28b: šalo(w)m l=^{C}abd=ka.../ Heil (ist) für deinen Knecht...

3.3 Identität: beide Glieder sind 1. Akt (da sie völlig deckungsgleich sind):
    Gen 42,6b: hu(w') ha-šalli(y)ṭ.../ er (ist) der Mächtige...

3.4 Spezifikation: Im Gegensatz zur Klassifikation (Prädikatsverständnis: x ist Element von y) kann die Spezifikation so verstanden werden: x ist vertreten durch y bzw. realisiert in y bzw. y ist Teil von x. Ganz überzeugende Belege finden sich in Gen 42/43 nicht.

4. u.U. ist innerhalb der Aktanten noch eine Differenzierung notwendig.

4.1 1. Akt:

4.1.1 1. Akt ingressiv vs. 1. Akt resultativ:
Jer 30,16e: w=hayu(w) šo(')s-a(y)=k li=mšissa(h) / und es werden die dich Plündernden zu Plündergut werden

4.1.2 1. Akt + Adjuvant:
instrumental: Gen 43,12b: w='ät ha=käsäp ... taši(y)bu(w) b=yäd=käm /
und das Silber ... werdet ihr zurückbringen in eurer Hand
komitativ: Gen 42,38b: lo(') ye[y]red bn=i(y) ^{C}imm-a=käm /
nicht wird (soll) hinabsteigen mein Sohn mit euch

4.1.3 1. Akt + Opponent: kein Beleg in Gen 42/43

4.2 2. Akt:

4.2.1 2. Akt Objekt vs. 2. Akt Effekt:
Gen 17,20g: u(w)=nta[n]ti(y)=w l=go(w)y gado(w)l / und ich werde machen ihn zu einem großen Volk

4.3 3. Akt:

4.3.1 3. Akt ist Adressat:
Gen 42,34e: 'ät 'ḥ-i(y)=käm 'ä[n]ten l-a=käm / euren Bruder werde ich euch geben.

4.3.2 3. Akt ist Defizient:
Gen 42,24e: wa=yi[l]qaḥ me[n]='itt-a=m 'ät ŠM^{C}WN / und er nahm von ihnen den SIMEON

4.3.3 3. Akt Adressat und 3. Akt Defizient sind realisiert:
Gen 43,34a: wa=yi[n]śa(') maś'ot me[n]='et pan-a(y)=w 'l-e=häm / und er teilte aus Portionen von seinem Angesicht weg zu ihnen

5. In einem Vergleich können gewöhnlich einwertige Prädikate zu zweiwertigen werden:
Gen 43,34b: wa=teräb maś'at BNYMN mi[n]=maś'ot kull-a=m ḥameš yado(w)t / und groß war die Portion BENJAMINs gegenüber der Portion der Gesamtheit von ihnen fünffach

Die Präposition min verändert das ursprüngliche Prädikat "groß sein". Als Prädikation ist nun anzunehmen: "x ist größer als y", wodurch das statisch-autonom-zweiwertige Prädikat deutlich wird.

6. Einige Beispiele zur Unterscheidung

6.1 3. Akt und Benefiziat:

Gen 42,34e: 'ät 'ḥ-i(y)=käm 'ä[n]ten l-a=käm / euren Bruder werde ich euch geben; l-a=käm ist 3. Akt, denn das Prädikat (geben) ist dreiwertig.

Gen 43,14b: w=šillaḥ l-a=käm 'ät 'ḥ-i(y)=käm 'aḥer .../ und er wird freilassen für euch euren anderen Bruder ...; l-a=käm ist Benefiziat (Adjunktion), denn das Prädikat (freilassen / ŠLḤ D-Stamm) ist nur zweiwertig! Außerdem sind vom Kontext her die Brüder ohnehin bei Joseph (in der Rede), so daß ein Prädikatbedeutung mit echten Adressaten (Schicken) ohne Sinn wäre.

Gen 43,4c: w=nišbr-a(h) l-ka 'okäl / und wir wollen kaufen für dich Essen, das Prädikat (kaufen) erfordert keinen Adressaten; l=ka ist also ebenfalls Benefiziat.

6.2 3. Akt und Topologie:

Gen 42,34a: w=habi(y)'u(w) 'ät 'ḥ-i(y)=käm ha-qaṭon 'el-a=y / und bringt euren kleinen Bruder zu mir; 'el-a=y ist 3. Akt, da das Prädikat (bringen/ BŌ' H-Stamm) dreiwertig ist. Eine Ortsangabe ist außerdem im Klartext nicht genannt, sondern eine Person ("zu mir"). Die Wahrscheinlichkeit diese Personangabe dann, wenn das Prädikat ohnehin die Nennung eines Adressaten verlangt, mit diesem zu identifizieren ist groß.

Gen 43,23e: kasp=käm ba(') 'el-a=y / euer Silber kam zu mir; das Prädikat (kommen / BŌ' G-Stamm) ist einwertig, deshalb ist 'el-a=y - obwohl es eine Personangabe ist - als Topologie zu bezeichnen. Ein Adressat ist wegen des Verbs nicht zu erwarten.

6.3 1. Akt Adjuvant: komitativ vs. instrumental:

Gen 42,38b: lo(') ye[y]red bn-i(y) ^{c}imm-a=käm / nicht wird hinabsteigen mein Sohn mit euch; ^{c}imm-a=käm ist komitativ zu bn-i(y), da beide in gleicher Art aufs Prädikat bezogen sind (beide steigen selbst hinab).

Gen 43,8b: šilḥ-a(h) ha-na^{c}ar 'itt=i(y) / schicke den Knaben mit mir (= durch mich!); ha-na^{c}ar ist 2. Akt, 'itt=i(y) bezeichnet denjenigen, durch den der 1. Akt das Schicken vollzieht (= instrumental).

7. Probleme bei der Bestimmung der Aktanten können entstehen bei Prädikaten, die keine äußerlich wahrnehmbaren Vorgänge oder Zustände bezeichnen.

7.1 1. Gruppe: Verben der Wahrnehmung, der Mitteilung ('MR, R'H etc.).

Diese Prädikate sind oft nach regulärem Muster konstruiert ("er sprach schöne Worte/2.Akt zu ihm/Adressat"), vgl. Gen 42,7d. Insofern sind sie semantisch auch beschreibbar. Ihre Besonderheit liegt darin, daß diese Prädikate, die auf Codes verweisen, immer auch dort noch erfaßt werden.

7.2 2. Gruppe: "echte" Modalverben (KLH, YKL etc.); z.B. Gen 43,2b.30c. Bei ihnen läßt sich in der Regel nur der 1.Akt bestimmen. Die nachfolgende Infinitiv-Konstruktion sollte nicht in Aktanten-Terminologie erfaßt werden. Bei der Pragmatik wird sich der Infinitiv als das eigentliche Prädikat entpuppen.

II) Beispiele zur Beschreibung der PRÄDIKATIONEN (semantisch)

1. **statisch-autonom-qualitativ**

   Gen 43,1a: w=ha=ra^{c}ab kabed b=[h]a='äräṣ / und der Hunger war schwer im Land

   Bemerkung: könnte auch als NS aufgefasst werden! Dann: Klassifikation mit Adjektiv als 2.Akt.

   Gen 43,33a: wa=yešbu(w)... / und sie saßen ...

   Bemerkung: ist nur aus dem Kontext eindeutig als statisch erkennbar; könnte auch als dynamisch initiativ (sich setzen!) verstanden werden.

2. **statisch-autonom-quantitativ**

   Gen 43,34b: wa=teräb maś'at BNYMN.../ und die Portion BENJAMINs war groß...

3. **statisch-relational-Pertinenz**

   3.1 **Spezifikation**

   Kein sicheres Beispiel in Gen 42/43.

   3.2 **Identität**

   Gen 42,6b: hu(w') ha=šalli(y)t ^{c}al ha='äräṣ / er () der Mächtige über dem Land

   3.3 **Klassifikation**

   Gen 42,11d: lo(') hayu(w) ^{c}bad-ä(y)=ka mraggli(y)m / nicht waren deine Knechte Spione

   Bemerkung: Verbalsatz mit HYH als Kopula.

   Gen 42,31c: lo(') hayi(y)nu(w) mraggli(y)m / nicht waren wir Spione

   Bemerkung: ebenfalls Verbalsatz - so ist es möglich, daß der 1.Akt nur grammatisches Morphem am Verb ist.

   Gen 42,14d: mraggli(y)m 'attäm / Spione ( ) ihr

   Bemerkung: Nominalsatz.

   Gen 42,28h: ma(h) zo(')t / was ( ) dieses?

   Bemerkung: Fragepronomen ist indefinites Glied; d.h. eine solche ÄE ist eine Klassifikation.

   Gen 42,23b: ki(y) šome^c YWSP / daß ein Hörender ( ) JOSEF
   Gen 43,7c: ha=^{c}o(w)d 'b-i(y)=käm ḥay / ( ) noch lebendig (d.h. ein Lebendiger) euer Vater?

Bemerkung: NS mit <u>Partizip</u> ⎫ sowohl Partizip wie Adjektiv sind semantisch
⎪ Nomina, d.h. sie sind
NS mit <u>Adjektiv</u> ⎬ nicht als Prädikat, sondern als 2.Nomen im Nominal-
⎭ satz zu beschreiben (2.Akt).

3.4 Zuordnung

Gen 43,23b: šalo(w)m l-a=käm / Heil ( ) für euch

4. statisch-relational-circumstantial

4.1 temporal

kein Beleg in Gen 42/43.

4.2 lokativ

Gen 42,1b: ki(y) yäš šäbär b=MṢRYM / daß Existenz von Getreide in Ägypten

Bemerkung: kein Existenzsatz mit fakultativer Ortsangabe - sondern die Prädikation läuft als NS zwischen šäbär und MṢRYM!

Gen 42,5b: ki(y) haya(h) ha=ra^{c}ab b='äräṣ KN^{c}N / denn es war Hunger im Land KANAAN

Bemerkung: Verbalsatz mit HYH als Kopula.

Gen 43,5e: bilti(y) 'ḥ-i(y)=käm 'itt=käm / ohne daß euer Bruder mit euch ()

Bemerkung: hier fungieren Personen als "Ortsangabe".

5. dynamisch-initiativ

Gen 43,15e: wa=yerdu(w) MṢRYM / und sie stiegen hinab nach Ägypten

Gen 42,34b: w='ed^c-a(h) / und ich will erkennen

Bemerkung: YD^c kann auch statisch "wissen" bedeuten; die Kohortativendung (-a(h)) zeigt eindeutig, daß hier ein dynamisch-initiativer Vorgang gemeint ist.

6. dynamisch-fientisch

Gen 42,20c: w=lo(') tamu(w)tu(w) / und nicht werdet ihr sterben

7. dynamisch - ?

Gen 42,9a: wa=yizkor YWSP 'et ha=ḥlomo(w)t / und es erinnerte sich JOSEF der Träume

Bemerkung: Manchmal läßt es sich nicht klar entscheiden, ob ein Vorgang initiativ oder fientisch ist; das wird wohl häufig bei solchen Verben der Fall sein, die keine äußerlich beobachtbaren Vorgänge bezeichnen!

III) Beispiele zur Beschreibung der CODES (semantisch)

1. **Epistemologie:**

   Problem: bei allen bisher unter Epistemologie verzeichneten Beispielen ist die <u>Bedeutung</u> des Verbs ausschlaggebend; dagegen fehlen im Untersuchungskorpus bloße Funktionswörter, die diesem Code zugehören und ein Voll-Prädikat modifizieren. Diese Verben, auf die lediglich verwiesen werden kann, werden sich pragmatisch häufig als Prädikat-Operatoren (= Code-Anzeiger) entpuppen - sind aber auf semantischer Ebene noch nicht als solche zu erkennen (daher behandeln wir sie semantisch sowohl bei den Prädikaten - Tab.C - wie auch bei den Codes - Tab.B). Zur Behandlung der finiten Verben, die eigentlich einem Code zugehören (z.B. Verben der Wahrnehmung, des Mitteilens) vgl. auch im vorigen Punkt Ziff.7.

   Fragesätze beinhalten immer ein Nicht-Wissen (ignorativ).

   Gen 43,7d: h=yeš l-a=käm 'aḥ / habt ihr noch einen Bruder?

2. **Imagination**

   2.1 **konditional**

   Gen 42,19a: 'im keni(y)m 'attäm / wenn Rechtschaffene ( ) ihr
   Gen 43,10b: lu(w)le(') hitmahmahnu(w) / wenn wir nicht gezögert hätten
   Bemerkung: in beiden Fällen ist die ganze ÄE durch Konjunktion als Protasis eines Konditionalgefüges gekennzeichnet.

   2.2 **final**

   Gen 42,4c: pän yiqra'-än=[h]u(w) 'aso(w)n / damit nicht ihm ein Unglück begegnen wird
   Bemerkung: durch Konjunktion ist die ganze ÄE als Finalsatz zu einer <u>anderen</u> ÄE gekennzeichnet.

   Gen 42,10d: wa=ᶜbad-ä(y)=ka ba'u(w) li=šbor 'okäl / und deine Knechte kamen um zu kaufen Speise
   Bemerkung: die Finalangabe (l = + Inf.) bezieht sich auf das Prädikat der <u>gleichen</u> ÄE.

   Gen 43,2b: ka'šär killu(w) lä='kol 'ät ha=šäbär / als sie vollendet hatten zu essen das Getreide
   Bemerkung: Hier liegt im Grunde gar keine Finalität vor - aber die Konstruktion (konjugiertes Verb + l= + Inf.) ist gleich wie im vorigen Beispiel. "Vollenden" ist im Grund ein Modalverb (Code Stadium/ Aspekte). Läge ein Vollverb vor, so wäre die gleiche nachfolgende Konstruktion leicht als "final" erkennbar.

   2.3 Zu den sonstigen Einzeltermini des Code Imagination sind semantisch keine Beispiele in Gen 42/43 auszumachen.

3. **Ermöglichung**

3.1 **promotiv**

Gen 42,16cd: w='attäm he[n]'asru(w) / und ihr aber, laßt zu gebunden zu werden!
Bemerkung: die Kombination von Imperativ und N-Stamm (passiv!) ist hier als promotiv gedeutet.

3.2 Keine weiteren Beispiele zum Code Ermöglichung in Gen 42/43

4. **Initiative**

4.1 **kausal**

Gen 43,5c: ki(y) ha='i(y)š 'amar 'el-e(y)=nu(w) / denn der Mann sagte zu uns
Bemerkung: durch Konjunktion ist die ganze ÄE als Begründung (kausal) zu einer anderen ÄE gekennzeichnet.

Gen 43,7e: w=na[n]gäd l=o(w) ^{C}al pi(y) ha=dbari(y)m ha='ellä(h) / und wir erzählten ihm auf das Geheiß dieser Worte
Bemerkung: Die Begründung (^{C}al pi(y)...) bezieht sich auf das Prädikat derselben ÄE.

ÄEen wie: Gen 42,23b: ki(y) šome^C YWSP / daß(!) ein Hörender () JOSEF zeigen eine andere Funktion der Konjunktion (Objektsatz) zu vorausgehendem epistemologischem Prädikat) und gehören folglich nicht zu den hier gesammelten Beispielen.

4.2 **voluntativ**

Gen 43,4b: ne[y]rd-a(h) / wir wollen hinabsteigen

4.3 **imperativ**

Gen 43,13b: w=qu(w)mu(w) / und steht auf!

4.4 **vetitiv**

Gen 43,23c: 'al tiyra'u(w) / fürchtet euch nicht!

4.5 Sonst keine Beispiele in Gen 42/43.

5. **Stadium/Aspekte**

5.1 **durativ**

Gen 43,7c: ha=^{C}o(w)d 'ab-i=käm ḥay / (ist) euer Vater noch lebendig?

5.2 **iterativ**

Gen 43,6c: ha=^{C}o(w)d l-a=käm 'aḫ / habt ihr noch einen Bruder?

5.3 Sonst keine Beispiele in Gen 42/43

6. **Axiologie:**

Auf semantischer Ebene keine Beispiele

IV) Beispiele zur Beschreibung der SPRECHAKTE (semantisch)

Die hier genannten Beispiele stehen unter den großen Vorbehalten, die bezüglich des hebräischen Verbalsystems noch gelten.

1. Darstellung

1.1 faktiv - narrativ

Gen 43,26a: wa=yabo(') YWSP ha=bayt=a(h) / und JOSEF kam zum Haus

Bemerkung: wa=yiqtol = Vergangenheit.

Gen 42,2c: šama^{c}ti(y) / ich hörte

Bemerkung: qatal-x = Vergangenheit.

Gen 42,31c: lo(') hayi(y)nu(w) mraggli(y)m / nicht waren wir Spione

Bemerkung: Zwar eine Klassifikation, da sie aber verbal formuliert ist, ist die Zeitstufe klar.

1.2 faktiv-konstativ

Gen 42,35b: hem mri(y)qi(y)m śaqqe(y)=häm / sie ( ) Ausleerende ihre Säcke

Bemerkung: Nominalsatz mit Partizip; Problem: Ein NS drückt nicht primär Gegenwart sondern Gleichzeitigkeit aus. Die genaue Zeitstufe hängt vom weiteren Bezugssystem ab.

1.3 fiktiv - prädiktiv

Gen 42,36g: w='ät BNYMN ti[l]qaḥu(w) / und BENJAMIN werdet ihr nehmen

Bemerkung: x-yiqtol ist semantisch Darstellung; eine eventuelle auslösende Bedeutung (ihr sollt...) ist erst pragmatisch erkennbar (z.T. als Injunktiv bezeichnet).

Gen 43,9e: w=ḥaṭa(')ti(y) l=ka kol ha=yami(y)m / und ich werde dir (gegenüber) schuldig sein alle Tage

Bemerkung: w=qatal = Zukunft

1.4 faktiv - ?

Gen 42,14d: mraggli(y)m 'attäm / Spione ( ) ihr

Bemerkung: NS d.h. der Sachverhalt wird als schon existent vorausgesetzt (faktiv), aber die Zeitstufe ist offen!

2. Auslösung

2.1 kausativ - jussiv

Kein Beispiel in Gen 42/43.

2.2 kausativ - imperativ

Gen 42,19d: [h]lku(w) / geht!

Gen 42,18c: wi=ḥyu(w) / und lebt!

Gen 42,16cd: w='attäm he[n]'asru(w) / und ihr, laßt zu gebunden zu werden

Bemerkung: In den letzten beiden Fällen führen Imperativ-<u>Formen</u> zur semantischen Beschreibung als imperativ. Die Spannungen (dynamisch-fientisches Verb bzw. N-Stamm/passiv - von beidem kann kein echter Imperativ gebildet werden) können erst pragmatisch aufgelöst werden!

2.3 recusativ - monitiv
2.4 recusativ - vetitiv

Problem: wie sind beide (2.3 und 2.4) zu unterscheiden? Das Hebräische scheint semantisch für beide Nuancen nur <u>eine</u> Ausdrucksmöglichkeit zu haben. z.B. Gen 43,23c: 'al ti(y)ra'(w)u / fürchtet euch nicht!

3. Kundgabe

Gen 42,18d: 'ät ha='LHYM 'ni(y) yare(') / ich ( ) ein Fürchtender Gott

4. phatisch

Gen 42,2b: hinne(h) / siehe

Gen 42,10c: 'don=i(y) / mein Herr! (Vokativ)

4.1 Frage

Gen 43,7d: ha=yeš l-a=käm 'aḥ / habt ihr einen Bruder?

Bemerkung: Fragen werden - zur Erinnerung - als phatisch aufgefaßt, weil sie eine Brücke zum Kommunikationspartner schlagen. Im Gegensatz zu den anderen rein phatischen Sprachelementen sind Fragen natürlich noch auf weiteren Ebenen, somit differenzierter zu analysieren.

5. performativ

5.1 explizit performativ

Kein Beispiel in Gen 42/43.

5.2 primär performativ

Alle in Gen 42/43 begegnenden Prädikationen.

V) **Beispiele zur Beschreibung von ADJUNKTIONEN (semantisch)**

1. **Koordination**

1.1 **kopulativ**

Gen 43,23d: 'lohe(y)=käm we='lohe(y) 'bi(y)=käm natan... / euer Gott und der Gott eures Vaters gab...

Bemerkung: Was semantisch als Verbindung zweier Elemente erscheint, wird pragmatisch bei diesem Beispiel als Einheit aufzufassen sein.

1.2 **disjunktiv**

Kein Beleg in Gen 42/43

1.3 **adversativ**

Kein Beleg in Gen 42/43

1.4 **nektiv**

Gen 43,8f: w=lo(') namu(w)t gam 'naḥnu(w) gam 'atta(h) gam ṭap-e=nu(w) / und nicht werden wir sterben weder wir noch du noch unsere kleinen Kinder

Bemerkung: die "nektive" Nuance hängt stark mit der Satznegation zusammen. gam...gam könnte genauso für die positive Reihung ("kopulativ") stehen.

2. **Deskription**

2.1 **Zuordnung**

Gen 42,6d: wa=yabo'u(w) 'ḥe(y) YWSP / und es kamen die Brüder JOSEFs

Gen 42,35f: wa=yir'u(w) 'ät ṣroro(w)t kaspe(y)=häm.../ und sie sahen die Beutel ihres Silbers

Bemerkung: Das Pronomen "ihres" hilft, das "Silber" als eigenständige Größe zu erkennen, die den "Beuteln" zugeordnet wird. Würde das Pronomen fehlen, so ergäbe sich eine Verwechselbarkeit mit der qualitativen Auffassung: silberne Beutel (vgl. analog Gen 44,2a).

2.2 **Spezifikation**

Gen 43,2f: šibru(w) l-a=nu(w) m^{c}aṭ 'okäl / kauft für uns ein Weniges an Speise

2.3 **Identifikation**

Gen 42,33a: wa=yo(')mär 'el-e(y)=nu(w) ha='i(y)š 'done(y) ha='aräṣ / und es sprach zu uns der Mann, der Herr des Landes

2.4 Klassifikation

Kein Beleg in Gen 42/43.

Bemerkung: Entsprechend der logischen Figur "Klassifikation" ist Inkongruenz in der Determination bei zwei substantivischen Größen zu verlangen, z.B. "David, ein König, ging in den Palast".

2.5 quantitativ

Gen 42,37b: 'ät šne(y) ban-a=y tami(y)t / meine zwei Söhne wirst du töten

2.6 qualitativ

Gen 42,20a: w='ät 'ḥ-i(y)=käm ha=qaṭon... / und euren kleinen Bruder...

Bemerkung: Die Wortart "Adjekiv" weist nicht auf eine zweite selbständige Größe, somit nicht auf eine relationale Beschreibung, sondern: autonom-qualitativ. Vielleicht ist das aber doch zu sehr von der lateinischen Grammatik her gedacht: in der hebräischen Konstruktion (Apposition) ist das vermeintliche Adjektiv von einem Substantiv nicht zu unterscheiden. Dann läge "Identifikation" vor.

2.7 temporal

Kein Beleg in Gen 42/43.

2.8 lokativ

Gen 42,6b: hu(w') ha=šalli(y)t ^{c}al ha='äräṣ / er ( ) der Mächtige über dem Land

2.9 dynamisch-initiativ

Kein Beleg in Gen 42/43.

2.10 dynamisch-fientisch

Kein Beleg in Gen 42/43.

3. Explikation

Gen 43,11e: w=ho(w)ri(y)du(w) l=[h]a='i(y)š minḥa(h)
    ^{c}aṭ ṣri(y) u(w)=m^{c}aṭ dbaš nko(')t... /
    und bringt hinab dem Mann ein Geschenk
    (nämlich) etwas Mastix und etwas Honig, Tragakant...

Bemerkung: Nach dem paraphrasierend eingefügten nämlich wird mit anderen Worten das schon genannte "Geschenk" nochmals und nun differenziert beschrieben.

Gen 42,6e: wa=yištaḥwu(w) l=o(w) 'appayim 'arṣ-a(h) / und sie verneigten sich zu ihm, Nasen zur Erde.

4. **Parenthese**

   Kein Beleg in Gen 42/43.

5. **Malefiziat**

   Kein Beleg in Gen 42/43.

6. **Benefiziat**

   Gen 43,4c: w=nišbr-a(h) l=ka ʼokäl / und wir wollen kaufen für dich Speise

Autorenregister

ANDERSEN-FREEDMAN 122, 126-129, 144f, 147, 152, 157f.

BALZ-COCHOIS 165ff.
BITTER 164, 168.
BLASS-DEBRUNNER-REHKOPF 17.
BORÉE 151.
BROCKELMANN 17.
BROWN-YULE 27, 81, 88f, 103, 108, 111f.
BRUEGGEMANN 136.
BRUNNER 17.
BÜHLMANN-SCHERER 93.
BUSS 135, 151, 162.

CASSUTO 137.
CHABROL 169.
CLEARY 122, 160.
CRAGHAN 168.

DEISSLER 167.
DIBELIUS 12.
DOLTO-SEVERIN 173.
DRESSLER 101.
DREWERMANN 10-13, 15.

ECO 8.
EISSFELDT 164.
ELIADE 165.
ELLISON 166, 173.
ELSBREE 108.

FOHRER 40, 119.
FREUD 170.

GADAMER 25f.
GESENIUS-KAUTZSCH 17, 122.
GORDIS 168.
GREELEY 173.
GREIMAS 101, 162.
GRICE 81.
GROSS 98.
GROSSE 101.
GROUPE d'ENTREVERNES 100, 108.
GRÜNDER 25f, 32.
GÜTTGEMANNS 12.
GUNKEL 32.
GUTHE 122, 127, 145.

HÄRTLING 8.
HALBFAS 19.
HANDKE 26.
HERDER 32.
HESSE 24, 27f.
HINDELANG 97.
HOLL 14.
HUBER 108.

IRSIGLER 129.
ISBELL 135.

JACOB 151.
JEREMIAS 126.
JUNG 8.

KALVERKÄMPER 80.
KEEL 92.
KINET 165f, 169ff.
KIRCHGÄSSNER 145.
KÖNIG 122.
KOPPE 13.
KRAUS 24.
KUHLMANN 157.
KUHNIGK 153, 162.

LANGER 19.
LEVINSON 39, 81, 88f, 111ff.
LUHMANN 18.
LUTHER 24, 28, 33.
LYS 162.

MARXSEN 13, 21.
MAYER 10.
METZELTIN-JAKSCHE 80, 101, 114.
MOSKALSKAJA 101ff.
MÜLLER 38, 60, 112.

NOTH 119, 152.

PLETT 26, 119.

REICHERT 165.
RICHTER, H.-F. 126.
RICHTER, W. 28, 37, 40, 43, 98, 109, 115, 119, 135.
RICOEUR 27f, 32, 170.
RINSER 111.
ROST 166.
RUDOLPH 122, 130, 135, 152, 157, 164, 166f.
RUPPERT 126.

SCHÄFER 24.
SCHMIDT 27f.
SCHMITHALS 12.
SCHREIBER 108.
SCHREINER 122, 125ff, 157, 164, 167.
SCHWEIZER 8, 11, 13, 33, 37f, 40, 50, 57, 60, 68, 88, 101, 105, 108f, 112, 115, 119, 134, 139, 146, 153, 160.
SCHWITALLA 98.
SEARLE 108.
SEIDL 129.
SEILER 17.

SENGE 12.
SÖKELAND 98.
STERNBERG 98, 114.
STIERLE 17f.

TUGENDHAT-WOLF 38, 50.

ULRICH 119.
UTZSCHNEIDER 151.

VIEHOFF 29f.
VILLWOCK 27.
VÖGTLE 173.

VOGELS 25.
VOLLMER 151, 153.

WAHL 27.
WEINRICH 18, 160.
WELLHAUSEN 115.
WELTE 17.
WERBICK 27.
WILDBERGER 97, 134f.
WILLI-PLEIN 127.
WOLFF 122, 125ff, 129, 152, 166f.
WUNDERLICH 112.

Sachregister

Abstrahierung 78.
Abstraktion 90, 94, 100.
Abstraktum 96, 147.
Adjektiv 65.
Adjunktion 39, 62, 76, 82f, 85f, 112, 137, 142f, 186.
Adjunktionen 65ff.
Adjuvant 53, 97, 101, 178f.
Adressat 53, 98, 178.
Adverb 59, 62.
adversativ 65.
Äußerungseinheit 37, 96, 102, 122f, 146.
Aktant 119, 137, 176.
— , allgemein 53f, 56, 63, 74, 84.
— , dritter 53, 179.
— , erster 53, 178.
— , zweiter 53.
Akteur 88, 100.
Akzentstelle 42.
Amenemope 15-18.
Anapher 87, 119.
aphrastisch 38, 144.
Apposition 65.
Archäologie 10, 116.
Aschere 165.
Aspekt 62f, 147f.
Assoziation 12, 19, 136, 151.
Attribut 62.
Ausdruck 42.
Ausdruckssyntax 43.
Auslösung 57f, 97, 184.
Autor 13, 79.
Axiologie 62, 94f, 113.

Baal 169.
Baalsreligion 169.
Bedeutung, eigentliche 89.
— , gemeinte 78.
— , wörtliche 54.
Befunderhebung 40.
Begleithandlung 57.
Begründung 149.
Benefiziat 66f, 179, 188.
Berufungsschema, prophetisches 115.
Beschreibung 14, 40.
Bezeichnendes 50.
Bezeichnetes 50.
Bild 54f.

Chiasmus 148.
Chronologie 153f.
circumstantial 181.
Codes 52, 59-64, 72, 83, 85f, 141, 182.
cognitiv 59.
Computer 35.
creditiv 59.

crescendo 62.

Darstellung 57f, 97, 184.
Datenerhebung 28.
dativus commodi 65.
dativus ethicus 65.
decrescendo 62.
definit 68.
Definition 34.
Defizient 53, 178.
Deixis 52ff, 56, 74, 84.
dekretiv 61.
delektativ 61.
Denkmodell 108.
Denotat 106.
Deskription 28, 65, 90, 186.
destruktiv 158f.
Determination 68, 91, 112f.
Dialog 103.
diktiv 59f, 138.
direktiv 57.
disjunktiv 65.
Distribution 42, 107.
Distributionsanalyse 44.
Dreischritt 132.
Drohung 97.
dubitativ 59.
durativ 62, 183.
dysphorisch 62.

Effekt 53, 178.
Ehe 164.
Eid 109.
Eigenname 94, 139.
Einbahnkommunikation 154.
Ellipse 39.
Emotion 170.
Empfänger 60, 78f.
Empfindungsmuster 108.
Emphase 113, 150.
Entität 90, 94.
— , statische 67.
Epistemologie 59, 63, 94f, 111, 113, 138, 182.
Erleben, inneres 32.
Erlösung 28.
Ermöglichung 62, 111, 147, 183.
Eros 18.
Erzähltempus 162.
Ethos 170.
euphorisch 62.
Exegese 79.
— , historisch-kritische 10f, 28.
Existenzaussage 103.
Existenzsatz 50.
Explikation 66ff, 148, 187.
expressiv 57.

faktiv 57.
fientisch 49, 55, 144, 181.
fiktiv 57.
final 60, 182.
Formel 109, 115, 156.
Formkritik 28.
forte 62.
Frage 63, 163, 182, 185.
Fragepronomen 53.
Fruchtbarkeit 166.
Funktionswort 67.
Futur 142.

Gattung 109.
Gefühlsexpression 169.
Geist 170.
generisch 68.
Genitiv 65.
Gerechter, leidender 109.
Gestik 109.
Glosse 128.
Gott 95f, 108.
Gottunmittelbarkeit 155.
Grammatik 14, 49, 80, 111.
Grammatikkonzeption 34.
Grammatikmodell 35.
Gruppe 36.

Handlungsmuster 108.
Handlungsspiel, kommunikatives 98, 115.
Held 101.
Hermeneutik 24-36.
— , apophantische 13.
— , endeetische 13.
Historizität 160.
Hochschuldidaktik 14.
Homograph 43.
Horizont 115.
Humor 106.
Hyperbel 93.
Hyperthema 103.

Identifikation 139, 186.
Identität 177, 180.
ignorativ 59, 182.
Illokution 52, 57, 70, 84ff, 140.
Imagination 60, 98, 111, 113, 142, 182.
impeditiv 61.
imperativ 57, 61, 183, 185.
Implikation 91, 103, 110.
impossibile 62.
indefinit 68.
indifferent 62.
Infinitiv 52, 63.
ingressiv 53, 62, 96.
Inhaltsbeschreibung 33.
Initiationsritus 166.

initiativ 49, 55, 61, 144, 158, 181.
Initiative 61, 94, 96, 113f, 142, 147, 183.
injunktiv 57.
instrumental 53, 179.
Interpretation 8, 11, 28-32, 40ff, 85, 119, 132.
interruptiv 62.
Ironie 97.
Isotopie 96, 106f, 161, 163.
"ist" 50.
iterativ 62, 148, 183.

Josefsgeschichte 113.
jussiv 57, 61.

Kanon 25.
Katapher 87.
kausal 61, 183.
kausativ 61.
KHS 154.
Klassifikation 177, 180.
Ko-Text 78, 155.
Kohärenz 87, 106.
komitativ 53, 179.
Kommunikation 25f, 81, 154, 169.
Kommunikationsakt 98, 154.
Kommunikationsprinzip 110.
Kommunikationspartner 156.
Kommunikationssituation 98, 115.
Kommunikationswissenschaft 24.
Komparatistik 10.
konditional 60, 182.
Konjunktion 63.
Konkretum 94.
Konnotat 106.
konstativ 57, 184.
Konstituierung des Textes 28, 37-40.
Kontext 78, 85, 88.
kontinuativ 62.
konzessiv 59.
Kooperationsprinzip 81.
Koordination 65, 186.
Kopräsenz 156.
Kopula 50, 180f.
kopulativ 65, 186.
Korrektur 78, 89.
kosmologisch 161ff, 169.
Kult 57.
Kulthöhe 165.
Kultprostitution 165f.
Kundgabe 57f, 185.

LASSWELL-Formel 81, 110.
Leerstelle 54, 87, 89, 111,
    138, 163, 171.
Leitwort 42.
Lesen 19ff, 24, 26-32, 169.
Lexem 119.
Literarkritik 28, 31, 37,
    120, 125f, 130.
Litotes 93.
Logik 26, 34, 49.
lokativ 181, 187.

Makro-Satz 146.
Makrosatz 149.
Malefiziat 66f.
'manner'-Prinzip 81.
Masoreten 155.
Massebe 165.
Mensch 108.
Metapher 54f, 92.
— , erstarrte 151.
Metasprache 31, 35.
Methode 8, 14, 169.
Methoden 37.
Methodik 119.
Metonymie 92f.
Mitteilung 179.
Modalitäten 141.
Modalverb 52, 62f, 180.
monitiv 57.
Morphem 44.
Mythos 100, 145, 169.

Naivität 32.
Name 151ff, 163.
Namengebung 158f.
narrativ 57, 184.
Narziß-Mythos 27.
Narzißmus 28.
Naturreligion 169.
Negation 16ff, 103, 139, 145,
    150, 152, 158, 160.
nektiv 65, 186.
Nicht-Satz 40.
Nominalsatz 40, 53, 177, 180.
non-responsiv 98.
noologisch 161ff.
Nullstelle 163.

Objekt 27, 53, 178.
Objektivität 32.
Opponent 53, 101.
Ortsangabe 138.
Ortsdeixis 53, 98, 100.

Parallelismus 103.
Parenthese 66f.
Partikel 39.
Partner (der Kommunikation)
    98.

Passiv 52, 103, 177.
Pastoral 19ff.
Patristik 164.
Paulus 114.
perceptiv 59.
performativ 185.
— , explizit 57, 97.
— , primär 57.
Personifizierung 145.
persuasiv 60.
Pertinenz 180.
phatisch 38, 57, 185.
Philologie 25.
phrastisch 38.
piano 62.
Plan 61.
Position 42.
possibile 62, 147.
Prädikat 53, 62f, 137, 139,
    176f.
Prädikat-Operator 63, 139,
    141, 147, 182.
Prädikation 52f, 56, 74, 85f,
    97, 140, 144, 180.
Prädikationsmodell 49, 90,
    94, 143.
prädiktiv 57, 97, 184.
Präsupposition 92, 110ff.
Präsuppositionslöschung 112.
Präsupposition 113, 157.
Pragmatik 33, 78-82, 100,
    146, 169.
Priesterschrift 114.
Progression, thematische 102.
prohibitiv 61.
promotiv 62, 97, 183.
Prophetie 163.
prospektiv 60, 142, 159.
Prostitution 167.
Psychologie 18, 42, 79.
punktuell 62.

Qedesche 165f.
Qualitäts-Prinzip 81.
qualitativ 180, 187.
Quantitäts-Prinzip 81.
quantitativ 180, 187.
Quellen 28.

Rahmen, sozio-kultureller 98.
Raumvorstellung 95f, 107f.
recusativ 61.
Rede, direkte 146, 162.
Rede- und Gesprächsformen
    154.
Redeeinleitung 96f, 177.
Redundanz 106.
reiektiv 61.
Relations-Prinzip 81.
Religionswissenschaft 79.

responsiv 98.
resultativ 53, 62.
retrospektiv 60, 159.
Rhema 101f.
Rhetorik 80.
Ritus 57.
Rollenverständnis 21.

Sachkritik 13.
Sachverhalt 52.
Sarkasmus 96f.
Satz 38f, 60.
Schema 42, 109.
"Sein" 50.
Semantik 33, 52, 78, 100, 137, 169, 176.
semelfaktiv 62.
Semem 67.
Semiotik 79.
Sender 26, 60, 78.
separativ 158f.
Sexualaussagen 172.
Sexualität 164.
Sexualritus 166.
Soziologie 18, 79, 115.
Spezifikation 177, 186.
Spirale, hermeneutische 31, 79.
Sprache 18, 173.
— , geprägte 42.
Sprachgebrauch 50.
— , übertragener 92, 95.
Sprachökonomie 87, 138.
Sprechakt 57, 60, 94, 96, 140f.
— , indirekter 97f, 150.
— , semantischer 184.
Sprecherwechsel 98.
Stadium 62f.
Stadium/Aspekte 183.
statisch 144.
Stellvertretersubstantiv 103.
Steuerung, dialog-thematische 98.
Subjekt 27.
Substantiv 50, 94.
Symbol 145.
synchron 28, 119.
Synonym 103.
Synopse 114.
Syntax 33, 42, 100, 109, 132f, 169.

teilresponsiv 98.
Teiltext 102, 105.
Terminus 51.
Text 11, 13, 26, 146.
Textaktant 100f.
Textbildungsprozess 28, 119.
textdeiktisch 68.

Textemission 98.
Textgrammatik 14, 33, 78, 80, 82.
Textkohärenz 87, 101.
Textkritik 25, 32, 37.
Textlinguistik 33, 80, 89.
Textpragmatik 34, 78, 81, 110.
Textproduktion 114.
Textproduzent 114.
Textrezeption 20.
Textrezipient 114.
Textstruktur 113f.
Textwissenschaft 29.
Thema 101f.
Thema-Rhema 112.
Themasetzung 104, 113, 177.
Theodizee 108.
Theologie 163, 172.
Topologie 56, 153f, 179.
Transkription 40.
Trauer 96.
turbativ 62.

Ugarit 170f.
Umwertung 148.
Unikum 94.
Ursache-Wirkung 149.
Urteil 52.

Verb 62f.
Verbalsatz 40.
Verbalsystem 98.
Vergleich 59, 61, 178.
Verstehen 8, 13, 25f, 31.
vetitiv 57, 61, 183, 185.
Vokativ 39.
voluntativ 61, 183.

Wahrnehmung 59, 179.
Weisheitsliteratur 15-18.
Wert 157f.
Wertigkeit 139.
Wertung 18, 62, 107, 147f, 150.
Wiederholung 103.
Wirklichkeit, außersprachliche 173.
Wirklichkeitsebenen 59-64.
Wissen 59.
Wortart, pragmatische 90, 94.
— , semantische 67.
Wortgruppe 44.

Zeichen 158f.
Zeichendefinition 50.
Zeichenform 42, 132.
Zeitangabe 138.
Zeitdeixis 98, 100.
Zeitsatz 113.

Zeugma 125.
Zuordnung 139, 177, 181, 186.

Bibelstellenregister

Gen 1,16	91.		Ijob 1,1	68.
Gen 2f	100.		Ijob 16	98.
Gen 6,11	93.		Ijob 16,18-22	93-96.
Gen 11,4	93.		Ijob 36,14	165.
Gen 11,31	115.			
Gen 12,19	134.		Ps 1,1	91.
Gen 18,1-8	96.		Ps 37,10	135.
Gen 18,27	93.		Ps 48,13-15	68-77.
Gen 19,15	134.		Ps 78,21-23	82-88.
Gen 24,51	134.		Ps 103,13	152.
Gen 34	136.		Ps 125	104f, 107.
Gen 34,4	134.		Ps 150	42.
Gen 42	176-188.			
Gen 43	176-188.		Spr 19,1	91.
Gen 43,14	122.			
Gen 47,29-31	109.		Hld 1,15	92.
Gen 49,9.14.17	92.			
			Jes 2,2-4	97.
Ex 3	115.		Jes 6,1	39.
Ex 3,7	152.		Jes 7,14	135.
Ex 3,10	152.		Jes 8,1	134.
Ex 3,14	135, 152.		Jes 8,1-4	151.
Ex 6,7	152.		Jes 10,25	135.
Ex 33,19	152.		Jes 29,17	135.
			Jes 40,21	91.
Dtn 13,18	122.		Jes 42,1	91.
Dtn 22,23-29	166.		Jes 47,6	122.
Dtn 23,18	165.			
Dtn 23,18f	166.		Jer 3,6	122.
			Jer 13,14	152.
Jos 6	116.		Jer 22,29	145.
			Jer 42,12	122.
Ri 2,17	126.		Jer 49,29	122.
Ri 8,33	126.		Jer 51,33	135.
Ri 13,4	135.			
			Ez 1-3	43.
1 Sam 10,18	123.		Ez 4,1	134.
1 Sam 10,19	123.		Ez 4,9	134.
1 Sam 25	100.		Ez 5,1	134.
			Ez 16	122.
2 Sam 11	114.			
2 Sam 17,5	123.		Hos 1,1	128f.
			Hos 1,2	122, 134.
1 Kön 1,40	93.		Hos 1,2-9	123-128,
1 Kön 8,50	152.			130-167.
1 Kön 14,24	165.		Hos 1,6	122.
1 Kön 15,12	165.		Hos 1,8f	123.
1 Kön 21,7	123.		Hos 1,9	122, 135.
1 Kön 22,28	122.		Hos 1-3	120f, 129.
1 Kön 22,47	165.		Hos 2,4-25	162.
			Hos 2,24	151.
2 Kön 3	115.		Hos 3,1	168.
2 Kön 6,1-4	111.		Hos 3,3	122.
2 Kön 6,8-23	101.		Hos 3,5	168.
2 Kön 8,16	113.		Hos 4,13f	122, 166.
2 Kön 9,1	151.		Hos 4,14	165.
2 Kön 10,30	151.		Hos 7,3-7	151.
2 Kön 15,10	168.		Hos 8,4	151.
2 Kön 17,10	165.		Hos 9,7	163.
2 Kön 23,7	165.		Hos 9,9	151.
			Hos 10,1-8	165.

Hos 11,1-7	153.		Mt 1,18	172.
Hos 11,8	151.		Mt 1,20	172.
Hos 13,5-8	153.		Mt 1,21	172.
			Mt 1,23	172.
Am 1,2	92.		Mt 5,17	93.
Am 3,2	153.		Mt 23,30	93.
Am 5,14	122.		Mt 25,1-12	21f.
Mich 1,1	129.		Lk 1,28	172.
Mich 2,2	122.		Lk 1,34	172.
			Lk 1,35	172.
Zef 1,1	129.			
			Joh 4,1-42	173.
Hag 2,6	135.			
			Apg 28,20	93.
Sach 1,9.13f	122.			
			Röm 8,12	91.

Abkürzungen

ÄE	= Äußerungseinheit		des Verbs)
Akt.	= Aktant		= Passiv
KHS	= kommunikatives Handlungsspiel	P (isoliert verwendet)	
			= Prädikat
Neg	= Negation	R	= Rhema
P (als Zusatzcharakterisierung		T	= Thema

Quellennachweis

S. 12: ›Mahlzeit‹ (Anm. 10): Senge, S.R. (Hg.), An meiner Fähre versammeln. Himmerod 1984, S. 18. Verlag Himmerod-Drucke, Stephan Reimund Senge, 5561 Himmerod Post Großlittgen 2.

S. 30: Verlaufsschema (Anm. 21): Zeitschrift für Literaturwissenschaft und Linguistik (Hg. H. Kreuzer). Beiheft 12: Literaturwissenschaft und empirische Methoden (Hg. H. Kreuzer und R. Viehoff), Göttingen 1981 (Verlag Vandenhoeck & Ruprecht, Göttingen), S. 15ff. © Dr. Reinhold Viehoff.

S. 80: Graphik (Anm. 49): Kalverkämper, H., Antike Rhetorik und Textlinguistik. Die Wissenschaft vom Text in altehrwürdiger Modernität. In: Allgemeine Sprachwissenschaft, Sprachtypologie und Textlinguistik. Festschrift für Peter Hartmann zum 60. Geburtstag. Hrsg. v. Faust, M., u.a. (Tüb. Beitr. z. Ling. 215.) Gunter Narr Verlag Tübingen.

Kohlhammer

Wolfgang Schenk

Die Philipperbriefe des Paulus
Kommentar
1984. 352 Seiten. Leinen DM 98,–
ISBN 3-17-008288-4

Dieses Werk bietet einen vollständigen Kommentar zur Korrespondenz des Paulus mit der von ihm gegründeten ersten christlichen Gemeinde in Europa. Die zentralen Themen der paulinischen Theologie und ihre Sachzusammenhänge werden so weit präzisiert, daß eine Theologie des Paulus konkrete Gestalt gewinnt. Dabei wird sichtbar, wie sehr sich das Paulusbild – vor allem von der Forschung in Nordamerika her – gegenüber den traditionellen abendländischen Konfessionsvorstellungen gegenwärtig wandelt.

Methodologisch zeigt sich im Vollzug der exegetischen Arbeit, was die Beachtung einer linguistischen und semiotischen Neuorientierung der bibelwissenschaftlichen Frageweisen austragen kann. Zugleich erkennt die heutige Textlinguistik wieder stärker die Rolle der antiken Rhetorik für die Gestaltung der Argumentationsanalyse der paulinischen Briefe.

Benjamin Kedar

Biblische Semantik
Eine Einführung
Als Manuskript gedruckt
1981. 214 Seiten. Kart. DM 36,–
ISBN 3-17-005610-7

Die Semantik, die Lehre von den Wortbedeutungen und deren Wandel, ist bisher nur ungenügend für die Bibelinterpretation zu Rate gezogen worden. Dieser Leitfaden will die Möglichkeiten einer Anwendung semantischer Erkenntnisse und Arbeitsmethoden auf das biblische Hebräisch prinzipiell aufzeigen und anhand zahlreicher Beispiele veranschaulichen.

Dabei werden Grundbegriffe der modernen Linguistik erklärt und Belege aus den verschiedenen Bibelübersetzungen (der griechischen, der lateinischen und der deutschen von Luther und Buber-Rosenzweig) angeführt, aus denen die semantische Spannweite des hebräischen Wortes ersichtlich wird.

Verlag W. Kohlhammer
Stuttgart · Berlin · Köln · Mainz